KB124655

한류 신화에 관한
10가지 논쟁

이 책은 '2021년 한국방송학회-지에스리테일 방송/영상 분야 저술 출판 지원'에 의해 수행되었음

한류 신화에 관한 10가지 논쟁

진달용 지음

Ten
Debates
on the
Hallyu
Mythology

한울
아카데미

머리말

　오랫동안 한류에 대해 연구하고 강의해 왔다. 한류에 관한 첫 번째 학술 논문을 2000년 봄 미국에서 석사학위 과정 중 수업의 텀 페이퍼에서 발전시켰으니, 무려 20년을 넘게 해당 주제에 대해 연구해 온 셈이다. 한류에 대한 연구가 지속되면서 관심 분야도 확대되었다. 처음에는 한류 발전이 드라마, 영화, 그리고 K-pop 등에서 시작했던 것처럼 해당 대중문화에 대한 관심 위주였다면, 이후 디지털 게임과 웹툰처럼 디지털 기술과 문화에 대한 관심으로 이어졌다. 한류를 단순히 대중문화의 수출이 아니라 이를 둘러싸고 있는 미디어 문화 생태계와 떼어 놓고 생각할 수 없다고 믿기 때문에 문화산업과 문화정책에도 관심을 두어 왔다. 많은 학자들이 한두 가지 문화 장르에 집중하고 있을 때, 한류를 종합적으로 그리고 비교적으로 연구했다는 점 때문에 한류의 발전과 성장을 제대로 목격해 왔다고 할 수 있다.

　한류와 관련된 주제들을 강의한 것은 이보다 다소 늦은 2005년부터다. 사이먼프레이저대학교(Simon Fraser University)에 조교수로 부임하면서인데, 주로 '글로벌라이제이션과 미디어', '비교 아시아 미디어 체계'라는 과목을 통해서다. 2010년대 들어 카이스트(KAIST) 교수로 근무하면서, 그리고 고려대학교에서 열리는 하계국제대학에서 각각 '한국의 대중문화' 관련 수업도 담당했었다. 한국 대중문화와 디지털 미디어에 대한 학생들의 관심이 높아질수록, 해당 과목들에서 한류에 관한 비중이 높아져 갔다. 많은 학생들이 한류에 관심을 가지고 공부하는 모습을 목격하면서, 그리고 전 세계 여러 미디어가 한류의 실행과 연구를 보도하기 위해 인터뷰를 요청해 오는 것을 보면서 한류의 중요성을 직접 확인했다.

한류 연구와 강의를 하는 데 있어 아쉬움도 많았다. 연구와 강의를 위해 필요한 자료와 교재들을 읽을 때마다, 일부 자료들이 한류에 대한 이해와 분석에 있어 다소 근시안적이거나 지나치게 목적 지향적이라는 느낌을 받았다. 한류가 어느 특정 학문분야에 속한 것이 아니니, 다양한 관점으로 연구되는 것은 이해한다 하더라도, 한류를 지나치게 상업적인 관점에서, 그리고 마케팅적인 관점에서 연구하는 경향이 지속되고 있음을 확인할 때는 답답함이 밀려왔다. 한류 본질에 관한 대중문화와 이와 연관된 연구가 상대적으로 부족했다는 것으로, 목적 지향적 논의가 계속되면서 한류 문화 콘텐츠의 특성을 역사적·이론적·비판적으로 연구한 결과는 상대적으로 많지 않았다는 말이다.

한류는 초국가적 문화 현상으로, 2010년대 중반 이후 한류에 관한 여러 좋은 책과 논문들이 출간되면서 한류에 대한 이해가 깊어지게 된 것도 사실이다. 국내에서는 물론, 전 세계적으로도 많은 관심과 연구가 이어지고 있다는 긍정적인 측면도 없지 않다. 그러나 한류와 관련된 연구와 성과가 많아졌다고 모두 바람직한 결과로 이어지는 것은 아니다. 한류에 대한 분석과 해석에 있어 여러 잘못된 논의가 아직도 지속되고 있기 때문이다. 한류를 좀 더 체계적으로 분석하거나 잘못된 논의를 바로잡으려는 노력은 많지 않았던 것으로 보인다. 물론 저자 본인도 이러한 흐름 속에서 자유로울 수는 없다.

다행이도 지금이 한류를 다시 보기에 가장 적절한 때라고 판단된다. 2010년대 후반과 2020년대 초반까지, BTS와 〈킹덤〉, 그리고 〈오징어 게임〉이 전 세계적으로 폭발적인 인기를 누리고 있을 때, 과거 20여 년을 되돌아보는 것이 중요하다고 생각된다. 모두가 "과연 한류의 미래는 어떨까?", "앞으로도 현재와 같은 성공을 지속할 수 있을까"를 생각하고 논의할 때, 무엇보다 한류의 역사를 되짚고 그동안 어떤 잘못된 논의를 전개해 왔는지 점검해야 한다. 한류 미래에 대한 전망과 분석을 체계적으로 단행하기 위한 단초를 제공해야 하기 때문이다.

이 책에서는 학술적 담론을 논의하고자 하는 것이지 특정 개인의 논의와 주장을 강조하거나 폄하하려는 것은 아니다. 논의에 논의를 더하다 보면 어느 순간에는 정리된 논의, 납득할 만한 논의, 그래서 좀 더 발전된 논의가 나올 것이라 믿고 진행하고 있다. 기존에 단행된 논의를 재평가하고, 재해석하고, 그리고 확대 재생산한다는 자세로 임하고 있는 것이다. 이 과정에서 특정 논의에 대한 반론을 제기하기도 하겠지만, 새로운 해석을 제시함으로써 해당 주제에 대한 논쟁과 논의를 시작하고자 한다.

보다 구체적으로, 이 책에서 선정한 10가지 논의 주제는 20여 년 이상을 한류 연구에 매진해 온 학자로서 한 번쯤은 되짚어 볼 내용으로 채워졌다. 여러 가지 논쟁거리가 있겠으나, 그중 가장 필요하다고 생각되는 것 위주로 선정했다. 그동안 가장 많이 논의되었으나 여전히 논의가 더 필요한 것일 수도 있고, 논의는 별로 되지 않았더라도 향후 한류 연구에 꼭 필요한 것일 수도 있다. 역사, 이론, 정책, 텍스트, 실행 등 주제별로 한두 가지 논점을 선정했다. 해당 주제를 선정함에 있어, 그동안 한류 연구를 지속하면서 접한 논쟁거리를 우선적으로 선택했다는 것을 밝혀 둔다. 개인적인 경험과 결정이 중요하게 작용했으며, 이 같은 결정을 피해 갈 수는 없었다.

한류 논의가 국내외적으로 상당히 많이 진전되었으나 한류에 대한 잘못된 해석이 지속된 이유는, 국내 학자들은 국외에서 생산된 연구에 별로 신경을 쓰지 않았고, 외국에 있는 한국계 학자나 외국 학자들은 국내 연구를 돌아보지 않은 측면도 있다고 생각한다. 자료에 대한 접근성의 문제일 수도, 언어적 문제일 수도 있다. 외국에서 연구하는 학자들은 국내 논문 데이터베이스에 접속할 수 없는 것이 한 원인일 수도 있다. 국내 학자들의 경우 해당 논문 등에 대한 접근은 가능하나, 일부 이론적 논의를 제외하고는 국내 출간물에 주로 의존하는 경향도 있어 보인다. 국내외에서 만들어진 한류 연구가 상호 시너지 효과를 발휘하지 못하고 각각 따로 움직이고 있다는 것이다. 그러다 보니 한류 연구에서 어떤 일들이 일어나고 있으며, 그로부터 발생하는 문제점은 무엇인지, 더 크게는 잘못된 신화가 무엇인지 생각해 볼수가 없었다. 따라서 이 책에서는 가능한 한 많은 국내외 연구와 미디어 보도를 균형 있게 포함했다. 경우에 따라서는 국내와 외국의 학자가 다른 연구 초점을 가진 경우도 많고, 그리고 국내와 해외 미디어의 보도가 다른 해석을 내놓는 경우도 다반사여서, 종합적인 분석과 해석에 도움이 될 것으로 생각한다.

개인적으로 한류 분석과 해석에 있어, 무비판적으로 한류의 성과를 응원하거나 지지하는 것을 경계해 왔다. 문화적 민족주의 논의가 되지 않도록 균형 감각을 유지하려고도 애써 왔다. 한국 대중문화가 가장 우수하다고 주장하거나 한국적 특성이 제일 중요하다는 문화적 민족주의 성향은 한류 연구에 도움이 되지 않는다고 판단했다. 건전한 비판과 논의가 가장 중요하다는 것을 염두에 두고 있다. 다만 비판적인 해석을 유지하되, 비관적으로 흐르거나, 또는 지나치게 폄하하는 것 역시 바람직하지 않다는 자세를 지속해 왔다. 이 책 역시 이러한 관점을 최대한 유지하고 발전시키려고 했다.

이 책에서 논의하는 내용들은 무엇보다 학술적인 것이다. 한류에 대한 일반인들의 높은 관심을 반영해 학생과 일반인들도 쉽게 읽을 수 있도록 설명하고자 했다. 한류는 문화 콘텐츠 생산자부터 수용자까지 많은 행위자들이 주요 역할을 담당하고 있는 만큼, 학자들뿐만 아니라 한류 수용자들이 편하게 읽으면서 한류에 대한 종합적인 시각을 가져 보기를 바란다.

　이 책은 저자 본인이 학술논문으로 출간한 내용을 일부 포함하고 있으며, 이를 토대로 수정 보완되었다는 점을 알려 둔다. 해당 논문의 정보는 다음과 같다. Jin, Dal Yong. 2021. "Ten Myths about the Korean Wave in the Global Cultural Sphere." *International Journal of Communication*, 15: 4147~4164.

2022년 봄

진달용

차례

제1장

한류 다시 보기

서론

한류가 전 세계적으로 확산되고 있다. 한국 드라마와 K-pop 등으로부터 시작된 한류는 최근 들어 넷플릭스를 통해 전 세계 190여 개국에서 동시에 즐기는 초국가적 문화 아이콘으로 성장했다. 1990년대 중반부터 국내 문화 산업이 성장하면서 대중문화와 디지털 기술, 디지털 문화가 전 세계적으로 확산되는 현상을 일컫는 한류는, 비서구 국가인 한국에서 만들어 낸 초국가적 문화 흐름을 상징한다. TV 드라마, 영화, K-pop까지 여러 형태의 한국 대중문화는 아시아뿐만 아니라, 북미, 유럽, 중동, 그리고 남미까지 아우르는 전 세계에서 커다란 인기를 누리고 있다. 또한 스마트폰, 온라인과 모바일 게임, 카카오톡과 라인 같은 모바일 메신저, 그리고 웹툰에 이르기까지 디지털 기술과 이와 연계된 디지털 문화 역시 많은 국가에서 이용자가 급증하고 있다.

한류는 1990년대 중반 시작될 당시에는 한국 대중문화가 중국, 일본, 대만 등 동아시아 일부 국가에만 전파되는 지역 내 문화 흐름(intra-asian cultural flow) 현상에 국한되었으나(Cho and Zhu, 2017), 한류가 시작된 지 20년이 넘어서면서 서구와 비서구 가릴 것 없이 전 세계 문화 시장으로의 전파를 의미하는, 초국가적 문화 현상으로 발전했다. 초국가화(transnationalization)는 사람과 상품, 그리고 아이디어들이 국가 경계를 넘어서 사용되는 현상을 의미하는데(Watson, 1997), 한국 드라마, 영화, K-pop 같은 문화 콘텐츠와 디지털 기술이 비서구 국가인 한국으로부터의 초국가화를 실현하고 있다.

한국은 잘 알려진 대로 1990년대 초반까지도 경제와 정치, 그리고 정보통신(IT) 영역 등에서 주변국으로 간주되던 작은 나라였다. 한국은 그러나 1990년대 중반 이후 정보통신과 대중문화의 발전을 동시에 실현하기 시작했다. 비서구권 국가로는 처음으로 대중문화 주요 분야와 디지털 기술·문화를 아시아는 물론, 북미와 유럽 등 서구권을 포함한 전 세계로 전파하는 문화강국, 그리고 디지털 강국 중 하나로 탈바꿈했다. 중국, 대만, 일본 등 동아시아의 가정에서 전 가족이 함께 즐기는 한국 드라마부터, 미국, 캐나다, 영국, 프랑스 등 서구 국가들에서 수용자들이 개인적으로 소셜 미디어와 스마트폰을 통해 즐기는 K-pop과 웹툰까지, 한류 콘텐츠가 글로벌 시장에서 확산되고 있다(진달용, 2021a).

글로벌 문화 시장에서, 그동안 여러 비서구 국가들이 각국의 특징에 맞는 문화 콘텐츠를 생산해 수출함으로써, 서구 중심의 문화 흐름을 거부하고, 카운터 문화 흐름(counter-cultural flow/contra-cultural flow)을 실현한 경우가 있었다(Thussu, 2006). 정도의 차이는 있으나, 멕시코와 브라질의 텔레노벨라(telenovela), 인도의 볼리우드(Bollywood) 영화, 홍콩 영화, 그리고 일본의 애니메(anime)가 이러한 현상을 대표하는 문화 콘텐츠라고 할 수 있다. 이 중, 한국과 비교적 비슷하게 글로벌 문화 시장에서 문화적 초국가화의 길을 걸은 국가는 일본이다. 다른 나라는 주로 하나의 문화 장르만을 집중적으로 발전시켜 해외로 수출한 경우지만, 일본은 한국보다 앞서 여러 대중문화 장르와 디지털 기술을 발전시켜 해외로 전파했기 때문이다.

일본의 문화 콘텐츠는 주로 1980년대부터 2000년 초반까지 인기를 끌었다. 다만, 일본의 문화 콘텐츠와 디지털 기술은 각각 주요 시장이 제한되어 있었다. 일본의 방송 드라마와 일본의 현대 대중음악을 지칭하는 J-pop• 등은 주로 아시아권에서만 인기를 구가한 반면, 일본의 애니메이션을 지칭하는 애니메와 콘솔 게임 등은 전 세계적으로 인기를 끌고 있다. 일본의 방송 드라마와 J-pop 등이 주로 아시아 몇 개 나라를 중심으로만 성장세를 보였다는 점에서 21세기 한류의 인기와는 다른 차원이기는 했다. 일본의 애니메 역시 아직도 세계적으로 많은 청소년들이 좋아하는 문화 콘텐츠임에 틀림없으나, 2000년대 중반을 고비로 10여 년간 세계적으로 그 영향력이 감소하고 있다(일본 오사카무역관, 2021)는 점에서 한류 현상과는 다소 다른 모습을 보이고 있다고 할 수 있다.

즉, 일본의 경우 애니메가 전 세계적으로 확산된 것은 카운터 문화 흐름으로 볼 수 있으나, J-pop과 일본 드라마가 아시아 시장에 주로 머무른 것은 지역 내 문화 흐름(intra-cultural flow)으로 간주된다. 게다가 일본은 한국 문화 콘텐츠가 소셜 미디어를 통해 글로벌 수용자에게 다가가는 것 같은 모습을 보여 주지 못했다. 일본 대중문화가 인기 있던 1980년대와 2000년대 초반까지 유튜브와 같은 소셜 미디어가 존재하지 않았기 때문이다. 일본의 디지털 기술과 문화가 해외로 전파되었다는 것은, 따라서 소니 워크맨과 닌

• J-pop은 1980년대 말부터 아시아에서 가장 중요한 음악 장르 중 하나였다. 1980년대 후반부터 1990년대 초반까지, 도쿄에 위치한 FM 라디오 방송국인 J-Wave가 일본의 전통적인 대중가요인 '엔까'와는 다른, 새로운 대중음악을 표현하기 위해 J-pop이라는 용어를 사용했다(이규택, 2014).

텐도 Wii 같은 콘솔과 관련된 게임을 수출했다는 의미로, 보다 하드웨어 쪽과도 연계되어 있었다고 할 수 있다. 유튜브나 OTT(Over-the-Top) 플랫폼 등을 통해 대중문화와 디지털 기술의 컨버전스가 일어나는 형태는 아니었다.

따라서 비서구 국가 중, TV 드라마와 영화, K-pop, 애니메이션, 그리고 웹툰에 이르기까지 다양한 대중문화와 디지털 기술과 문화를 자기 국가가 속한 지역뿐 아니라 전 세계 문화 시장으로 확대해 전파한 경우는 한국이 사실상 처음이라는 데 이의를 달기 어렵다(Jin et al., 2021). 실제로 〈상어가족(Baby Shark)〉과 〈뽀로로〉 등 어린이를 대상으로 하는 동요와 애니메이션은 전 세계 130개국에서 인기를 끌고 있다(연합뉴스, 2018; 김미영, 2019). 또 10대와 20대를 주로 겨냥하는 K-pop, 그리고 주로 성인 수용자를 겨냥한 방송 드라마와 영화에 이르기까지, 한국 문화 콘텐츠는 전 세계에서 전 연령대 인구가 즐길 수 있는 문화 콘텐츠로 성장하고 있다.

한 국가로부터 자국의 국경을 넘어서는 문화 흐름을 설명하는 초국가화 현상과 관련해, 일부에서는 대중문화가 두 가지 이상의 문화적 특성이 혼합되는 문화 혼종화를 수반하기 때문에 해당 문화 콘텐츠의 근원이 어디인지, 즉 서구인지 비서구인지, 또는 어느 나라인지가 중요하지 않다는 주장도 있다(Watson, 1997). 하지만 혼종화를 어떻게 실행하는가에 따라서 문화 텍스트 내용이 달라지는 데다, 혼종화에 관계없이 초국가화를 실현하는 문화 콘텐츠도 많아, 이러한 주장이 모든 문화 콘텐츠에 동일하게 적용되는 것은 아니다. 문화 콘텐츠가 국가의 경계를 넘어서더라도, 특히 혼종화를 단행하고서도, 한 나라의 문화적 특징을 유지하면서 전파되는 경우도 많다. 따라서 어느 나라의 문화가 어느 정도로 어떤 지역과 국가로 전파되는가는 초국가화 과정에서도 매우 중요한 요소이다.

한류는 2020년대 들어 다시 한 번 도약을 실현하고 있다. 2021년 상반기에 발표된 BTS의 「Butter」가 빌보드 핫 100에서 7월 말까지 8주 연속 1위를 차지한 사실이 증명하듯(Billboard, 2021) K-pop의 인기는 성장세를 보이고 있다. 이보다 앞서 2020년에는 봉준호 감독의 〈기생충〉이 오스카에서 4개 주요 상을 수상했다. 최근 들어 이처럼 더욱 인기를 얻고 있는 한류는 초창기인 1990년대와 2000년대 초반에 비교해 볼 때, 여러 다른 특징을 보여 주고 있기도 하다.

먼저, 한류는 아시아를 넘어 전 세계적으로 확산되고 있다. 한류의 글로벌 확산은 문화 수출이라는 점에서 잘 나타난다. 한국 대중문화와 디지털 기술은 한류 초창기로 여겨지는 1998년에는 1억 8890만 달러 수출에 그쳤으나, 2019년에는 89억 3690만 달러어치를 수출, 무려 47.3배의 성장세를 보여준 바 있으며, 최근에도 그 확산세를 지속하고 있다(한국콘텐츠진흥원, 2019; 문화체육관광부, 2021)(〈표 1-1〉). 각 문화 장르마다 다소의 부침이 있기는 하지만, 전체적으로, 그리고 장기적으로 볼 때 이러한 성장세가 계속되

〈표 1-1〉 주요 한류 콘텐츠 수출 현황, 1998~2018

단위: 미국 달러(백만)

연도	방송	영화	애니메이션	음악	게임	캐릭터	만화	총계
1998	10	3.1	85	8.6	82.2	0	0	188.9
2000	13.1	7.1	85	7.9	101.5	69.2	3.7	287.5
2002	28.8	15	89.2	4.2	140.7	86	8.2	372.1
2004	70.3	58.3	61.8	34.2	388	117	1.9	731.5
2006	134	24.5	66.8	16.6	672	189	3.9	1106.8
2008	171	21	80.5	16.4	1094	228	4.1	1615
2010	184.7	13.6	96.8	81.3	1606	276.3	8.2	2266.9
2012	233.8	20.1	112.5	235.1	2638	416.4	17.1	3673
2014	336	26	115	335	2973	489	25	4299
2016	411.2	43.8	135.6	442.5	3277	612.8	32.4	4955.3
2017	493.3	40.7	145.8	456.3	3906	648.8	37.6	5728.5
2018	478.4	41.6	174.5	564	6411	745.1	40.5	8455.1
2019	474.3	37.8	174.5	756	6657	791.3	46	8936.9
2020	486.9	54.1	122.2	688.9	7245	733.8	64.8	9395.7

자료: 문화체육관광부(2012, 2016, 2017, 2021); 문화관광부(2006); 한국콘텐츠진흥원(2015, 2018, 2019, 2021).

고 있다. 한류의 수출에서 가장 큰 비중을 차지하고 있는 것은 디지털 게임이며, 다음으로는 캐릭터, 방송, 그리고 드라마 순이다. 애니메이션이 영화보다 무려 네 배 이상의 콘텐츠를 수출하고 있는 점도 눈여겨보아야 할 부분이다. 그리고 만화산업이 2018년 4천만 달러어치를 수출해 영화산업에 견줄 만한 콘텐츠로 성장했을 때, 만화산업의 핵심 콘텐츠는 웹툰이었다(문화체육관광부 2016; 한국콘텐츠진흥원, 2019).

한류 콘텐츠의 해외 수출에서 중국과 일본, 그리고 대만 등 동아시아 국가들이 아직도 주요 타깃시장이나 북미와 유럽 등 서구권으로의 수출도 점차 증가하고 있다. 한국과 문화적으로 큰 교류가 없었던 남미와 중동, 그리고 아프리카에도 한류 콘텐츠의 진출이 활발히 일어나고 있는 중이다. 즉, 중국과 대만 등이 지속적으로 한류의 최대 시장으로 역할하고 있는 반면, 일본 시장의 상대적인 위축, 그리고 북미와 유럽의 점진적인 확대가 특징이다.

무엇보다, 한류는 COVID-19 시대의 새 강자로 등장했다. 2019년 겨울부터 시작된 코로나 바이러스로 비대면 문화 활동이 확대되면서 한류 콘텐츠가 OTT 서비스 플랫폼을 통해 인기를 끌고 있다. 〈킹덤 I〉(2019), 〈킹덤 II〉(2020), 〈킹덤: 아신전〉(2021), 〈승리호〉(2021)(영어 제목 Space Sweepers), 〈오징어 게임〉(2021)(영어 제목 Squid Game), 그리고 〈지금 우리 학교는〉(2022)(영어 제목 All of Us are Dead)이 넷플릭스를 통해 전 세계에 동시 방영된 바 있다. 넷플릭스 오리지널 시리즈인 〈오징어 게임〉은 특히 한국 드라마로는 처음으로 미국은 물론 전 세계 90여 개국에서 드라마 순위 1위에 오르기도 했다(〈표 1-2〉). 〈킹덤〉 시리즈(2019, 2020, 2021)와 〈승리호〉, 그리고 〈오징어 게임〉 등 한국의 드라마와 영화가 코로나 바이러스로 대면 접촉이 어렵게 되자 넷플릭스를 통해 수용자들을 찾아간 것은 한류라는 브랜드가 있었기에 가능했다고 할 수 있다.

넷플릭스를 통한 한류 콘텐츠의 전 세계 동시 방영은 한류의 인기를 표현하는 또 다른 양식으로, 앞으로 문화 콘텐츠의 소비가 OTT 서비스를 통해

〈표 1-2〉 넷플릭스에서 인기 드라마(2021년 9월 23일 기준)

RANKING	TITLE	POINTS
1	Squid Game	780
2	Sex Education	773
3	Lucifer	535
4	Money Heist	398
5	Good Girls	169
6	Clickbait	146
7	Hometown Cha-Cha-Cha	130
8	The Circle	98
9	The Good Doctor	90
10	Monsters Inside: The 24 Faces of Billy Milligan	83

자료: FlixPatrol(2021).

강화될 것이며, 새로운 디지털 플랫폼 환경에서 한류 문화 콘텐츠가 더 큰 역할을 할 수 있다는 것을 보여 주는 것이다. 해당 플랫폼은 모든 국가의 문화 콘텐츠에 기회를 제공하고 있다. 그러나 넷플릭스는 명확하게 한류를 등에 업고 전 세계에서 한국 콘텐츠 생산과 유통에 나서고 있다. 유튜브 등 소셜 미디어를 통해 K-pop의 글로벌 확산을 경험했던 한국 문화산업계와 넷플릭스가 함께 한류 콘텐츠를 OTT 서비스 플랫폼을 통해 유통시키는 것은 오히려 당연한 일이다.

한편, COVID-19 시대에 전개되고 있는 이러한 현상은 한국 문화 콘텐츠가 일부 팬 중심의 소비, 즉 팬덤 현상을 넘어서 일반 수용자, 또는 팬 수용자 수준에서 소비된다는 것을 의미한다. 팬덤을 형성하는 일부 열렬 팬들만이 아니라 팬까지는 아니더라도 한국 문화 콘텐츠를 즐기는 일반 수용자가 크게 늘어나면서 가능해진 현상이라고 볼 수 있기 때문이다. BTS의 「Butter」가 빌보드에서 오랫동안 1위를 하거나 〈기생충〉이 오스카에서 수상한 것은 단지 해당 콘텐츠에 충성도가 높은 팬들만이 이들 콘텐츠를 소비하는 단계에서는 사실상 가능하지 않다. 많은 일반 수용자들로부터 사랑을 받기 때문에 가능하다고 보아야 할 것이다. 한류가 아직은 글로벌 전체 수용자들에게 다가가는 정도는 아니더라도 일정 부분 팬덤 형성의 정도를 넘어서 일반인들도 즐기는 단계, 즉 팬 수용자 단계로는 진화하고 있다고 할 수 있다.

한류 연구와 미디어 보도

한류의 성장과 인기가 전 세계적으로 지속되자 많은 국가들과 학자들, 그리고 미디어들이 한류의 성장 배경 등에 대해 초미의 관심을 가지고 지켜보고 있다. 미디어부터 지역학을 연구하고 있는 학자들, 그리고 신문 방송 등 전통 미디어부터 소셜 미디어에 이르기까지 각 나라의 많은 미디어들은 왜, 그리고 어떻게 한국이 20여 년이라는 비교적 짧은 시간 안에 글로벌 문화 영역에서 비서구 지역에서 탄생한 슈퍼 파워로 성장하게 되었는지에 관심을 가지고 있다(Kim, Y. A., 2011). 한류는, 또 미래에도 비서구 국가에서 발전한 문화 콘텐츠로 서구로까지 전파되는 초국가적 문화 현상을 지속할 것인지에 대해서도 남다른 주목을 받고 있다. 즉, 한류가 일시적인 유행으로 조만간 끝날 것이라는 우려를 극복해 내고 장기적인 성장세를 가져갈지가 중요한 관점이 된 것이다.

잘 알려진 대로, 한국 사회에서 인문학에 대한 관심, 사회과학에 대한 관심이 지난 몇십 년간 위축되어 왔다. 더 이상 강조하지 않아도 학계에서는 잘 알고 있다. 예외적인 몇 개 분야가 있고, 그중 하나가 한류 연구이다. 학문적으로 유일하게 관심을 받는 분야라고 할 수는 없지만, 적어도 지속적인 관심을 끌고 있는 몇 안 되는 분야 중 하나이며, 그중에서도 손꼽히는 영역이라고 할 수 있다. 미디어 관련 학과부터 지역학, 문학, 영화, 음악, 정책·외교, 광고, 그리고 마케팅 등으로까지 관심이 확대되고 있다. 해당 분야의 학자들과 미디어의 관심을 반영하듯, 국내외적으로 많은 논문과 미디어 리포트가 쏟아지고 있는 현실이 이를 증명한다.

국내 연구의 경우, 홍석경 등이 2017년 ≪한국언론학보≫에 게재한 「한류연구의 지식연결망 분석」이라는 논문에 따르면 2001년부터 2016년까지 한류 연구에 대한 국문 논문은 무려 666개나 된다. 해당 논문들을 중심 키워드를 통해 분석한 결과, 가장 많이 언급된 주제어는 한류로 995회였다. 문화 콘텐츠(182), 세계화(112), K-pop(108), 문화산업(98), 대중문화(85), 국가 이미지(75), 그리고 드라마(74) 순으로 많았던 점으로 보아, 국내 한류연구에서 이들 주제에 대한 관심이 컸다는 것을 알 수 있다.

국외 연구의 경우, 두 가지 메타 데이터 분석에 근거한 학술논문들이 있다. 모두 영어로 쓰여진 자료들만 분석했다. 한류에 관한 영문 저술활동은 2010년대 한류가 글로벌 문화 시장으로 확대되면서 해마다 증가하고 있다. 첫 번째, 윤태진·강보라(Yoon and Kang, 2017)의 연구에 따르면, 2004년부터 2016년까지 한류 연구에 대한 영문 연구논문이 76개에 달했다. 물론 해당 연구들은 한류 관련 책이나 북 챕터 등과 같은 학술 서적들은 포함시키지 않은 것이다. 두 번째, 진달용·김주옥(Jin and Kim, 2018)의 메타 데이터 분석에서는 한류 관련 책, 논문, 북 챕터를 모두 포함했는데, 2017년까지 모두 107개 저술이 나온 것으로 확인되었다. 주제별로 보면 수용자/팬덤 연구가 25개로 가장 많았으며, K-pop이 17개, 문화정책 12개, 한류 일반 11개, 드라마 9개, 그리고 소셜 미디어와 이론/개념이 각각 8개 순이었다. 다른 한류 주제들은 영화, 온라인 개념, 그리고 대중문화 등이 포함되었다. 즉, 한류에 대한 분석은 다양한 접근법을 통해 단행되었다. 한류를 문화연구 측면에서 분석(Jung, 2009; Joo, 2011)하는가 하면, 정치경제학적 측면에서 분석(류웅재, 2008; Kim, G. Y., 2017; Nam, 2013)하기도 했다. 또, 미디어 경제/마케팅(문상현, 2012; Huh and Wu, 2017) 접근에서, 그리고 문화 생산(김예란·박주연, 2006; Jin, 2021) 측면에서 분석하기도 했다.

국내에서 한글로 쓰여진 논문이 문화 콘텐츠와 한류의 전 세계로의 확장에 관심을 보였다면, 영어로 쓰여진 학술 서적과 논문 등에서는 수용자 연구, K-pop, 그리고 문화정책 순으로 관심이 많았다. 국내 학자들이 외국 수용자들 대상으로 연구를 하기 어려웠던 반면, 해외에서 학술 활동을 하는 학자들은 주로 수용자에 주된 관심을 보였다는 특징을 알 수 있다. 물론 이 중에서는 국내 학자들이 영어로 쓴 논문들도 더러 있었으나, 대부분은 해외 대학 소속 학자들이었다는 점을 참고로 적어 둔다.

위에서 설명한 해당 연구들이 단행된 이후, 최근 몇 년 사이에도 한류 관련 연구가 많이 나오고 있기 때문에 이를 포함하면 훨씬 많은 연구가 이루어졌음은 말할 필요도 없다. 특히 2020년대 초에는 한류의 서구 진출을 강조하는 연구들(Kim, D. K., 2021; Jin et al., 2021; Kim, K. H., 2021)도 확대되고 있어 한류 연구의 확산을 예고하고 있다. 다시 말해, 2010년대 후반부터 2020년대 초반까지 많은 학술서와 연구 논문이 나왔다는 점에서 한류 현상에 관한 학술적 논의는 더욱 확대되고 있다. 또한 위에 언급된 연구 결과들은 해당 기간의 한글 논문, 또는 영문 논문만을 분석한 것으로, 이외에도 중국, 일본, 프랑스 등 전 세계에서 자국어로 한류 연구를 하고 있다는 점에서 전체 한류관련 저서와 논문들은 이보다도 많다고 할 수 있다.

미디어 역시 거의 매일 한류관련 보도를 쏟아 내고 있다. 국내 미디어에서 한류관련 기사는 하루도 거르지 않고 보도되고 있다. 국제적으로도 ≪뉴욕타임스(New York Times)≫(미국), ≪워싱턴포스트(The Washington Post)≫(미국), CNN(미국), ≪가디언(Guardian)≫(영국), 그리고 글로브 앤드 메일(Globe and Mail)(캐나다) 등 전 세계 미디어 역시 한류에 관한 지속적인 관심을 보이고 있다. 개인적으로 이들 국가의 미디어 이외에도, 독일, 덴마크, 칠레, 중국, 홍콩, 콜롬비아, 그리고 루마니아 소속 언론들과 한류에 관한 인터뷰를 한 경우가 있었기 때문에 사실상 많은 국가의 미디어들이 한류관련 보도를 하고 있다고 가늠할 수 있다. 한류 관련한 독특한 현상이 나타나거나, 한류 콘텐츠가 주요 상을 수상했을 때, 또는 대규모 공연이나 새로운 팬덤 현상이 등장했을 때 집중적으로 한류에 대한 미디어 리포트를 내보내고 있다(Liu, M., Y. J. Shin, and S. Tan, 2021; Walden and Salim, 2021). 한류는 이제 학문적 결과물로, 미디어의 주요 취재·보도 대상으로, 그리고 전 세계에서 개최되고 있는 미디어, 문화, 아시아, 한국 관련 학회와 세미나 등에서 손쉽게 접할 수 있는 초국가적 문화 현상으로 성장했다는 것을 보여 주고 있다.

한류에 관심을 가지고 있는 연구자, 학생, 문화정책 관련자, 문화 생산자, 마케팅 관계자, 그리고 문화 소비자들은 지금까지 설명한 미디어 보도와 학술논문 등을 통해 한류에 대해 보다 많은 정보와 이해를 추구하고 있다. 한류는 비서구 국가 중 가장 성공적으로 문화 콘텐츠를 생산해 전 세계 문화 시장에서 함께 즐기는 독특한 현상으로, 이미 한류의 성공은 신화에 가까운 무게로 이해되고 있다. 문제는, 이러한 과정에서, 여러 학술적 연구와 미디어 리포트들이 잘못된 정보와 그릇된 해석을 생산하고 있으며, 이러한 현상들이 반복되면서 마치 이들 잘못된 정보와 해석이 한류 본체인양 둔갑해 일반인들의 이해를 흐리게 하고 있기도 하다는 것이다. 일부 학술논문과 저서, 그리고 미디어들이 잘못된 분석, 또는 특정한 목적을 가지고 짜 맞추기식의 결과물을 내놓고 있으며, 이들 잘못된 정보가 지속적으로 재인용되면서 한류에 대한 잘못된 신화를 만들어 가고 있는 것이다.

예들 들어, 한국의 대중문화와 디지털 문화의 발전은 다양한 요소들에 힘입어 단행된 것이나, 일부에서는 한국 정부의 적극적인 문화정책과 효과적인 마케팅 전략에 주로 기인한 것이라고 판단하고 있다(Hong, 2014; Rapkin, 2021). 한편으로는 한국 정부가 발전국가 모델을 바탕으로 핵심적인 역할을 수행했으며(Suh and Kwon, 2014), 다른 한편에서는 문화산업이 글로벌 문화 시장을 두드리기 위해 심도 있는 마케팅 전략을 사용했기 때문에 가능했다는 지적이다(Kim G. Y., 2019). 물론 이러한 주장들이 다 잘못되었다는 것은 아니다. 한국 정부의 문화정책이 없었다는 것은 더욱 아니다. 문화정책이 가장 중요한 요소로 간주되는 것이 타당한 주장인지 되짚어 보아야 하며, 잘못된 문화정책으로 인해 오히려 한류의 성장이 방해 받은 경우도 있다는 살펴보아야 한다는 것이다.

일부 미디어 학자들과 미디어들은, 또 한류가 현재 수준으로 성장하게 된 것은 한국이 일본으로부터 문화정책, 특히 소프트파워 정책을 배워 실행했기 때문이라고 강조하고 있다. 따라서 한류는 그 자체로 실체가 없어 몇 년 내에 쉽게 사라질 운명에 놓여 있다고 주장하기도 한다(Hanaki et al., 2007). 무엇보다, 한류를 분석하는 이론적 틀에 있어서도, 일부 학자들(Lie, 2012)은, 한류는 그 문화 생산과정에서 필연적으로 수반한 혼종화(hybridization)와 상업화 때문에 한국적 특징(Koreanness)을 상실했다고 강조한다. 한류(Korean Wave)에서 사실상 'K'가 없어졌다(Lie, 2012)라고 주장하기도 한다. 또 많은 경우 한류가 동아시아 등은 물론 전 세계로 확대된 것은 이들 국가가 한국과 문화적 유사성, 또는 문화적 근접성(cultural proximity)을 가지고 있기 때문이라고 분석하고 있다. 한때 학계와 미디어에서 많은 지지를 받은 내용이었으나 시간이 지나면서 여러 문제점을 노출하고 있는 주장들이기도 하다.

물론 이러한 기존의 논의와 보도들은 나름 타당한 주장이기도 하다. 이들 주장의 일부는 적어도 한류의 특정 기간, 특정 지역, 그리고 주요 문화형태에 있어서는 설득력을 얻기도 했다는 점을 무시할 수 없다. 다만 이들 논의 중 상당 정도가 보다 많은 논의와 검증 과정을 거쳐야 한다는 점을 강조하고 싶다. 단순한 기술상의 실수라면 굳이 큰 문제가 없다. 보다 많은 논의가 이를 덮고 갈 수 있다. 그러나 이들 주장 중 상당수는 20년 이상 성장을 거듭해 온 한류를 설명하거나 해석하는 데 절대적으로 적절하지 않다고 보아야 한다. 문제점이 드러나고 있는 상황에서, 해당 논의들에 대한 재해석을 통해, 이를 수정하거나 발전시키려는 시도가 필요한 시점이라고 본다.

또 다른 차원에서 문제가 되는 것은 한류의 범위이다. 대중문화만 국한

해도 영화, 드라마, 음악 등이 모두 포함되어야 하는 것임에도 불구하고, 각각의 문화장르 영역만을 분석하고 있다는 점에서 문제점을 내포하고 있다. 영화, 드라마, 그리고 K-pop을 각각의 대중문화 영역으로 분석하는 것을 이야기하는 것이 아니다. 이는 오히려 필요한 논의들이다. 문제는 이들 각각의 문화 장르를 분석하면서, 마치 이들 한두 분야가 한류의 전체인양 확대 해석함으로써 한류에 대한 오해를 초래하고 있는 점을 말하는 것이다. 게다가 한류의 한 축인 디지털 기술과 문화에 대한 논의는 상대적으로 크게 부족한 실정이기도 하다.

한류는 이제 20년을 넘어 30년, 40년을 향해 나아가고 있다. 한류가 앞으로도 지속적으로 글로벌 문화 시장에서 인기를 유지할 수 있는 안정기에 접어들었다고 하기에는 다소 성급할 수도 있다. 여러 돌발 변수들과 지정학적인 정치적 변수들이 항상 남아 있기 때문이다. 그러나 지금까지의 경과를 살펴보고 향후 전망을 통해 보면, 한류는 더 이상 일시적인 현상으로 과소평가되어서는 안 된다.

한류가 지속적으로 성장하기 위해서는 여러 조건들이 필요하다. 무엇보다 한류는 하나의 문화 현상으로 존재해야 한다. 한류가 국가 이미지 고양을 위해, 즉 소프트파워를 위해 사용될 수 있다는 것은 이해하더라도 지나칠 정도로 문화적 민족주의 고양을 위해 사용되어서는 안 된다. 한류 초창기에 많은 사람들이 별안간 한류가 성장하는 모습을 모면서 그 원인 등에 많은 관심을 가졌었다. 지금은 그런 단계는 지났다고 본다. 그보다는 한류가 주는 의미는 무엇이며, 콘텐츠의 중요성과 수용자의 변화에 대해 관심을 보일 때이다. 한류가 어떻게 성장을 시작했고, 왜 20년 이상을 지속하는 글로벌 문화 콘텐츠로 역할하는지를 알기 위해서 절대적으로 필요한 내용들이다. 한류가 보다 오랫동안, 그리고 보다 많은 사람들이 좋아하는 문화 콘텐츠가 되기 위해서는 국가의 문화정책보다, 문화산업들의 기획과 마케팅보다, 그리고 문화적 민족주의에 의존하기보다는 한류 콘텐츠 자체로서 어떤 특징을 지니고 있는지와 향후 좋은 문화 콘텐츠를 만들어 나가기 위해서는 어떤 요소들을 고려하고 발전시켜야 하는지를 주로 고민해야 할 시점이다. 그 출발점은 '한류 다시 보기'일 수밖에 없다.

주요 연구목적 및 요약

이 책은 기존의 연구와 여러 차원에서 그 차별성을 보여 주고 있다. 그동안 많은 연구가 사례연구 위주로 되었다는 점에서 이 책은 이러한 연구 경향을 벗어나려고 했다. 또, 한류 성장에서 정부의 문화정책과 마케팅 전략의 중요성을 지나칠 정도로 강조해 온 연구들과도 다른 차원의 논의를 전개한다. 잘못된 이론적 논의 등을 지속적으로 강조해 온 기존의 한류 논의와 미디어 리포트 등과도 그 궤적을 달리한다. 한류의 역사, 이론, 실행 등과 관련해 잘못된 해석에 대해서는 재해석을 제공하는 한편, 새로운 이론과 해석을 제공하는 데 주 목적을 두고 있다.

이 책에서 다루고 있는 한류 신화에 관한 10가지 논쟁은 한류에 관계된 모든 잘못된 해석이나 정보를 포괄하기보다는 그중에서도 가장 중요하다고 여겨지는 것들에 대한 재해석을 내놓고자 선정한 것이다. 적어도 새로운 관점에서 재해석하는 것이 한류 이해에 더 큰 도움이 될 수 있다고 믿는 내용들이다. 2000년부터 한류를 연구해 온 학자의 입장에서 많은 학술논문과 미디어 리포트를 접했으며, 여러 학술대회에 참여할 때마다 발견했던 오류들과 문제점들을 주로 정리한 것이다. 매우 주관적인 선택일 수밖에 없겠으나, 한류 역사, 이론, 정책, 그리고 실행 등에 관계된 것들을 정리했다. 이들 10가지 논의 주제는 다음과 같다.

- 한류는 1990년대 말 TV 드라마와 함께 시작했는가

- 한류는 한국 대중문화의 급속한 성장을 대표하는가
- 한류는 정부의 주도하에 성장했는가
- 한류는 일본의 소프트파워를 베낀 것인가
- K-pop은 한류 4.0을 만들었나
- 한류에 K를 집어넣을 수 있는가
- 한류는 카운터 문화 흐름을 만들었는가
- 문화적 근접성이 한류의 세계화에 기여했는가
- 한류는 잠시 유행하다 사라질 것인가
- 포스트 COVID-19 시대 한류의 방향은 무엇인가

　한류 현상에 대한 분석은 문화 연구적 접근인지, 상업적 접근인지, 또는 정책적 접근인지 여부에 따라 다른 결과를 도출할 수 있다. 따라서 위에 열거한 논의 주제들에 대해서는 매우 신중하게 접근하고 있다. 언론 보도와 기존 연구에서 나타난 문제점들이지만, 다양한 측면에서 해석된 것인 만큼 이들 연구와 보도가 단행된 배경 등에도 관심을 가지고 살펴보았다. 한류 현상에서 가장 두드러지게 나타나는 잘못된 논의에 대한 대안적 해석을 제시함으로써 한류에 대한 보다 의미 있는 논쟁을 제기하고자 했다. 기존의 논의를 존중하되, 좀 더 체계적인, 그리고 종합적인 분석을 통해 왜 해당 주제들이 문제인지를 논의함으로써, 새로운 후속 논의들이 더해지기를 바라고 있다. 이런 과정을 통해, 한류에 관한 논의가 보다 탄탄해질 것을 믿고 있기 때문이다. 이 같은 과정을 통해 이 책이 목적하는 것은 한류 학자, 한류 정책 입안가, 한류 생산자, 미디어 관계자, 그리고 수용자들이 한류를 단지 한국이라는 비서구 국가에서 발전한 성공적인 문화산업 모델로 간주하기보다는 한류를 보다 역사적으로, 따라서 문맥적으로 이해할 수 있는 계기를 만들어 나가는 것이다.

　이 책은, 서론에서 한류의 성장과 이에 관련된 기본적인 정의, 그리고 한

류 연구와 관련된 문헌 연구 등을 정리하고 있다. 서론을 제외한 전체 10개 장은 각 장마다 하나씩의 잘못된 한류 신화를 선택해 이러한 논의가 탄생하게 된 배경과 문맥을 분석하고, 이에 대한 학문적·실행적 대안을 제시한다. 이 책에서는 물론, 이 과정에서 발생할 수 있는 또 다른 근시안적 해석과 주장을 기피하는 데도 많은 고심을 쏟고 있다. 현존하는 한류 연구의 실증적·이론적 경계를 넘어서는 분석을 단행함으로써 가능하다고 생각하고 있다. 또, 이는 전 세계 여러 지역으로 확산되고 있는 한류의 복잡성을 비판적으로 이해함으로써 가능해질 것으로 전망한다. 다시 말해, 이 책은 한류의 여러 잘못된 신화에 대한 논의뿐만이 아니라, 실증적인 방향성을 제시함으로써, 한류 연구자들과 수용자들이 한류를 다시 생각하는 계기가 되기를 바라고 있다. 글로벌 문화의 장에서 현재 한류의 역할에 대한 종합적이고 역사적인 해석을 제공할 것으로 기대한다. 한류는 앞으로도 전 세계 시장에서 인기를 끌 것으로 기대되는 만큼, 한류에 대한 잘못된 신화를 짚어 보고, 이들에 대한 새로운 해석을 제시하는 것은 매우 중요하다고 생각한다.

물론 한류가 여러 문화장르와 디지털 한류까지를 포함한다는 점에서 이들을 모두 하나로 묶어 정리해 낸다는 것은 매우 어려운 일일 수 있다(Jin, 2016). 방송 드라마와 K-pop의 성격이 다르고, 영화와 디지털 문화가 서로 다를 수 있기 때문이다. 한류는 그러나 이 책에서 주장하듯이 종합 문화장르로 이해해야 한다. 즉, 여러 문화 콘텐츠의 차별성과 특수성을 인식하되, 여러 문화장르가 공통적으로 가지고 있는 특성들 역시 인식해야 한다. 또한 문화정책과 문화산업 등 문화 콘텐츠의 생산과 전파, 그리고 소비가 모두 함께 어우러져 한류 현상을 만들어 가는 만큼 보다 종합적인, 그리고 맥락적인 측면에서 이해하고 분석하는 것이 옳다고 생각한다.

책의 구성

한류가 글로벌 수용자들에게 갈수록 인기를 끌면서, 한류에 대한 미디어 보도와 학술연구 역시 크게 증가하고 있는 중이다. 한류가 어떠한 이유로, 어떠한 과정을 통해 이들 글로벌 수용자에게 다가가고 있는지에 대한 논의와 보도 역시 큰 폭으로 늘어나고 있다. 이 책에서는 현재까지 한류 연구와 보도에서 가장 문제가 되거나 중요하게 논의되는 주제들을 선정해 각 장에서 심도 있게 논의한다.

보다 구체적으로 제2장에서는 한류의 역사에 대한 담론을 전개한다. 한류의 어원과 실행으로서의 한류 시작을 재조명함으로써, 한류는 일반적으로 알려진 1990년대 말이 아닌 최소한 1990년대 중반에 시작되었다고 주장한다. 또한 이 같은 현상이 나타나게 된 미디어 생태계 변화에 대한 분석을 통해, 한류의 발전은 어느 특정 문화장르, 또는 특정 문화 프로그램에 의해 시작된 것이 아니며, 대중문화의 발전과 이를 담보하는 문화산업의 발전이 같은 정도로 중요하다는 것을 강조한다.

제3장에서는 한류가 한국 대중문화의 급속한 성장을 대표하는 것인지를 중점 논의한다. 한류의 글로벌 문화시장 진출과 더불어 거의 전 분야에서 한류를 벤치마킹할 뿐만 아니라 한류 명칭을 확대 이용하고 있다. K-관광, K-음식, K-의료에다 K-방역까지 손으로 꼽을 수조차 없다. 대중문화만이 한류를 대표하는지에 대한 논의를 통해 해당 주제가 미치는 함의를 논의하고자 한다.

제4장에서는 한류가 정부의 문화정책에 의해 주도되었다는 신화에 대한 논의를 전개하고자 한다. 정부의 문화정책이 주요 역할을 했다는 것은 부인할 수 없는 사실이다. 그러나 한류 발전은 정부의 문화정책뿐만 아니라 여러 요소들—미디어, 민간 부분의 참여와 생산, 그리고 수용자들의 역할—이 모두 중요하게 역할했다고 보아야 한다. 한류의 성장에서 민간 부분의 역할과 주도

성을 심도 깊게 다루어야 한다는 것이다. 이 장에서는, 특히 정부의 문화정책과 민간 부분의 역할이 어떤 관계 속에서 발전되어 왔는지에 대한 담론을 전개함으로써 보다 균형 잡힌 해석과 이해를 담아내고자 한다.

제5장에서는 한국 정부가 일본 문화정책을 모방했는지를 역사적인 관점에서 해석함으로써 왜 이러한 주장이 가능하지 않은지에 대한 논의를 전개한다. 한국과 일본의 지역정치적 특수성에 기인해 한국 정부가 일본 정부의 문화정책, 특히 소프트파워 정책을 베끼지 않았다는 것을 설명함으로써, 또하나의 잘못된 신화를 바로잡고자 한다. 한국의 문화정책이 일본보다 우수하다거나 하는 민족주의적 논의가 아닌, 역사적 그리고 지역정치적 요인과 사실에 근거한 담론을 전개함으로써, 보다 객관적인 해석과 인식의 틀을 제공하는 데 그 목적이 있다. 마지막으로, 한류의 발전과 더불어 한국 대중문화가 일본에 미치는 영향을 논의함으로써, 한일 간 문화 교류의 현주소를 짚어 보는 계기로 삼고자 한다.

제6장은 한류의 시기적 분류에 대한 논의를 바탕으로, 지금까지 이루어진 논의는 어떤 것이 있는지, 이러한 논의들의 근거는 무엇인지를 기록하고, 해당 논의가 적절한지 여부 등을 살펴보고자 한다. 한류의 시기 분류는 한류의 역사와 발전 과정을 특징별로 정리하는 것이다. 그러나 정부나 유관기관, 그리고 미디어들이 자신의 입장을 강조하기 위해 근시안적인 시기 구분을 단행함으로써 한류의 전체적 모습을 왜곡하고 있다. 이 장은 따라서 한류의 시기적 분류를 어떻게 단행해야 하는지에 대한 제안과 실제적 분류를 제시하고자 한다.

제7장에서는 한류 콘텐츠에서 'K'가 혼종화를 통해 사실상 사라졌다는 논의를 살펴본다. 많은 미디어 학자들과 국내외 미디어들이 한류는 혼종화, 그리고 상업화 과정 속에서 'K'를 전적으로 상실했다고 주장하고 있다. 현존하는 문헌들과 미디어 보도들은, 그러나 한국적인 것이 무엇인지에 대한 자세한 논의를 전개하지 않고 있다. 따라서 한국적인 것이 무엇인지를 논의

하고, 혼종화 속에서도 'K'를 발전시킨 한류 콘텐츠는 어떤 것들이 있는지 등에 대한 담론을 전개한다. 이 장은 이러한 담론을 통해, 한류 콘텐츠가 글로벌 수용자들에게 다가가기 위한 전략적 사고의 중요성을 논의한다.

제8장은 한류가 글로벌 커뮤니케이션 과정에서 문화가 서구에서 비서구로 흐르는 것이 아니라, 비서구에서 서구로 흐르는 카운터 문화 흐름을 생성했는지 논의한다. 한류는 비서구로부터 서구 국가로 확산되고 있는 독특한 문화 현상이나, 과연 한류가 전체 문화흐름의 방향을 바꿀 수 있을 정도의 강력한 영향력을 행사하고 있는 현상인지를 논의한다. 특히, 한류가 글로벌 문화 시장에서 비서구 국가가 문화 패권을 담보할 수 있을 정도의 강력한 카운터 문화흐름 현상인지에 대한 담론을 제시한다.

제9장에서는 한류의 전 세계적 확산에 있어 문화적 근접성이 주원인으로 사용될 수 있는지에 대한 논의를 전개한다. 한류가 동아시아를 중심으로 전파되기 시작할 때부터 현재까지, 많은 학자들과 미디어들은 문화적 근접성을 이용해 한류가 이들 국가에서 인기를 끌게 된 것은 역사적·언어적·문화적으로 공유할 만한 요소들이 많기 때문이라고 강조했다. 따라서 문화적 근접성이 과연 현재의 한류 현상을 설명하는 데 타당한 이론인지를 점검하고, 왜 문화적 근접성이 한류 확산을 설명하는 주 이론으로 타당하지 않은지에 대해 설명하고자 한다. 한류가 동아시아를 넘어 역사적으로나 문화적으로나 유사성이 없는 국가들에서도 인기를 끌고 있다는 것을 강조했다. 마지막으로는, 문화적 근접성 대신 초국가적 근접성이라는 새로운 이론과 접근법을 제시해 한류의 글로벌화가 단행된 주요 이론적 원인에 대한 담론을 제기한다.

제10장에서는 한류가 잠시 유행하다 사라질 것이라는 주장에 대해 논의한다. 한류가 한때 유행하다 사라질 것이라는 주장은 여러 미디어 학자, 미디어, 그리고 글로벌 수용자 사이에서 아직도 제기되고 있는데, 이러한 주장이 나온 근거와 문제점 등에 대해서 설명한다. 한류가 일시적 유행일 것

이라는 주장의 근거를 논의하고, 이 같은 현상이 앞으로도 계속될 것인지를 논의함으로써, 한류의 미래 전망을 위한 디딤돌로 삼고자 한다.

마지막으로, 제11장에서는 포스트 COVID-19 시대의 한류 전망에 대한 담론을 전개한다. 이 장은 향후 한류가 더 성장하기 위한 핵심 요소들을 논의한다. 한류가 한국 문화 콘텐츠를 좋아하는 일부 팬을 위한 것에 그치지 않고 전 세계 일반 수용자들도 좋아할 수 있는 대중화를 달성하기 위한 제언을 하고자 한다. 한류는 현재 성장세보다 더 빠른 속도로 발전할 가능성이 높으나, 문화 생산자부터 문화정책 입안가까지 한류의 지속적인 성장을 위해 고민할 내용들을 함께 이야기하고자 한다.

제2장

한류의 기원과 역사에 대한 논쟁

서론

최근 국내외적으로 가장 많은 관심을 끌고 있는 한국 대중문화의 하나가 웹툰이다. 주로 10대와 20대 청소년의 뜨거운 인기를 받고 있는 웹툰은 스마트폰 시대의 개막과 함께 급속도로 성장세를 보이다가 최근 들어 세계 여러 나라에 확산된 한국의 새로운 대중문화이자 디지털 문화의 상징으로 자리매김하고 있다. 한류를 구성하는 대중문화 중 가장 최근에 인기몰이를 하고 있는 콘텐츠라고 해도 과언이 아니다. 웹툰은 특히 모바일 기기로 즐기는 웹툰 자체뿐만 아니라, 웹툰에 근거한 영화, TV 드라마, 그리고 애니메이션 등으로 만들어지는 트랜스미디어 스토리텔링의 핵심이기도 하다. 이름만 들어도 쉽게 알 수 있는 많은 웹툰들, 예들 들어 〈미생〉, 〈내부자들〉, 〈이태원 클래스〉, 〈치즈인더트랩〉, 〈신과 함께〉, 그리고 〈스위트 홈〉 등이 웹툰에서 발전된 영화나 TV 드라마들이다.

웹툰은 그 자체로서 해외에서도 인기 있는 콘텐츠이나 트랜스미디어 스토리텔링의 원재료로서도 큰 관심을 받고 있다. 2020년에 인기 웹툰 〈신의 탑〉이 외국에서 애니메이션으로 만들어지기도 했다. 네이버 웹툰 원작으로 한국, 미국, 일본 합작 애니메이션으로 제작되었다. 미국의 애니메이션 콘텐츠 기업 크런치롤이 투자 유통사로, 그리고 일본 애니메이션 제작사 텔레콤 애니메이션 필름이 제작을 총괄했다(백봉삼, 2020). 웹툰을 게재하고 있는 국내 플랫폼 수가 증가하고 있는 가운데, 네이버와 카카오 같은 대형 플랫폼들의 성장세가 가파르며, 웹툰 플랫폼들은 국내뿐만 아니라 미국과 유럽, 그리고 아시아 시장에서 자회사 등을 설립하고 치열하게 경쟁하고 있다. 전 세계 웹툰 분야의 선두주자가 되기 위해 전력을 다하고 있는 것이다.

재미있게도, 웹툰은 한국에서 시작된 지 20여 년에 불과한데도, 누가 언제 웹툰이라는 용어를 처음 사용했는지에 대한 합의된 내용이 없다. 국내에서 웹툰에 관한 학술서와 논문들은 대부분 웹툰이라는 용어는 ≪조선일보≫에서 2000년 4월에 사용하기 시작했다고 쓰고 있다. 웹툰이 문헌상에 처음 등장한 것은 2000년 4월 28일이며, ≪조선일보≫가 "동영상 만화 웹툰 새 장르 펼친다"라는 제목의 기사를 게재했다며 이를 웹툰이라는 용어가 처음 사용된 시점이라고 지적한다(박석환, 2018). 또 최근 출간된 영문 서적에서도 웹툰 용어는 2000년 4월 ≪조선일보≫에서 사용된 것이 효시라고 밝히고 있다(Yecies and Shim, 2021). 여러 국내외 저서와 미디어가 이를 기정사실로 인정하고 있다.

웹툰이라는 용어는, 그러나 그 이전에도 이미 사용된 바 있다. 같은 해 동안에도, 2000년 1월 ≪전자신문≫에서 웹툰이라는 용어를 사용했다. 특히, 1999년 6월에 ≪중앙일보≫에서 기사 내용 중 웹툰이라는 용어를 사용한 바 있다. 당시 기사에서는 웹툰을 '인터넷으로 보는 만화책'이라고 소개하고 있다(정형모, 1999). 그럼에도 불구하고, 국내 학자들이, 그리고 미디어에서 지속적으로 웹툰이라는 용어가 시작된 것은 2000년 4월이라고 반복하면서, 국제 학술서까지도 이를 당연하게 받아들이고 있는 것이다. 잘못된 정보가 반복되면서, 웹툰이라는 용어는 2000년 4월부터 시작되었으며, 따라서 웹툰 자체도 비슷한 시기에 시작되었다는 잘못된 사실을 그대로 사용하고 있는 것이다.

2020년대 초반 현재, 한류 발전사에서 가장 늦게 두각을 나타내고 있는 웹툰의 사례에서 볼 수 있듯이, 한류 전반에 걸친 역사 연구와 보도에서도 잘못된 논의가 지속되고 있다. 잘못된 해석과 기록이 정확한 검증 없이 인용되고 사용되면서 확대되고 있기도 하다. 한류 자체의 성장과 관련해 두 가지 가장 기본적이고도 중요한 내용은 한류가 실제로 언제 시작되었는가와, 그리고 한류는 TV 드라마의 수출부터 시작되었는가 하는 점이다. 한류는 일반적으로 1990년대 후반에 시작되었으며, TV 드라마와 함께 시작되었다고 잘 알려져 있다. 한류에 관한 이러한 두 가지 주요 내용은 그러나 한류의 전통을 잘못 이해한 데서 나온 논의라고 할 수 있다. 최소한 좀 더 세심하고 정밀한 담론이 필요한 부분이다. 한류의 시작이 어디서부터인지 여부를 결정하는 것은 대중문화의 발전이 미디어와 문화 생태계의 한 부분이라는 점을 인지하는 것에서 출발한다. 재빠르게 변화하는 미디어 문화 영역은 전체 사회의 변화를 반영한다는 점에서, 변화하는 미디어 문화 환경을 이해하는 것 역시 중요하다.

이 장에서는 한류의 기원을 좀 더 체계적으로 연구하는 한편, 한류는 그 발전 초창기에 TV 드라마뿐만 아니라 K-pop과 영화 등 여러 대중문화가 한꺼번에 역할했다는 것을 논의한다. 한류에 대한 논의를 좀 더 역사적인 흐름에서 종합적으로 단행하고자 한다는 의미이다. 한류의 기원과 정의에 대한 보다 맥락적인 담론을 통해 대중문화의 발전이 단순히 해당 문화장르의 발전이 아니라 당시의 사회·문화상을 반영하는 보다 심층적인 이해가 필요함을 강조하고자 한다. 다시 말해, 한류를 이해하기 위해서는 대중문화 자체의 이해도 중요하지만, 해당 대중문화 발전의 토대가 된 사회문화적 요소를 이해함으로써 가능하다는 것을 논의한다.

한류의 기원

한류가 언제 시작되었는가에 대한 논의는 그간 꾸준히 이어져 왔다. 그러나 한류가 언제 어떻게 시작되었는지에 대해서는 합의된 내용이 없다. 한류가 정확히 언제부터 시작되었는가를 결정하는 것은 결코 쉬운 일이 아니다. 아마도 가능하지 않을지도 모른다. 한류의 역사를 기술한 연구자와 미디어가 나름대로 각자의 연구나 취재에 의존해 결과물을 내놓고 있으며, 그 기준 역시 모두 다르기 때문이다. 문제는, 이러한 기존의 학술 연구와 미디어 보도들이 많은 경우에 너무 근시안적인 분석과 취재 보도로 인해 한계점을 노출하고 있다는 점이다. 한류에는 여러 가지 문화 장르가 있고, 관련된 사회적·문화적·정책적 요소들까지 고려해야 하는데, 대부분은 이를 고려하지 않았다. 한류의 기원을 정확하게 결정하기는 어렵다 하더라도, 이들 부분에 대한 재해석은 필요하다. 이러한 과정을 통해서 한류 기원에 대한 합의점을 찾을 수도 있을 것으로 생각된다.

먼저, 한류의 기원은 1990년대 후반 이후, 동아시아에서 한국 드라마의 점증하는 경쟁력을 경고하기 위해 사용하면서 시작되었다고 여겨지고 있다(홍찬식, 2012). 즉, 많은 경우 한류는 1997년부터 시작되었다고 여겨지고 있다. 한류가 1990년대 후반부터 시작되었다는 주장은 웹툰 어원의 경우처럼 한류라는 어원에 근거한 경우가 많다. 첫 번째로 어원적으로 한류라는 말이 1997년에 처음 사용되었으며, 두 번째로 드라마 〈사랑이 뭐길래〉가 같은 해 중국에서 방영되어 인기를 끌었으며, 세 번째로 한국은 1997년에 역사상 최악의 경제 위기를 겪게 되는데, 한류가 외환위기를 극복하는 과정에서 발전되었다는 논의가 더해진다. 따라서 과연 이들 세 가지 요소가 한류의 기원을 결정하는 핵심 요소로 작용할 수 있는가가 한류 기원에 대한 해석에 있어 매우 중요하다. 손승혜(2009: 125~126)는 이와 관련해 "아시아 지역에서 한국의 대중음악과 TV 드라마 시리즈에 관한 관심이 급증하면서 1998년에 처음 한류라는 용어가 사용"되었다고 밝혔다. 대부분이 드라마 위주의 한류 역사를 기술한 것과 달리 대중음악을 함께 포함시켰다는 점에서 눈길을 끌고 있다. 그러나 왜 1998년이 출발점인지에 대해서는 특별한 설명이 없었다. 한류의 시작 지점에 대해서는 통합된 논의가 없다는 것을 잘 보여주고 있다. 따라서 이들에 대한 논의를 재해석하는 것이 한류 역사를 보다 잘 이해하는 출발점이 될 것으로 믿는다.

어원으로서의 한류 vs. 실행으로서의 한류

한류라는 용어의 어원에 대해서 여러 논의가 있어 왔다. 한류라는 용어는 1997년 12월 12일 대만 신문에서 처음 사용한 것으로 전해진다. 물론 그 당시 한류라는 용어는 정확히 한국 대중문화의 해외 수출 등을 의미한 것은 아니었다(홍유선·임대근, 2018; 진경지, 2019). 진경지(2019)에 따르면 한류라는 용어는 1997년 12월 12일 대만 ≪중국시보(中國時報)≫의 한 신문 기사에서 비롯되었다. 기사의 제목은 "'한류(韓流)'가 내습한다"라고 되어 있으며, 문화 현상보다는 경제적인 측면에서의 한국상품 수출 등을 주로 의미했다. 대만 신문들은, 그러나 이후 한류를 한국의 대중문화 확산이라는 뜻으로 사용했다. 한국 드라마 〈마지막 승부〉와 가수 김완선, H.O.T., 그리고 누구보다 댄스그룹 클론 등의 활약이 두드러지면서다. 실제로, 대중문화를 지칭하는 용어로서 한류는 1998년 12월 17일 대만 ≪연합만보(聯合晚報)≫에서 기원했다(홍유선·임대근, 2018).

조금 시간을 두고, 1999년 중국의 한 신문, 즉 같은 해 11월 19일 자 ≪북경청년보(北京靑年報)≫에서도 한류라는 용어를 사용했다. 당시 중국 신문은 주로 한국 가수들이 중국 현지에서 성공적으로 활동하는 현상을 표현하기 위해 한류라는 용어를 사용했다(홍석경 등, 2017; 진경지, 2019; Jin et al., 2021). 중국 베이징공인체육관에서는 1999년 11월 11과 12일 이틀에 걸쳐 클론의 베이징 투어 콘서트가 열렸고, 클론의 베이징 공연을 지켜본 ≪북경청년보≫ 기자가 한류라는 용어를 사용했다(박지수, 2016). 많은 학자들과 미디어는 한류라는 용어가 1999년 중국 신문에 등장한 시점을 한류의 출발점으로 보고 있다. 이와 관련해 박장순 홍익대학교 교수는, "새로운 언어기호가 등장했다는 것은 어떤 현상이 하나의 실체로서 사람들에게 다가왔다는 것을 의미한다"라며, "그런 측면에서 '한류'라는 언어기호가 처음 등장한 1999년 11월 이후, 한류가 본격화하기 시작했다고 봐야 할 것이다"라고 말한 바 있다.

박장순 등의 주장에서의 문제는 한류라는 용어에 근거해 1999년을 기준으로 한다면, 대중문화를 지칭하는 용어로서의 한류가 1998년에 대만에서 먼저 나왔다는 측면은 물론, 1997년 〈사랑이 뭐길래〉가 중국에서 인기를 끌면서 한류가 시작되었다는 대부분의 주장과도 크게 상반된다. 여러 학자들이, 〈사랑이 뭐길래〉가 1997년에 중국에서 방영되어 인기를 끈 시점을 한류 기원으로 보는 데 반해, ≪북경청년보≫는 드라마보다 K-pop이 1999년에 중국에서 인기를 끈 시점을 한류 현상의 시작으로 보고 있어 논의가 크게 엇갈린다. 한류 역사가 그만큼 촘촘하게 다듬어지지 않았다는 것을 단적으로 증명하는 것이다.

다른 한편에서, 강준만(2020: 135)은 "한류라는 작명의 기원에 대해서는 설이 분분하다"라며, 중국 언론이 아니라 대만 언론에 먼저 등장했다거나 1999년 한국 문화관광부가 한국 가요의 홍보 음반을 CD로 제작하면서 붙인 이름 등을 사례로 들면서, "작명의 원조가 누구이건 한류가 〈사랑이 뭐길래〉와 한국 대중가요의 성공 이후 인식하기 시작한 문화적 현상이라는 건 분명했다"라고 주장하고 있다. 실제로, 국내에서는 1999년에 문화관광부가 K-pop을 동아시아에 전파하기 위해 음악 CD를 제작 배포하면서 영어로는 한국 대중음악(Korean Pop Music), 그리고 중국 한자로는 '한류-한국으로부터 노래들(Song From Korea)'이라고 사용한 것이 한류라는 용어의 효시라고 알려져 있기도 하다(진성·홍성규, 2019). 강준만의 지적은 그러나 한류 어원의 기원이 별 의미가 없다는 주장으로 해석될 수 있는 데다, 한국 대중가요의 성공이 언제부터인지에 대한 논의 역시 없는 실정이어서 역사적 해석이 부족하다는 인식을 주기에 충분하다. 결국, 한류의 기원에 대해서는 손승혜의 1998년 시작론, 〈사랑이 뭐길래〉가 중국에 방영된 1997년 기원설, 그리고 중국 신문에 한류 용어가 등장한 1999년 기원설 등에 근거해서 단행되는데, 이처럼 한류 현상의 시작점에 대한 주장이 벌써 서로 충돌을 일으키고 있다.

어원에 기초한 한류 기원에 대해서는 이 밖에도 다른 연구 등에서 지속적으로 제기된 바 있다. 예를 들어, 두산백과(n.d.)에서는 "한류라는 용어는 한국의 대중문화가 알려지면서 대만, 중국, 한국 등에서 사용하기 시작했으며, 중국에서 한국 대중문화에 대한 열풍이 일기 시작하자 2000년 2월 중국 언론에서 이러한 현상을 표현하기 위해 '한류'라는 용어를 사용하여 널리 알려졌다"라고 잘못 기재하고 있다. 장규수(2011: 168) 역시 한류는 "1997년경부터 한국이 개방되며 중화권을 중심으로 한국 TV 드라마가 인기를 얻으며 한국에 대한 관심을 유발시켰고, 1998년 이후 한국 대중음악의 본격적인 해외 진출이 시작되면서 한국 문화의 열풍, 즉 '한류'가 발생했다"라고 주장했다. 한류 용어를 각각 처음 사용한 여러 나라, 즉 대만, 중국, 그리고 한국의 사례가 일치하지 않고, 한류의 시작으로 간주되는 문화 장르도 드라마와 K-pop으로 나누어져 있는데, 이마저도 충분한 근거가 부족한 실정이다. 다만, 위에 설명한 여러 학설들과 관련해 두산백과의 경우를 제외하고는, 한류라는 용어는 그 어원에 있어 1990년대 후반부터 사용되었으며, 한류의 기원으로 삼고 있는 것이 1990년대 후반 한국 TV 드라마와 K-pop의 동아시아 전파를 들고 있다는 데에서는 큰 의견 차이가 없다고 할 수 있다.

여기서 무엇보다 중요한 것은 실행으로서의 한류는 어원적으로 설명된 것보다, 좀 더 오랜 역사를 가지고 있다고 보아야 한다는 것이다. 한류가 용어상으로 1997년부터 사용되었다면, 현상으로서의 한류는 이보다 더 오래되었을 가능성이 높기 때문이다. 새로운 용어가 탄생하는 것은 단순히 하나의 사례가 등장했기 때문이 아닌 경우가 많다. 한류라는 새로운 용어까지 등장했다는 것은 유사한 현상이 이전에 이미 반복적으로 이루어졌기 때문이다. 다시 말해, 용어가 나오기 이전부터 현상으로서의 한류는 시작되었다고 볼 수 있다.

실제로, 새로운 기술 발전의 역사 역시 비슷한 과정을 겪는다. 많은 경우에 이미 실행으로서의 비슷한 모형들이 개발되고 아이디어들이 만들어지는 과정 속에 결정적인 기술 발전이 이루어지고 용어도 만들어진다. 요하네스 구텐베르크(Johannes Gutenberg)가 1440년대 인쇄기(printing press)를 발명한 인물로 기록되어 있지만, 그 이전에도 여러 모형이나 아이디어 차원의 유사 기술들이 있었다. 구텐베르크가 이를 집대성해서 일반적으로 사용 가능한 모델을 만들었기 때문에 역사에서는 이를 중요시하고 있는 것이다. 대중문화는 기술 발전보다 더 복잡하고 미묘한 발전 과정을 보여 주고 있다고 할 수 있다. 일반 사람들의 삶과 직접 연계되고, 그들의 매일 일상의 한 부분이기 때문이다. 작게는 소규모의 커뮤니티이고, 크게는 한 국가 국민들의 문화적 정체성의 형성과도 연계된다. 따라서 그 발전 과정에 콘텐츠의 생산부터 소비, 그리고 관련 정책까지, 많은 요인들이 개입하게 되고, 그 기원을 알기가 매우 어렵기도 하다. 어려운 만큼 그 기원을 확인하는 과정은 한류 역사의 이해를 위해 매우 중요하고 필요한 일이라는 말이다.

한류의 경우, 한류라는 용어가 나오면서, 그리고 〈사랑이 뭐길래〉라는 드라마가 한류의 출발점으로 등장한 것은 미디어의 어젠다 세팅(의제 설정)과 관계가 있다는 점도 짚어 주어야 한다(이준웅, 2010; McCombs and Shaw,

1993). 기존에 여러 드라마나 K-pop의 동아시아 진출이 있었는데, 이를 별로 중요치 않게 생각하다가, 즉 보도를 하지 않다가 〈사랑이 뭐길래〉의 중국 인기부터 미디어가 관심을 가지고 보도하는 의제 설정이 이루어졌고, 그이후에서야 한류에 대한 일반인의 관심도 시작되었다는 것이다. 다시 한 번강조하지만, 여러 미디어 기술과 현상을 보여 주는 역사 연구에서 자주 나타나는 대로, 새로운 기술과 현상 등이 나온다는 것은 이미 비슷한 내용들이 소규모로 반복되었다는 것을 의미한다. 한류의 경우, 여기에다 대만이나중국의 한류 어원에 대한 논의에서 잘 나타나는 것처럼, 미디어에 의해 현저하게 보도되기 시작하면서 새로운 용어도 생성 정착되고, 결과적으로 일반인들에게도 알려지게 되었다고 볼 수 있다.

한류 기원이 왜 1997년 이전이어야 하는가

한류가 용어상으로 처음 등장한 1997년 전에 이미 현상으로 존재하기 시작했다고 볼 때, 우리가 관심을 가져야 하는 것은 그렇다면 과연, 언제부터현상으로서의 한류가 시작되었는가에 관한 의문이다. 한류가 어원으로 등장한 배경이 되는 한류 현상이 이미 존재했기 때문이다. 한류의 기원은1997년 이전이어야 한다는 논리가 성립하는 근거이기도 하다.

한류라는 용어가 대만 신문에서 먼저 사용된 것도 현상으로서 한류가1997년 전에 이미 존재했다는 사실을 잘 반영한다. 이 장과 다음 장 등에서주로 설명하는 대로, 대만에서 한국 드라마와 K-pop 전파가 다른 나라보다먼저 시작되었기 때문이다. 주로 1993년을 전후해서 한국 드라마와 한국가수 등이 대만의 미디어 문화 시장에 진입했다. 대만은 당시 케이블 채널을 집중적으로 개방·확대하는 시점이었다. 대만은 1993년 케이블법을 제정해 해마다 허가 채널 수를 늘려 나가기 시작했다(Cheng, 2002). 새로운 채널은 급증하는데, 적절한 방송 프로그램은 부족한 실정이었다. 대만은 일본 방송 프로그램을 많이 수입해 프로그램 부족 문제를 해결했다. 일본 드라마가 대만 등에 집중적으로 전파되면서 일본 문화 콘텐츠의 동아시아 확산을 주도한 시기이다(Iwabuchi, 2002). 일본 프로그램은 그러나 무엇보다 편당 가격이 비싸기도 하고, 내용이 개방적이고 동적인 면에서 대만인들의 정서에 맞지 않는 부분들이 많았다. 대만 방송계는 이러한 과정에서 한국 방송계로 눈길을 돌리기 시작했다. 가격은 일본 프로그램에 비해 훨씬 저렴하면서도 프로그램의 질을 담보했기 때문이다(Jin, 2002). 예들 들어, 방송 프로그램 국제시장 유통가격을 보면, 당시 일본 드라마 장르의 가격이 미국 달러 1만 6000~2만 5000달러였으나, 한국 드라마의 가격은 3000~6000달러에 불과했다(고수차, 2002). 1990년대 초·중반에는 이보다 가격차가 더 심했을 것으로 짐작된다.

대만 신문에서 뜻은 다소 다르더라도 한류라는 용어를 1997년에 가장 먼저 사용했고, 앞에서 설명했듯이 이어지는 언론 보도가 한류를 한국의 대중문화 전파라는 의미로 사용했다는 것은, 결국 한국의 문화 콘텐츠가 이처럼 1990년대 중반부터 수입·확대되었기 때문이다. 대만에는 한국 드라마 이외에도 한국 가수들 역시 1994년부터 활동하기 시작했다. 이는 한류의 초기 정의에서 한국 콘텐츠의 해외 수출과 한국 가수 등의 해외 활동을 강조하는 측면과 일맥상통하고 있다.

한류는, 그러나 보다 종합적인 해석이 필요하다. 문화 장르와 관련해 한류의 분야도 방송 드라마와 K-pop뿐만 아니라 영화와 애니메이션도 큰 역할을 했기 때문이다. 또 한류를 이해하려면 수출뿐만 아니라 대중문화의 성장 배경이 된 문화정책과 문화산업의 발전을 알아야 하기 때문이다. 주터 윔러(Wimmler, 2019)에 의하면, 개별적인 사물이나 사안을 강조하는 것은 전체라는 큰 틀에서 해당 사물이나 사안을 분리해 내는 것에 불과하다. 한류를 해석하는 것은 이 과정을 통해 한류사를 만들어 가는 과정이다. 하나의 문화 장르가 한류를 대표할 수는 있어도 한류 자체를 대신할 수는 없다. 사물이나 사안 전체를 하나의 완전체로 만들어 내는 것이 역사화 과정일 수도 있다. 미디어 학자와 미디어의 공통점은 미디어와 문화라는 공통의 관심사를 글로서 정리해 가는 데 있다. 그들이 쓰는 글들이 바로 역사라는 점에 비추어 미디어 학자들과 미디어 실행가들, 즉 기자와 PD, 작가는 모두 역사가라고 간주할 수 있다. 이들은 개별적인 사안보다 전체를 아우르는, 특정한 사안을 선택적으로 보기보다는 전체 사물과 사안을 한꺼번에 관찰하고, 해석하고, 정리하는 접근법을 사용해야 한다. 하나씩의 중요한 사안을 정리하는 방식의 중요성을 감안하되, 전체를 볼 수 있는 종합적인 해석도 뒤따라야 한다는 것이다.

한류 기원은 드라마 〈사랑이 뭐길래〉에서 출발되었나

한류 역사와 관련해 한류의 시작점과 함께 거론되는 또 다른 주요한 논의점은 한류가 잘 만들어진 TV 드라마의 동아시아 수출과 함께 시작되었는가에 관한 것이다. 잘 만들어진 드라마가 이전에는 없었는가에 대한 질문은 차치하더라도, 1990년대 들어 국내에서도 인기를 끌었던 드라마의 중요성을 인정하는 것은 어렵지 않다. 〈사랑이 뭐길래〉(1991)와 〈별은 내 가슴에〉(1997), 〈겨울연가〉(2002), 〈대장금〉(2003) 등이 국내에서 인기를 끈 뒤, 동아시아에서 인기를 얻으면서 한류 성장을 견인한 것은 부정할 수 없는 사실이기 때문이다. 특히 한류가 TV 드라마로부터 시작되었다는 주장은 〈사랑이 뭐길래〉가 중국 CCTV1에서 1997년 6월에 상영되기 시작하면서 큰인기를 끌었기 때문이다. 당시 시청률이 4.2%로, 이는 외국 프로그램 가운데 가장 높은 수준이었다(윤여수, 2015). 한류 역사를 논의할 때, 많은 학자와미디어들이 〈사랑이 뭐길래〉의 중국 방영을 한류의 시초로 여기게 된 이유이다. 김창남(2021: 376) 역시, "한류의 시작은 흔히 1997년 드라마 〈사랑이 뭐길래〉가 중국 CCTV를 통해 방송되어 높은 시청률을 기록하며 화제가 된 일을 꼽는다"라고 밝힌 바 있다.

여기서 주목할 점은 〈사랑이 뭐길래〉가 중국에 수출된 것은 1994년이라는 점이다. 수출은 이미 되었는데도 3년이나 지난 1997년에 방영이 된 것은 중국 정부로부터 방송 허가가 지체되었고 중국어 자막 처리가 기술적인 문제로 늦어졌기 때문이다(이희용, 2017). 중국은 이미 1991년에 국내에서 방영되어 큰 인기를 끌었던 해당 프로그램을 진작에 수입해서 방영할 계획을 세운 것이다. 〈사랑이 뭐길래〉가 한류의 기원이라면, 그리고 이후 설명하듯이 한류를 수출이라는 점에 중점을 둔다면, 한류의 기원은 〈사랑이 뭐길래〉가 수출된 1994년을 기점으로 삼아야만 한다. 그럼에도 불구하고, 드라마 중심의 한류, 특히 〈사랑이 뭐길래〉를 예로 들고 있는 많은 학술서적 논문과 미디어들은 해당 드라마의 중국 수출이 1994년에 이미 이루어졌다는 점을 간과하고 있어 자체 모순일 수밖에 없다. 일부 학술논문에서는 외환위기 이후 드라마의 수출이 크게 늘었으며, 〈사랑이 뭐길래〉가 1997년에 수출되어 인기를 끌었다고 잘못 기술하고 있기도 하다(Song, 2020). 한류 초기 문화 콘텐츠의 수출이 중요한 전기였다면, 〈사랑이 뭐길래〉가 수출된 시점은 매우 중요하다.

〈사랑이 뭐길래〉와 함께 한류의 시초라고 알려진 드라마는 〈별은 내 가슴에〉이다. 배우 안재욱을 아시아 한류 스타로 발돋움하게 한 작품으로 1997년 국내에서 방영되어 40%가 넘는 시청률을 기록하며 인기를 끌었다. 해당 작품은 이후 중국, 대만, 홍콩 등에서 큰 호응을 얻었고, 이에 따라 〈별은 내 가슴에〉를 한류의 시초라고 분석하는 미디어 보도와 학술논문도 다수이다. 주오 유보(Zhou, 2005)는 "한국 드라마가 광범위한 대중의 인기를 끌 수 있었던 것은 1997년에 〈별은 내 가슴에〉가 방영되면서부터"라며, 〈별은 내 가슴에〉는 아시아 방송 스타 TV 계열의 Phoenix TV를 통해 방영되어 TV 드라마를 통한 한류 열풍을 일으키기 시작했다고 주장했다. 강준만(2020)은 주오 유보를 인용하면서 〈별은 내 가슴에〉가 1997년 해당 국가에 방영되어 한국 드라마가 대중의 광범위한 인기를 얻기 시작했다고 밝히고 있다. 〈별은 내 가슴에〉는 그러나 중국에서 1997년에 방영된 것이 아니라 이보다 늦은 1998년에 방영되었다는 지적도 있다(한류연구회, 2015). ≪경향신문≫(1997) 등은, 〈별은 내 가슴에〉가 1997년 11월 24일 중국 CCTV와 계약을 협의 중이라고 보도한 바 있다. 최소한 1997년 방영은 아니라는 결론이다. 물론 Phoenix TV와 CCTV는 전혀 성격이 다른 방송매체여서 각자 따로 방영했다는 주장이 잘못된 것은 아닐 수도 있다. ≪한겨레신문≫ 기사(남지은, 2021)는 실제로 "한류 하면 많은 이들이 〈겨울연가〉를 떠올리지만, 업계에서 꼽는 최초의 한류 드라마는 사실상 〈별은 내 가슴에〉이다"라고 주장했다. 해당 기사는 그러나 〈별은 내 가슴에〉가 중국에 수출된 것은 1999년이며, 이후 중국에 한국 콘텐츠 열풍이 불었다고 지적했다. 해당 작품을 한류 최초 드라마로 규정하는 것 자체가 시기나 시청률 등에 있어 논란을 가져오는 부분이다.

이와 관련해 더욱 중요한 것은 방송계에서 〈사랑이 뭐길래〉가 1994년 중국으로 수출되기 이전에 이미 1990년대 초반부터 한국이 방송 프로그램을 수출하고 있었던 사실이다. 중국으로의 방송 드라마 수출은 1992년 8월 한국과 중국이 외교 관계를 공식적으로 설립한 이후 시작되었다(Huang and Noh, 2009). 당시 수출된 문화 콘텐츠가 〈질투〉였다. 〈질투〉는 한국 최초의 트렌디 드라마로 알려져 있으며 청소년들의 사랑과 도시 속의 삶을 그려 호평을 받았다. 당시 몇몇 아시아 국가에서는 트렌디 드라마가 대세였던 일본 방송 프로그램들이 인기를 끌고 있었다. 〈질투〉는 이 와중에 중국인들의 관심을 끌어모았는데, 1993년 하얼빈TV에서 방송되었다. 〈질투〉를 한류의 기원으로 보아야 한다는 주장이 나오는 이유이다(김윤정, 2009 재인용; 강준만, 2020). 연합뉴스(이웅, 2019) 역시 "한류의 출발은 1993년 한국 TV 드라마 〈질투〉를 중국에 수출하면서다. 하지만 한류 신화는 1997년 중국 CCTV에서 방영된 드라마 〈사랑이 뭐길래〉가 중국 역대수입 영상 콘텐츠 2위인 4.3% 시청률을 기록하면서 쓰여지기 시작했다"라고 보도한 바 있다.

일부에서 드라마 〈질투〉를 한류의 시초로 보고 있는데, 한류는 다시 한 번 강조하지만 특정 프로그램 하나로 시작되었다고 보기 어렵다. 〈질투〉가 수출이라는 측면에서 최초의 드라마였기 때문에 한류의 시작이라고 본다면 같은 해인 1993년에 많은 사람들에게 초창기 아이돌 가수의 한 명인 김완선이 홍콩에서 인기를 끈 것은 왜 한류의 시초가 될 수 없는가? KBS영상사업단이 이보다 1년 앞선 1992년에 애니메이션을 수출했는데 왜 이는 한류의 시초로 간주되지 않는가? 하는 기본적인 질문에 답을 줄 수 없다. 〈질투〉를 한류의 시초로 여기는 것은 방송 드라마가 한류의 시작이라는 것을 전제하는데, 한류는 방송뿐만 아니라 음악, 애니메이션, 영화 등이 비슷한 시기에 동시다발적으로 발전되었으며 해외시장에도 전파되었다는 점에서 특정 프로그램을 한류의 시작으로 간주하는 것은 옳지 않다. 한류의 기원은 보다 종합적인 그리고 맥락적인 해석 속에서 그 기원을 찾아야 한다. 〈질투〉의 수출 직후, MBC가 제작한 〈여명의 눈동자〉 역시 중국에서 방영되었다(Sohn, 2016). 즉, 〈질투〉와 〈여명의 눈동자〉 등이 커다란 인기를 끌지는 못했어도, 이후 중국에 한국 드라마의 수출 기반을 닦는 데 큰 역할을 했다는 점을 잊어서는 안 된다. 〈사랑이 뭐길래〉가 큰 인기를 끌어서 이후 한국 드라마의 중국 수출에 큰 역할을 한 것처럼 말이다. 〈사랑이 뭐길래〉가 한류 성장에 큰 전환점이 되었다는 측면에서 이를 부정하기 어렵다. 그러나 〈사랑이 뭐길래〉가 중국에 수출되기 위한 디딤돌은 이미 여러 다른 드라마의 중국 수출이 있었기 때문에 가능했다는 점을 기억해야 하며, 〈사랑이 뭐길래〉의 수출 자체 역시 1994년이었다.

비슷한 시기에 대만에서도 여러 한국 드라마를 이미 수입하고 있었다. 비록 시청률이라는 측면에서 그리 높지는 못했어도, 대만은 〈마지막 승부〉(1994), 〈모래시계〉(1995), 〈제4공화국〉(1995) 등을 1990년대 중반에 수입해 방영한 바 있다(Chen, 2019). 이들 드라마의 수출은 한류가 2000년대 초기 확장기로 넘어서는 과정에서 일조를 했다. 즉, 방송 드라마는 이미 중국과 대만에 1990년대 중반부터 수출되기 시작된 점을 놓쳐서는 안 된다. 〈사랑이 뭐길래〉가 중국에서 얻은 시청률은 매우 의미 있지만, 시청률만이 한류의 기원과 성장을 결정하는 요소는 아니기 때문이다. 시청률이라는 점에서 실패했더라도 〈사랑이 뭐길래〉 이전에 중국과 대만 등에 수출된 드라마들은 해당 국가의 수용자들에게 한국 대중문화의 존재를 알렸을 뿐만 아니라, K-pop 등의 인기와 함께 한국 문화 콘텐츠를 동아시아 지역으로 확산시키는 데 기여했다고 보아야 한다.

다시 한 번 강조하지만, 무엇보다 중요한 것은 한류는 TV 드라마뿐만 아니라 여러 문화장르의 해외 진출이 함께 이루어지면서 가능했다는 점이다. K-pop은 1990년대 중반에 이미 새로운 영역으로 진입한바, 서태지와 아이들이 주로 활약했던 1992년부터 1996년까지 한국 대중음악의 방향이 기존의 트로트나 발라드 위주에서 힙합이나 레게를 포함하는 다양한 장르와 댄스의 중요성이 가미된 현재의 K-pop 형태로 전환하게 된다(Howard, 2006). 서태지와 아이들의 〈난 알아요〉(1992)는 한국어로 된 최초의 랩 음악 중 하나이다. 실제로, 서태지와 아이들이 한국에서 힙합 음악이 인기를 끄는 데 큰 기여를 했다는 점을 부인하기는 어렵다. 무엇보다 중요한 것은 서태지와 아이들은 K-pop이 본격화하기 전에 한국 음악의 형식을 바꾸는 데 큰 역할을 했으며, 아이돌 그룹을 한국에 접목시키는 데도 역할을 했다는 것이다(Lie, 2015). 서태지와 아이들이 일본 등에서는 잠시 공연을 하기도 했으나 해외에는 크게 진출하지 못했다. 그러나 한국 K-pop 역사에 있어 매우 중요한 역할을 담당했다. 이후 H.O.T., S.E.S., 신화 등이 1990년대 중반에 활동했으며, 이들의 성공이 현재 K-pop 시스템의 발전에 커다란 요인으로 작용했다. 일부 국내 미디어 역시 한류를 K-pop의 인기와 연계해서 지칭하기도 했다. ≪서울신문≫ 베이징 특파원 보도(김규환, 2000)가 이를 잘 목격했다.

한국 가수 및 한국 유행음악의 열기를 지칭하는 '한류(韓流)'가 베이징의 40도 불볕더위보다 더 뜨겁다. H.O.T., NRG 등의 음반이 '대박'이라는 10만 장을 훨씬 넘어 20만 장이 팔렸다. 최근 들어 30여 종에 이르는 한국 가수들의 앨범이 잇따라 발매되었고 중국 방송국들은 '한류'를 전달하기에 숨이 가쁘다. 10대 인기 댄스그룹 NRG가 14일 밤 베이징 최대 체육관인 수도체육관 공연을 시작으로 상하이(上海), 하얼빈(哈爾濱) 등 중국 3개 도시에서 순회 콘서트를 가질 예정이다. 주최 측인 우전소프트는 중국 전역에서 예매 요청과 문의가 쇄도해 표가 매진될 것이라고 밝혔다.

신윤환(2006: 14)은 이와 관련해, 특히 한류란 중국에서 생긴 말이라며, "한국의 대중음악에 열광하는 사람들을 '하한쭈(哈韓族)' 혹은 '한미(韓迷)'라고 부르는" 데서 그 어원을 찾아볼 수 있다고 지적했다. 여기서 알 수 있듯이 한류는 드라마뿐만 아니라 K-pop 기원설이 나올 정도로 한국 대중음악 역시 한류 초창기에 중요한 역할을 했다는 것을 알 수 있다. K-pop을 한류의 시작으로 여기고 있는 해석으로, 드라마에 국한해서 한류의 시작을 제한해서는 안 되는 이유이다.

영화 역시 1990년대 중반 이후 그 성장세가 시작되었으며, 초기 한류역사에서 중요한 역할을 담당했다. 한국 정부가 1990년대 중반부터 문화산업의 성장과 글로벌라이제이션을 추진할 때 한국 영화산업이 주요 행위자였음을 부인할 수 없다. '영화산업진흥법'(1995) 이후 삼성·현대·롯데 등 재벌들의 영화 제작과 상영 분야로의 참여가 두드러지기 시작했다. 1996년 삼성이 만든 영화 〈은행나무 침대〉가 홍콩에서 상영되었으며, 이후 〈쉬리〉(1999)와 〈JSA〉(2000) 등이 제작되어 외국에서도 큰 인기를 끌었다(황동미, 2001). 미디어 학자들의 관심을 많이 끌지는 못했지만 한류 역사에서 애니메이션 역시 한 축을 담당했다. 예들 들어 1998년 문화산업 수출에 있어 애니메이션이 미국 달러 8500만 달러를 달성할 때 방송은 천만 달러, 그리고 음악은 860만 달러에 머물러 있었다(한국콘텐츠진흥원, 2019).

이상을 종합적으로 볼 때, 한류는 특정한 문화 형태, 특히 방송 드라마에 의해 주도되기보다는 여러 형태의 대중문화가 비슷한 시기에 중국, 대만, 그리고 일본으로 진출하면서 시작되었다고 보아야 한다. 다시 말해, 한류는 특정한 문화산업에 의해 이루어진 것이 아니라 여러 문화 콘텐츠들이 종합적으로 역할했다고 볼 수 있다. 역사가 별안간 생성되는 것이 아니라 지속적인 발전의 결과라는 점을 생각하면, 결국 실행으로서의 한류 논의는 1997년보다는 좀 더 이른 1990년대 중반부터를 한류 초창기로 분류하고, 그 이전에 있었던 현상은 한류이전 역사(pre-Hallyu history)로 분류하면 될 것이다. 따라서 한류는 그 정의에 있어 1997년 이후 수출위주의 한국 콘텐츠라는 근시안적인 사고를 접어야 한다. 한류는 1990년대 중반부터 단행된 한국 문화산업의 급속한 성장과 이를 위한 정부의 문화정책과 민간 부분의 참여와 생산, 그리고 결과적으로 문화상품의 수출로 이어진 전 과정을 의미하며, 최근에는 2000년대 중반부터 시작된 소셜 미디어와 OTT 서비스를 통한 한류 소비형태의 변화 역시 잘 인지해야 한다는 점을 강조하고 싶다.

1997년 외환위기는 왜 한류의 시작이 아닌가

한류가 1997년부터 시작되었다는 주장의 근거 중 하나는 외환위기이다. 한국이 1997년에 외환위기를 겪은 이후 한국 정부를 중심으로 대중문화의 발전과 수출에 주력했기 때문에 해당 연도가 한류의 기원이라는 지적이다. 실제로 1997년 외환위기를 강조한 학자들과 미디어 보도는 매우 많다는 것을 알 수 있다. 특히 한류가 정부 주도로 진행되었으며, 정부의 문화정책이 한류를 견인했다는 주장을 뒷받침하는 근거가 되기도 한다.

실제로, 김유나가 편집한 책에서, 한류는 주로 1997년 아시아 경제위기 이후 발전했으며, 한국 정부가 금융위기 이후 대중문화의 수출을 새로운 경제 동력으로 삼으면서 시작되었다고 밝히고 있다(Kim, Y. A., 2019). 하워드(Howard, 2013) 역시 한류가 외환위기와 깊이 연계되어 있다고 강조했다. 강준만(2020: 136)은 이와 관련해 『한류의 역사』라는 그의 최신 저서에서 "IMF 환란이 없었다면 한류는 가능했을까"라는 소제목을 통해 한류는 IMF를 벗어나려는 한국 정부의 노력으로 발전되었다는 논리를 지지했다. "IMF 환란은 대중문화 산업의 종사자들에게 '밖으로 나가야만 산다'는 절박한 위기의식을 불러일으켰던바, 한류의 최초 동력은 IMF 환란이라고 해도 과언이 아니었다"라고 주장한 것이다(강준만, 2020: 138). 1997년 외환위기는 분명히 한류 발전에 도움이 되었다. 한국 정부가 금융위기 이후 문화산업을 하나의 동력원으로 선정한 것이 사실이기 때문이다. 무엇보다, 한국은 이미 1995년부터 케이블 채널을 도입하기 시작했는데 프로그램을 확보하기 위해 미국 등으로부터 프로그램 수입을 늘릴 수밖에 없었다. 이런 와중에 외환위기를 맞이하게 되자, 방송사마다 예산 절감이 절실한 실정에서 해외 문화 콘텐츠의 수입을 줄이고, 대신 자체 프로그램 생산을 늘리다 보니 좋은 프로그램을 만들어 낼 수 있었다(Jin, 2003).

외환위기가 역설적으로 한류 발전에 도움은 되었지만 한류 발전의 기점이나 도화선이라는 주장은 지나치다. 한류가 1997년 경제 위기에서부터 시작되었다는 주장은 무엇보다 IMF가 1997년 11월부터 시작된 점을 염두에 두지 않고 있다. 앞에서 논의했던 대로, 한류가 〈사랑이 뭐길래〉의 중국 방영에서 시작되었다고 주장하는 연구나 미디어 보도가 많다. 여기서 IMF를 최초의 동력원으로 본다면 〈사랑이 뭐길래〉의 역할론과도 배치된다. 해당 드라마가 이미 1994년 중국에 수출되었으며, 1997년 6월에 방송되었다는 것은 앞에서도 설명한 대로이다. 같은 해 11월부터 시작된 외환위기와는 전혀 관계가 없다. 또한 이 같은 주장은 한류가 외환위기를 극복하는 데 일등공신이었다는 의미여서, 실상과는 거리가 멀다. IMF 위기를 극복하기 위한 한 방안으로 정부가 적극적인 문화정책을 실시했다고 하더라도, 한류는 이미 시작되고 있었는 데다 이를 위한 기본적인 인프라는 구축되어 있었다. 외환위기 이후 한류가 별안간 시작된 것도 아니고, 급격하게 수출이 늘어난 것도 아니라는 점에서 외환위기 이후 한국 정부의 문화정책이 한류 발전의 원동력이라는 인식은 지나치다는 것을 알 수 있다.

한류는 문화 콘텐츠의 수출에 의존하는가

한류의 역사적 정의에 있어 한류라는 용어가 언제부터 사용되었는가를 연구하는 것보다 더 복잡하고 민감한 부분은 '한류의 범위가 어디까지인가'라는 부분이라고 할 수 있다. 한류를 어떻게 정의하는가와 직접적인 연계를 맺고 있기 때문이다. 이런 관점에서 한류 역사를 제대로 이해하기 위해서는 두 가지 측면을 반드시 짚고 넘어가야 한다. 첫 번째는 한류를 한국 대중문화의 해외 수출로 정의할 수 있는가 하는 것이다. 앞에서 한류 용어의 기원을 설명하기 위해 논의했듯이, 한류는 처음에 대만과 중국이 한국 방송 드라마와 K-pop 수입과 전파를 실현한 곳이며, 따라서 한류 콘텐츠의 수출이라는 측면과 직접 연계되어 있다. 실제로 미디어와 여러 언론 학자들을 중심으로 강조되고 있는 영역이다. 두 번째는 한류라는 문화 콘텐츠가 수출로 이어지기 위해서는 국내 문화산업계의 발전이 필수적이었다는 점이다. 미디어·문화 생태계를 이해해야 한다는 것으로, 미디어 연구자들에게 상대적으로 덜 관심을 받는 부분이라고 할 수 있다.

먼저, 전 세계 미디어와 학자들은 한류를 한국 문화를 수출을 통해 국제적으로 전파하는 것(Farrar, 2010), 또는 한국 대중문화의 배포(Ko et al., 2014)

등으로 정의하고 있다. 한류를 영화 한 편, 드라마 한 편, 그리고 음악 앨범의 해외 수출과 같이 문화상품이라는 물질을 수출하는 현상으로 간주하고 있는 것이다. 한류를 완성된 문화상품의 수출이라는 개념으로 정의하는 것은 한국 경제와 밀접한 관계가 있다. 1970년대 이후 한국은 수출 위주의 경제성장 정책을 추구해 왔다. 당연히 문화도 상품이라는 개념에 포함시켜 문화상품이 얼마나 수출되었는지를 핵심으로 삼고 있다. 한국 경제는 그러나 최근 들어 수출이라는 요소만으로는 설명할 수 없다. 국내 소비도 중요한 요소로 작용하고 있기 때문이다. 한류를 단지 수출의 증가 여부로 정의하는 것은 한국 경제발전에서 내수 요인을 살펴보지 못한 것과 마찬가지로 근시안적인 접근이다. 수출이 중요한 역할을 했지만, 이외의 여러 부분 역시 중요하게 작용했기 때문이다.

한류 콘텐츠의 수출을 한류의 정의로 간주할 경우, 문화 콘텐츠의 수출은 규모는 작더라도 이미 1970년대부터 시작되었다고 할 수 있다. 1970년대에도 한국 영화가 외국에 수출되었기 때문이다. 한국은 또한 1988년에 열린 하계 올림픽을 전후해서 여러 애니메이션 프로그램을 프랑스 등에 수출하기도 했다. 한국을 잘 알지 못했던 국가들이 올림픽을 앞두고 한국 알기에 나섰기 때문이다. 〈떠돌이 까치〉, 〈아기공룡 둘리〉, 〈머털도사〉 등이 당시 프랑스 등으로 수출되었던 애니메이션들이다. 음악 분야에서도 비록 댄스를 수반하는 K-pop의 주요 범주는 아니더라도, 트로트와 발라드 분야에서 김연자, 계은숙, 조용필 등이 이미 1970년대 또는 1980년대 일본에서 활약했다. 1990년대 초반에도 가수 김완선이 홍콩(1993)과 대만(1994)에서 큰 인기를 끌기도 했다. 단지 수출이라는 측면을 강조한다면, 이들도 초기 한류 사례로도 거론될 수 있다(박장순, 2014). 물론 한류수출이라는 점을 강조할 때, 몇 개의 콘텐츠가 선별적으로 해외시장을 두드린 것보다는 전체적인 규모와 지속 성장성 등을 감안하면, 이들보다는 1990년대 들어 수출된 한국 대중문화를 기점으로 삼는 것이 보다 타당하다고 할 수 있다. 1990년대 초반 이전의 한국 콘텐츠 수출은 한류 이전의 역사로 기록되면 된다라고 주장하는 이유이다. 최근에는 완성된 문화상품의 수출도 중요하지만, K-pop 가수들의 해외 공연과 함께, 유튜브와 같은 소셜 미디어 등을 통해 한류 콘텐츠가 확산된다는 측면에서도 수출만을 한류 현상으로 정의하는 것은, 특히 현재의 한류 관점에서는 타당하지 않다.

한류 정의의 관점에서 볼 때, 또 다른 중요한 요소는 대규모의, 그리고 지속적인 대중문화의 수출이 일어나게 된 미디어 생태적인 요소에 대한 이해라고 할 수 있다. 한류의 기원은 대중문화 생산을 지원하는 인프라 구축 정도도 중요하다는 점이다. 문화산업은 문화 콘텐츠의 성장을 위한 기본적인 생태계이다. 많은 학술적 미디어 논의들이 한국 대중문화의 수출에만 초점을 맞추고, 문화산업의 급속한 성장에 대해서는 별로 관심을 가지고 있지 않다. 한국 문화산업의 발전과 이에 따른 문화 콘텐츠의 국제적 흐름은 직접적인 연계를 맺고 있는데도, 이에 대한 관심을 등한시하고 있다. 실제로 한국은 1990년대 초·중반부터 국내 문화산업의 성장을 주도했으며, 이러한 미디어 생태계의 변화가 문화 콘텐츠의 발전을 초래했다는 것은 분명하다.

먼저 한국 미디어 산업계는 신자유주의 초국가화 과정 속에서 방송과 영화산업의 성장을 목격하게 된다. 1990년대 초반까지도 한국에는 KBS1, KBS2, MBC 등 3개 지상파 방송만이 존재했다. 지상파 방송의 지형 변화를 초래한 것은 1991년에 설립된 서울방송(SBS)이다. 이후 1995년에는 케이블 채널이 도입되었다. 영화계에서도 산업적 성장의 토대가 만들어진 것이 1990년대 중반이다. 당시 김영삼 정부(1993~1998)는 영화진흥법을 1995년에 제정한바, 여기에는 재벌들이 영화제작업에 적극 참여할 수 있도록 영화 스튜디오에 대한 세금감면 혜택 등 다양한 인센티브를 담았다(J. Shin, 2005). 음악 분야에서도 이수만 씨가 SM을 만든 것이 1989년이었고, 현재 엔터테인먼트 시스템의 시작점이 되었다.

한류 초기의 미디어 생태계 변화의 중요성은 아시아 국가들에서도 나타나고 있다. 앞에서 설명한 바대로, 대만과 중국이 급속히 케이블 등 방송산업을 발전시키면서 위에서 논의한 여러 프로그램, 즉 드라마나 음악 프로그램을 필요로 했고, 따라서 한국 문화 콘텐츠가 전파될 수 있는 새로운 미디어 생태계가 형성되었기 때문이다(Jin, 2002; Lee, D. H., 2021).

결국 문화산업의 성장과 문화 콘텐츠의 수출은 분리할 수 없으며, 한류 전통을 만들어 내는 데 밀접하게 상호 작용했다는 점을 부인하기 어렵다. 한류를 설명하는 데 있어 한국 대중문화의 수출이라는 측면이 중요하지 않다는 것이 아니라, 한류를 이해함에 있어 한국 내는 물론 지역 문화산업의 성장과 이에 근간한 문화 콘텐츠의 수출을 함께 고려해야 한다는 것이다. 한류 콘텐츠의 수출은 결국 한국 문화산업이 크게 성장한 결과이기 때문이다. 여기서 주의할 것은 한류의 발전에 있어 문화정책의 중요성은 분명히 인정해야 하지만, 문화정책이 한류를 견인한 주 동력원이라는 지적은 논의가 필요하다는 것이다. 한류 초기 필요한 인프라를 구축했다는 점, 그리고 지속적인 지원책을 단행했다는 사실 등 정부의 문화정책이 한류의 세계적 성공을 이끌어 낸 원동력이라는 주장이 타당한지 논의해야 한다. 한류의 성공은 문화 생산자와 문화 소비자 모두가 주요 역할을 한 결과로 나타난 것이기 때문이다. 해당 사안들에 대해서는 제4장에서 본격적으로 논의하고자 한다.

결론

한류는 1990년대부터 비서구 국가인 한국에서 발전되어 전 세계적으로 인기를 끌고 있는 독특한 초국가적 문화 현상을 의미한다. 한류가 제10장에서 지적하듯이 일시적인 현상이며 곧 사라질 문화에 불과하다는 일부의 우려에도 불구하고 한류는 20년을 훌쩍 뛰어넘어 글로벌 수용자들의 사랑을 받고 있다. 한류는 앞으로도 현재보다 확대되고 새로운 형태로 글로벌 문화 시장에서 큰 역할을 담당할 것으로 기대된다.

　지속적인 성장과 발전에 따라 한류는 초창기와는 상당히 다른 모습으로 나타나고 있다. 한류를 대표하는 주요 문화장르부터, 주요 소비지역, 그리고 주요 수용자들이 변화하고 있다. 이런 상황에서 한류의 기원과 정의를 재확인 또는 해석하려는 노력은 매우 중요하다. 한류가 탄생하게 된 사회적·문화적·지역정치적 역학 관계 등이 한류 발전에 영향을 미쳤기 때문에 이를 찾아내려는 시도가 끊임없이 이어지고 있다. 하지만 기존의 한류 현상에 대한 학문적 분석과 미디어 보도가 문제점을 던지고 있다. 첫 번째는 한류라는 용어의 어원과 이에 따른 시대적 배경의 문제이며, 두 번째는 실행으로서의 한류 기원에 관한 것이다. 실행으로서의 한류는 특히 한류의 정의를 어떻게 내리는가와 직접적인 연관 관계를 맺고 있어서 이에 대한 담론이 매우 중요한 실정이다. 한류라는 단어가 만들어지는 계기는 실행으로서 대중문화의 동아시아 전파였으며, 이에 따라 한류는 그 용어가 만들어지기 훨씬 이전에 이미 시작되었다고 해석되어야 한다.

　이 장에서는 따라서 이 두 가지 핵심 요소들에 대한 실증적인 해석과 담론을 전개했다. 또, 한류 용어의 어원과 한류 실행의 기원을 정리하면서 이에 따른 한류의 주요 특징과 정의를 제안했다. 한류는 한두 가지 문화 장르나 역사적 시점, 또는 문화정책에 의해 그 기원을 찾아서는 안 된다. 한류 자체가 드라마나 K-pop의 역사를 포함하는 보다 광범위한 대중문화의 초국가화를 의미하기 때문이다. 게다가 한류는 디지털 한류를 포함하는 전 세계적으로 유래를 찾아보기 어려운 현상이다. 세계적으로 대중문화 전 분야와 디지털 기술 전 분야에 걸쳐 글로벌 무대에서 활약하고 있는 나라는, 서구 지역을 대표하는 미국과 시기도 늦고 규모도 작지만 의미 있는 실행을 보이고 있는 바로 비서구를 대표하는 한국이다. 다시 말해, 한류는 보다 종합적으로 그리고 맥락적으로 논의되어야 하며, 이러한 측면에서 한류는 최소한 1990년대 중반부터 시작되었으며, 애니메이션, K-pop, 드라마, 영화 산업 등 전 분야에 걸쳐 비슷한 시기에 동아시아 수용자, 이후에는 글로벌 수용자들을 대상으로 했다고 할 수 있다.

한류 역사를 해석하는 데, 잘못된 또는 잘못되었을 가능성이 높은 시작 연도를 바로잡는 것이 무슨 큰 의미가 있느냐고 질문할 사람들도 있을 것이다. 그러나 한류가 만들어진 배경과, 한류를 만들어 낸 생산자들과 이를 소비한 수용자들의 시간과 노력이 한데 어울러진 결과물이 한류라는 점을 인지한다면, 한류의 역사를 제대로 해석하는 일의 중요성을 이해하게 될 것이다. 김창남(2021: 12)은 이와 관련해 "대중문화사는 단지 영화, 대중음악, TV 등 하위 장르의 역사를 산술적으로 합한 것 이상이 될 수밖에 없다"라며, "거기에는 시대를 대표하는 다양한 문화 텍스트와 작가만이 아니라 그를 둘러싼 생산과 소비 혹은 산업과 시장의 문제, 제도와 정책, 이데올로기적 지배와 저항, 기술과 매체, 세대 간 갈등과 차이, 대중의 일상적 삶과 정서 같은 문제들이 씨줄과 날줄로 얽혀 있다"라고 강조했다. 따라서 "대중문화사의 서술은 시대별로 각 장르의 역사를 병렬하는 방식이 아니라 장르를 가로지르며 시대를 특징 짓는 주요 주제들을 제시하고 정리하는 방식으로 이루어지게 된다"라는 것이다. 즉, 김창남이 주장하고 있는 것은 근현대사의 큰 흐름 속에서 대중문화사를 읽어 내야 한다는 지적이다(김용출, 2021).

한류의 기원을 찾는 방식은, 결국 하나의 특정 문화 장르가 또는 한 개의 특정한 대중문화 프로그램이 또는 하나의 특별한 연도보다는 한류라는 용어가 등장하게 되고 특정 프로그램이 인기를 끌기 위해 그 이전에 정부가 한류 발전에 필요한 인프라를 구축하고 민간 부분의 투자와 생산이 함께 움직였다는 점을 강조해야 한다. 수많은 글로벌 수용자들의 선택과 지지가 한류를 만들어 나갔다는 점 역시 잊어서는 안 된다. 이들이 한류 역사에서 반드시 포함되어야 하는 주요 요소들임을 인지하는 것이 그 출발점이다.

제3장

한류의 범위와
K-명칭론에 대한 담론

서론

한류를 둘러싼 논쟁 가운데 가장 기본적이면서도 정리하기 어려운 것 중
하나가 한류의 범위를 어디까지로 정해야 할 것이냐 하는 문제이다. 한류의
범위를 규정하는 것은 한류의 정체성을 확보하기 위해 매우 중요한 요소이
다. 한류 범위의 규정은 한류를 주도하고 있는 문화 장르는 무엇인지, 가장
중요한 흐름은 무엇인지, 그리고 한류가 어떻게 활용되는지를 점검할 수 있
기 때문에 필요하다. 한류 초창기와 달리, 그리고 한류의 원래 의미와 달리
한류가 여러 분야로 확대된 데다, 일부에서는 한류를 등에 업고 한류의 이
미지를 사용하고자 하기 때문에, 한류에 대한 범위를 제대로 짚어 보는 것
은 의미 있는 논의라고 여겨진다.

대부분의 한류 연구와 보도는 한국 대중문화가 외국에 성공적으로 전파

되어 인기를 끌고 있는 현상이라고 강조한다. 방송, 영화, 그리고 K-pop이 한류의 대표적인 문화 콘텐츠로 꼽힌다. 제1장에서 살펴본 대로 최근까지 한류관련 논문 등을 분석한 특징을 점검해 보면, 문화 콘텐츠, K-pop, 대중문화, 드라마 등이 가장 많은 관심을 받은 문화 장르들이었다. 놀랍게도 이 같은 논의에서는 디지털 한류에 대한 연구가 거의 없었다. 디지털 게임이 한류 콘텐츠에서 가장 큰 비중을 차지하고 웹툰의 해외 진출이 매우 활발히 일어나고 있는데도 이에 대한 논의는 찾아보기 어렵다. 온라인 게임, 모바일 게임과 웹툰은 모두 1990년대 중·후반 이후 성장하기 시작했으며, 수출 분야에서도 중요한 위치를 차지하고 있었으나, 이들에 대한 분석은 상대적으로 많지 않았다는 것이다.

한류의 범위와 관련해 다양한 시각에서 논의가 가능하겠으나 여기서는 주로 세 가지 정도로 논의하고자 한다. 첫 번째로는 한류를 한국 대중문화의 전 세계적인 전파로 제한해야 하는가이다. 한류의 고유 정의와 직접 연관이 있는 것으로 대중문화에만 국한해서 한류를 설명하는 것이다. 두 번째는 한류가 대중문화에 국한되지 않는다면 디지털 기술과 문화를 포함하는가의 문제이다. 세 번째는 한류를 패션, 의료, 태권도, 음식, 코로나 방역까지 확대 해석해야 하느냐이다. 소위 K-명칭론에 대한 논의이다.

이 장에서는 위의 내용을 염두에 두면서, 한류가 한국 대중문화의 급속한 성장을 대표하는가에 대한 질문을 세 가지 차원에서 논의한다. 첫 번째는 대중문화로서의 한류가 글로벌 시장에 성공적으로 안착했는가에 관한 것이다. 한류가 아시아 시장을 넘어서 전 세계적 문화 현상으로 성장했는가에 대한 인식의 변화를 논의한다. 한류가 비서구인 아시아 지역에서 서구 지역인 북미와 유럽까지 확산된 현상에 대한 논의이다. 두 번째는 대중문화 단독으로 한류 현상을 만들어 갔는가에 관련된 내용이다. 한류를 대중문화뿐만 아니라 디지털 기술과 문화를 포함하는 보다 종합적인 논의의 대상으로 확장해야 할 필요성에 대한 담론을 전개한다. 특히 한류는 대중문화와 소셜 미디어, 그리고 대중문화와 OTT 서비스 플랫폼과의 컨버전스가 주요한 관심 대상으로 등장한 만큼 디지털 한류의 중요성에 대해 논의한다. 세 번째는 한류 붐을 타고 이어지는 K-명칭론을 어떻게 받아들여야 하는가에 관한 논의이다. K-명칭론에 대한 논의에서는 한류를 국가 이미지 확산과 브랜드 파워를 고양시키기 위한 소프트파워로 고려하는 측면과 함께, 한류를 등에 업고 한류의 영문 첫자인 K를 이용해, 해외로 수출하거나 인기를 얻고 있는 거의 모든 분야에서 'K'를 사용하는 현상을 살펴본다.

글로벌 시대 대중문화의 흐름

한류를 한국이 만들어 낸 문화 콘텐츠의 전 세계적 확산과 인기라고 정의할 때, 많은 사람들은 단지 영화, 방송 드라마, 그리고 K-pop 같은 대중문화만을 생각한다. 한류 초창기 영화와 드라마 등이 주요 역할을 하면서부터 생겨난 고정관념이다. 1990년대에도 동아시아에서 인기를 끌었지만, 2010년대 이후 K-pop이 글로벌 문화 시장에서 급속하게 성장하면서, 많은 학자와 미디어들이 K-pop을 한류를 대표하는 대중문화로 선택하고 있기도 하다.

잘 알려져 있듯이, 대중문화의 흐름은 20세기 초반부터 미국 등 일부 서구 국가들이 주도권을 잡고 있었다. 문화가 대규모로 상업화되기 시작한 때로, 아도르노와 호크하이머는 이러한 현상을 연구하면서 문화산업이라는 용어를 사용하기 시작했다. 과거와 달리 예술을 대량으로 생산하거나 소비할 수 있는 상품으로 간주하기 시작했으며, 이로 인해 예술 본연의 전통과 정신이 사라지기 시작했다고 지적했다(Adorno and Horkheimer, 1972). 영국, 프랑스, 독일 등 서구유럽 국가들과, 뒤이어 미국이 대규모로 대중문화 생산을 시작했으며, 이를 근거로 비서구 국가들을 포함해, 전 세계 문화 시장에서 독점적인 지위를 만들어 갔다.

허버트 실러(Schiller, 1989)는 이와 관련해 문화산업은 기업적 문화 메시지들의 생산, 포장, 전달을 위해 존재한다고 주장했다. 대중문화는 서구, 특히 미국으로부터 주변 국가를 포함해 전 세계 국가로 흐르며, 이에 따라 미국의 문화 독점이 이루어지고 있다고 강조했다. 미국 등으로부터의 영화와 드라마, 그리고 대중음악이 서구 국가와 비서구 국가 모두로 흘러가고 있기 때문이다. 실제로 미국 등 몇몇 서구 국가들은 월등한 자본력과 기술, 그리고 맨 파워를 내세워 상업성이 짙은 문화 콘텐츠를 만들어 전 세계로 수출했다. UNESCO(1980: 111~115)가 지적했듯이 미국의 문화 패권은 전 세계적으로 많은 문제를 불러일으켰다. "국제 커뮤니케이션 시스템은 부자 나라와 가난한 나라 사이의 불균형과 불평등에 의해 특징 지어지며, 이러한 불균형은 이들 국가 간에 현존하는 경제적·기술적 차이를 강화"시키기 때문이다. 문화 제국주의 이론의 핵심 중 하나로 일부 서구 국가들의 문화 패권은 단지 문화 영역에 국한되지 않고 경제와 정보 영역에서의 격차를 확대시킴으로써, 현존하는 서구 대 비서구 국가 간의 격차가 줄어들기는커녕 확대된다는 것이 핵심이다. UNESCO(2022)가 최근 발간한 실증 연구 보고서에 따르면 21세기 들어와서도 이 같은 현상은 크게 달라지지 않았으며, 특히 COVID-19 기간에 디지털 플랫폼 등을 이용해 그 영향력을 강화한 것으로 나타났다.

대중문화는 문화 소비자들이 자신들이 속해 있는 국가나 지역 등에 대한 동질감이나 공동체 의식을 느끼게 하는 가장 중요한 요소이다. 대중문화를 소비하면서 서로 간에 공감대를 형성하고, 이를 통해 정서적으로 편안함을 느낄 수도 있다. 그러나 앞서 지적했듯이 대중문화는 사고팔 수 있는 상품으로 변모한 지 오래이다. 물론 대중문화를 상품화할 수 있는, 다시 말해 대중문화를 고부가가치를 지닌 상품으로 만들어 외국으로 수출할 수 있는 나라는 많지 않다. 미국 등이 글로벌 문화 시장에서 자신들이 만들어 낸 콘텐츠를 전 세계에 수출함으로써 커다란 이익을 보고 있으며, 이러한 미국의 지배 현상이 하루이틀 사이에 해결될 것으로 보이지 않는다.

세계적으로 대중문화 전 분야와 디지털 기술 전 분야에 걸쳐 글로벌 무대에서 활약하고 있는 나라는, 서구 지역을 대표해서 미국이라는 데 이의가 없다. 북미와 서구 유럽을 제외한 지역에서는 일본이 한때 대중문화와 디지털 기술을 동시에 해외로 전파하는 국가로 손꼽혔다. 일본을 비서구로 간주할 수 있느냐는 여기서 별개의 문제이다. 서구와 비서구를 지리적 위치만을 놓고 판단할 수 없기 때문이다. 서구와 비서구를 가르는 요소들은 지리적인 요소보다는 역사적·문화적 요소이다. 즉, 역사적으로 선진 개발국이며, 도시화가 크게 진행되었고, 문화발전 정도가 앞서 있고, 자본주의가 발전했으며, 근대화가 앞서 단행된 국가들이면 서구라고 할 수 있으며, 이런 측면에서 일본은 서구 국가의 자격을 가지고 있기 때문이다(Bocock, 1996; Hall, 1996, Jin, 2009). 일본의 대중문화와 디지털 기술의 영향력은 1980년대 이후 매우 독보적이었다. 따라서 일본을 제외한다면, 특별히 비서구를 대표할 만한 문화강국을 찾기 어렵다. 앞에서도 설명한 멕시코나 브라질 등은 비서구 지역에 속하고 있으나, 전체 문화산업을 발전시켜서 해당 콘텐츠를 해외로 전파하는 형태가 아니기 때문이다. 이런 측면에서 볼 때, 미국이나 일본에 비교해 국내 시장은 매우 작지만, 세계 무대에서 의미 있는 초국가화를 달성한 나라가 한국밖에 없다고 해도 큰 문제가 없다. 논란이 아예 없지는 않겠으나, 한국이 비서구 국가 중에서는 대중문화와 디지털 기술 양쪽에서 모두 의미 있는 파워하우스로 성장하고 있는 것이다.

다시 한 번 강조하지만, 한류는 보다 종합적으로, 그리고 사회문화적 맥락을 바탕으로 논의되어야 한다. 한류는 최소한 1990년대 중반부터 시작되었으며, 애니메이션, K-pop, 드라마, 영화산업 등 대중문화 전 분야가 한꺼번에 동아시아 수용자, 그리고 21세기 초반에는 글로벌 수용자들에게 인기를 끌고 있다. 1990년대부터, 디지털 기술과 문화 역시 성장하고 있었다. 한국은 온라인 게임을 시작으로 e-스포츠(esports), 그리고 웹툰과 스마트폰에 관련된 기술과 문화를 크게 발전시켰다. 특히 여기서 눈여겨보아야 할 것은 대중문화와 디지털 기술과의 컨버전스이다. 문화와 커뮤니케이션 테크놀로지의 만남은 이미 20세기 초부터 시작되었다(Real, 2000). 한때 크게 인기를 얻지 못했던 한국 대중음악, 영화, 드라마 등은 디지털 기술의 발전과 더불어 급속도로 발전했으며, 최근 들어 소셜 미디어와 OTT 서비스 등 디지털 플랫폼과의 컨버전스로 인해 더욱 성장했다. 인터넷과 스마트폰의 발전은 정보통신 영역에서뿐만 아니라 대중문화 분야에서도 큰 영향을 끼치고 있다.

한류 발전과 성장 역시 디지털 기술의 영향과 관계 속에서 이루어졌다. 따라서 한류의 연구와 이해는 반드시 디지털 기술과의 연계 속에서 단행되어야 한다. 디지털 한류라는 별도의 영역을 끄집어내서 별도로 논의할 수도 있어야 하지만, 한류 속에서 디지털 한류가 큰 역할을 하고 있다는 사실을 인지하고, 디지털 기술과 문화의 중요성을 감안해야 한다. 한류의 정의에서 대중문화가 전 세계로 퍼져 나가 인기를 끌고 있다고 할 때, 대중문화는 디지털 기술과 문화를 포함하고 있는 보다 넓은 의미로 사용되어야 한다.

한류의 글로벌 문화시장 진출

한류는 잘 알려져 있듯이 발전 초기에 동아시아를 중심으로 확대되기 시작했다. 제2장 역사 부분에서 자세히 설명했듯이, 한류 초창기에는 중국, 대만, 일본 등이 한류 콘텐츠를 수입하거나, 한국 가수들이 이들 국가에서 공연하는 형태로 이루어졌다. 현재 BTS의 인기에 비할 수는 없겠지만 K-pop 초기 가수들의 해외 공연이라는 점에서 당시로서는 매우 신선하게 받아들여졌다.

문화산업계는 그러나 1990년대 중반 이후 방송 드라마, 영화, K-pop에 이르기까지, 좀 더 큰 규모로 완성된 형태의 문화상품을 아시아 일부 국가들에게 수출하기 시작했다. 국내에서 제작하고 방영하거나 상영한 프로그램을 낱개당 판매하는 형식이었다. 따라서 한류 초창기, 한국 대중문화가 해외에서 인기를 끄는 현상을 의미하는 한류는 한국의 대중문화 콘텐츠를 동아시아나 남동아시아에 수출하는 것을 의미하는 것이 일반적이었다(Walsh, 2014).

한류는 2000년대 후반부터 그 지형이 크게 바뀌었다. 한류의 수출 지역과 수출 주역 문화장르가 변했으며, 수용자들의 구성 형태가 달라졌다. 먼저 한류는 동아시아 지역을 넘어 전 세계로 확산되고 있다. 실제로 2001년, 중국, 홍콩, 대만은 한류의 최대 시장이었다. 같은 기간에 해당 국가들은 텔레비전 프로그램과 영화 등 한류 수출의 35.3%를 차지했다. 일본이 뒤를 이어 29.4%를 차지하는 등, 동아시아 국가로의 수출이 무려 64.7%에 달했다. 유럽으로의 수출은 8.9%, 그리고 북미 지역은 5.6%였다. 한류의 수출은 그러나 2018년에 상당히 다른 모습으로 나타났다. 중국, 홍콩, 대만이 아직도 36.8%를 차지해 최대 수출 지역으로 머물고 있으나 일본의 비중이 19.7%로 낮아졌다. 그 대신 북미 지역이 15.9%로 2000년대 초반에 비해 세 배 가까이 증가한 것을 알 수 있다. 유럽 지역으로의 수출은 7.3%로 소폭 감소한 것으로 나타났다. 북미와 유럽 등 서구로의 수출은 23.2%로 일본보다 큰 시장을 형성하고 있다는 것을 알 수 있다(문화관광부, 2002; 문화체육관광부, 2020). 한류 수출의 약 4분의 1 정도가 서구 지역에서 발생하는 것으로 이는 한국의 문화가 서구로부터의 일방적인 흐름을 극복하고 서구에 수출하는 대중문화의 상호 흐름을 보여 주는 것으로 이해할 수 있다. 게다가 한류는 남미와 중동, 그리고 아프리카 지역에서도 인기를 끌고 있다는 점에서 전 세계에서 즐기는 대중문화로 성장했다고 할 수 있다.

완성된 상품의 수출 이외에도 한류 콘텐츠는 2010년대 들어 라이선스 계약을 통한 텔레비전 포맷, 리메이크, 그리고 트랜스미디어 스토리텔링을 통한 해외 진출을 이어 갔다. 한류는 무엇보다 유튜브 등 소셜 미디어를 통해 글로벌 문화 시장에 확산되고 있다. K-pop 아이돌 가수들의 노래가 유튜브를 통해 전 세계 팬들에게 전파되고 있기 때문이다. 한국의 대중문화는 한편으로는 수출을 통해, 그리고 다른 한편으로는 소셜 미디어를 통해 전 세계로 파급되고 있다고 할 수 있다(문화관광부, 2002; 문화체육관광부, 2020). 즉, 한류의 지형 변화에서 가장 큰 변화는 TV 드라마와 영화를 중심으로 한 대중문화 수출에서 K-pop이 소셜 미디어를 통해 확산되고, 소셜 미디어상에서의 인기를 통해 해외 각국에서 대규모 공연을 하면서 현지 팬들과 교류하는 형태까지 발전했다는 점을 꼽을 수 있다.

디지털 한류

한류가 글로벌 문화 시장으로 확산되는 과정에서 디지털 기술과 관련된 문화의 확산이 두드러졌다. 한류 현상에서 디지털 게임이 언제나 가장 큰 비중을 차지했다는 것은 아무리 강조해도 지나치지 않다. 한국은 1990년대 중·후반부터 온라인 게임 최대강국으로 알려져 왔다. 미국과 일본이 콘솔 게임을 중심으로 전 세계 게임 시장을 지배하고 있을 때, 한국은 온라인 게임을 발전시켜 왔다. 게임회사 넥슨(Nexon)은 1996년 〈바람의 나라(Kingdom of the Winds)〉를 출시했다. 이전까지 한국 게임은 아케이드 게임에 크게 의존했으나 〈바람의 나라〉가 등장하면서 상황이 급변했다. PC와 온라인 게임이 주류로 등장했기 때문이다. 〈바람의 나라〉는 한국 게임계의 새로운 모델로 작용했으며, 이에 자극 받은 게임 개발자들은 이후 여러 온라인 게임을 개발·출시하게 되며 그중 하나가 1998년 개발되어 한국 온라인 게임을 이끌었던 〈리니지(Lineage)〉이다(Wi, 2009; Eun, 2010). 이후 한국 온라인 게임은 국내 문화산업의 수출을 이끌며 지금까지 가장 큰 역할을 담당하고 있다. 한국의 게임 하청업체로 출발한 여러 중국 기업들이 크게 성장한 데다 중국의 거대한 게임 인구까지 더해지면서 중국이 생산과 수출이라는 부분에서 한국을 뛰어넘었으나, 한국은 아직도 전 세계에서 가장 영향력이 큰 온라인 게임 강국이다. 2018년 자료만 보더라도 디지털 게임 수출총액이 방송의 7.7배, 그리고 영화의 105배에 달할 정도이다(한국콘텐츠진흥원, 2019).

게다가 한국은 e-스포츠 메카(Seoul Is a Mecca, 2019), 또는 e-스포츠의 수도(Yu, 2015)로 알려질 만큼 e-스포츠라는 청소년 문화를 만들어 내고 이를 전 세계적으로 확산시켰다. e-스포츠 자체는 미국 등에서 20세기 말에 시작된 청소년 문화이다. 다만 그 규모가 크지 않았고 온라인 기반도 아니어서 주목을 받지 못했다. 한국은 1990년대 말부터 〈스타크래프트〉를 기반으로 한 e-스포츠를 집중적으로 발전시켜 오늘날 전 세계 e-스포츠의 종주국으로 자리매김하게 되었다. 〈스타크래프트〉 판매량의 절반 이상이 한국에서 판매될 정도로 당시 급속하게 인기를 끌었으며, 비슷한 시기에 성장하기 시작한 PC방에서 가장 인기 있는 게임이 〈스타크래프트〉이기도 했다(Jin, 2021). 2004년 부산 광안리 해변에서 열린 스타크래프트 리그 결승전에는 무려 10만 명의 팬들이 모여, e-스포츠의 인기를 증명하기도 했다.

지금까지 설명했듯이, 디지털 게임 생산과 문화에 있어 한국은 전 세계에서 가장 발전된 국가 중 하나로 간주된다. 한국은 또한 최근 들어서는 모바일 게임을 발전시켜 해당 분야의 게임들을 전 세계 시장으로 수출·보급하고 있는 모바일 게임 강국이기도 하다. 〈리니지 M〉은 온라인 〈리니지〉의 핵심 요소와 운영 방식, 시스템을 모바일 환경으로 옮긴 모바일 게임으로 2017년부터 인기를 끌고 있다.

한국은 또, 삼성 갤럭시로 대표되는 스마트폰, 모바일 메신저로 잘 알려져 있는 카카오와 라인, 그리고 웹툰에 이르기까지, 여러 분야의 디지털 기술과 관련된 문화를 전 세계로 확산시키고 있다. 한국이 최초로 만들어 낸 웹툰은 모바일 기기에서 즐기는 만화로 기존 만화와 달리 스마트폰 등에서 세로읽기 형태의 신개념을 도입했다. 또 기존 흑백만화 체제에서 컬러만화 시대를 열기도 했다. 1990년대 중·후반 이후 인터넷의 발전과 더불어 인터넷을 통해 만화를 볼 수 있는 새로운 형태의 문화를 만들어 냈을 뿐만 아니라 스마트폰의 발전 보급에 맞추어 손쉽게 어디에서도 즐길 수 있는 디지털 문화로 성장시켰다. 웹툰은 현재 만화산업의 주 동력원일 뿐 아니라 트랜스미디어 스토리텔링을 통해 전 세계 영화 드라마 등의 원재료로 사용되기도 한다(Jin, 2019). 제1장에서 간단히 소개한 대로 네이버 웹툰에서 2010년부터 연재된 〈신의 탑〉이 미국과 일본에서 애니메이션으로 제작되어 2020년 상영된 것이 하나의 사례이다. 디지털 기술과 문화의 중요성을 손쉽게 알 수 있다. 즉, 만화라는 대중문화와 스마트폰, 또는 모바일 기기라는 디지털 기술과의 실체적 컨버전스를 단행한 것으로 잘 알려져 있다. 따라서 디지털 기술과 문화의 전 세계적인 확산은 디지털 한류로 분류될 수 있을뿐더러, 신한류 시대의 핵심 분야로 등장하고 있다. 즉, 한류 논의에서 디지털 한류의 절대적인 역할이 강조되어야 한다는 뜻이다.

결국 대중문화의 동아시아 지역의 확산을 주로 의미하던 초기부터 2020년대 초반에 이르기까지, 한류는 디지털 한류에 크게 의지하고 있었다는 점을 간과해서는 안 된다. 대중문화와 달리 디지털 기술과 문화의 발전은 한국이 여러 분야에서 실제적인 종주국, 즉 해당 기술과 문화를 최초로 만들어 내고 성장시킨 주역이라는 점이 강조되어야 마땅하다.

게다가 신한류는 한국의 대중문화, 디지털 기술, 그리고 관련된 문화가 전 세계로 수출되는 현상뿐만이 아니라 소셜 미디어나 OTT 서비스 등 디지털 플랫폼을 통해 확대되는 새로운 현상으로 변모하고 있다. 디지털 기술과 문화의 발전과 관련해 전 세계 한류 수용자들의 역할 역시 바뀌고 있는 것이다. 한류 초기에 한류 팬들은 한류 콘텐츠를 즐기기 위해 개별적으로 CD, 카세트테이프, DVD 등을 구입했다. 그러나 디지털 플랫폼의 발전과 함께,

해당 콘텐츠를 개별적으로 구입하기보다는 디지털 플랫폼을 통해 즐기는 형태로 전환되고 있다(Jin and Yoon, 2016). 즉, 글로벌 한류 팬들, 크게 보아서 수용자들은, 한류를 물질적으로 소유하는 단계에서 디지털 플랫폼을 광범위하게 사용하는 방식으로 디지털 한류를 포함한 한류 콘텐츠와 문화를 즐기고 있다. 한국의 대중문화와 디지털 기술이 전 세계 미디어 스케이프 (mediascape)의 핵심으로 진화하면서, 한류는 전 세계적으로 새로운 문화 트렌드로 자리 잡고 있다. 한류는 살아 움직이는 문화 현상으로, 그 자체적으로 발전을 거듭하고 있는 중이다.

K-명칭론 논쟁

한류의 범위와 관련해 또 하나 중요한 논의는 한국 문화 콘텐츠를 지칭하는 데 사용되는 'K'의 확대 사용이다. 한류 콘텐츠를 이야기할 때, 'K'는 Korean Wave(한류)의 첫 영어 글자인 K를 의미한다. 한국어와 한국인을 의미하는 명사이기도 하지만, 여기서는 주로 '한국의'라는 뜻의 부사이다. 문화 영역에서 주로 사용되는 만큼 'K'는 K-드라마, K-pop, K-영화 등으로 확장되어 사용되는데, 이 경우 한국의 드라마, 한국의 팝음악, 한국의 영화 등을 의미한다. 외국 언론에서는 따라서 오늘날 글로벌 시민들이 K-World에 살고 있다는 말을 쓰기도 한다(Chong, 2021). 물론 한국의 팝음악은 기존의 발라드와 트로트를 중심으로 한 전통적인 한국 가요와 1990년대 중반 이후 등장한, 즉 강력한 댄스를 동반하는 아이돌 음악을 주로 지칭하는 K-pop과의 차이를 염두에 두어야 한다.

한편, 'K'는 '한국적인 것,' 또는 '한국적임'으로 해석되면서 한국적인 특성을 의미하는 Koreanness를 직간접적으로 암시한다. 윤태진·이효민(2021, 118)이 강조했듯이, K 접두어는 "한국에서 만들어져 제도화된 특정 생산방식과 절차, 유통 시스템, 수용 문화를 모두 함축하는 단어이다”. ‘K’는 그러나 한국을 의미할 수도 있으나 단순히 국가를 의미하는 것이 아니라 ‘세계를 향하고 있다’라는 의미로 사용되기도 한다. 한류가 상징하는 것이 한국 문화 콘텐츠가 해외로 퍼져 나가는 현상인 만큼 ‘K’는 세계 무대에 대한 지향을 상징한다는 것이다.• 한국 만화를 K-Comics로 부르는 것이 그 사례라고 할 수 있다. 2012년 이현세 한국만화영상진흥원장은 우수 만화 글로벌 프로젝트 지원 사업을 추진하면서 ‘K-Comics’라는 용어를 제안한 것이다. K-pop의 붐을 본받고자 한 것이지만, 또 다른 이유는 최광식 문화체육관광부 장관이 한국 문화와 콘텐츠를 세계화해야 한다는 취지로 선언한 ‘K-Culture론’에 부합하기 위한 것이기도 하다. 한국의 만화산업이 글로벌 만화 시장에 진출하기 위해 집중해야 할 특정 형식을 지칭한다는 의미이며, K-Comics라는 용어가 탄생한 데는 정부의 영향이 컸다는 것을 반증하기도 한다. K-명칭론이 정부 주도로 단행되고 있다는 것을 단적으로 보여 주는 것이다(박석환, 2012).

한류 문화 콘텐츠를 상징하는 데 주로 사용되던 ‘K’는 그러나 이제 거의 모든 영역에서 사용된다. 한국에서 기원하되 전 세계에서 사용되거나 인기가 있는 것, 즉 한류처럼 전 세계에 퍼져 나가는 것을 명칭하는 접두어로 사용된다. K-음식, K-패션, K-의료, 그리고 K-방역까지, 거의 모든 영역에 K를 가져다 사용하고 있다. 한류를 등에 업고 한국 것이 세계로 확대되는 것을 의미한다. 여기서는 한국적인 것이 우수하다는 의미를 명시적으로 내포하

• 한류가 세계적으로 확산된다는 것은 2021년 10월 옥스퍼드(Oxford) 사전에 26개의 한국 단어가 새로 실린 사례에도 잘 나타난다. 옥스퍼드 사전은 당시, hallyu(한류), K-drama(K-드라마), manhwa(만화), mukbang(먹방) 등 한류관련 단어를 새로 선정 포함했다. 여기서 한류 관련해 K 접두어를 사용한 것은 K-드라마가 유일했다(강지원, 2021). K-pop은 물론 이미 2016년부터 등재되었다.

고 있다. 당연히 정부 주도이거나 정부 유관기관, 또는 정부에 지원을 받는 협회나 단체들이 정부의 소프트파워 정책을 의식하며 만들어 낸 것들이 많다. 한편으로는 정부의 정책을 지원해 정부의 방향에 호응하는 모습을 보여주면서, 다른 한편으로는 한류를 등에 업고 세계 시장에서 좀 더 해당 분야의 브랜드 가치를 높여 보겠다는 전략이 맞아떨어진 결과라고 할 수 있다.

예를 들어, COVID-19 시대를 맞아, 한국은 코로나 바이러스가 전파되기 시작한 2020년 봄에 마스크와 진단 키트 등을 전 세계에 수출하게 되었다. 다른 나라에 비해 초기 대응이 매우 성공적이었고 자동차를 타고 진단소에서 검사를 받고 가는 '통과 진단' 등도 발전시키면서 이를 총칭하기 위해 K-방역이라고 명명했다. K에 방역을 붙여 K-방역이라고 한 것은 그러나 '한국의' 또는 단순하게 '한국'이라는 의미의 K를 넘어선다. '한국적' 코로나 바이러스 방역 체제가 '다른 국가보다 우수하다'는 것을 명시하는 것이다. 박양우 문화체육관광부 장관(2020)은 이례적으로 ≪경향신문≫ 기고를 통해 K-방역은 성공적인 소통 때문이었다고 주장하기도 했다.

국민은 정부가 제공하는 정보를 믿고 '마스크 착용, 손 씻기, 거리 두기' 등 안전수칙을 준수했다. 덕분에 우리나라는 엄격한 봉쇄조치 없이도 많은 선진국들보다 낮은 확진자 수를 유지할 수 있었다. 또한 다중이용시설 이용자는 출입기록을 남기는 불편을 감수하고 있으며, 확진자들은 동선정보 공개에 협조하고 있다… 현장 방역 인력과 의료진을 응원하는 '덕분에' 캠페인, 코로나19 상황 속에서 우리 스스로를 격려하는 '힘내라 대한민국' 캠페인 등에서도 '나눔으로써 소통'하는 국민의 자발적 참여가 빛났다. 이처럼 신뢰에 기반한 소통은 'K-방역'의 한 축을 이뤘다.

K-방역의 경우, 한국이 진단 키트나 방역 마스크 등을 해외로까지 수출하고 있으니 해외로 향한다는 뜻도 포함하고 있다. 한국 정부가 우수했다는 것을 강조하기 위한 정부의 전략적 명칭론과 미디어의 합작품이다. 한국 정

부는 그러나 백신의 조기 확보에 실패하면서, 2022년 3월 기준으로 하루 30만 명이 훨씬 넘는 확진자가 나오는 바람에 K-방역이라는 명칭 자체를 무색하게 만들기도 했다.[*]

K-방역 이외에도 'K'를 앞다투어 가져다 붙이는 것은 미디어 제목에서도 많이 나타나며, 특히 최근 급속하게 성장하는 유튜브 채널들에서 손쉽게 볼 수 있다. 소셜 미디어에서 특정 사안을 좀 더 그럴듯하게 내세울 명칭을 찾던 유튜버들이 앞다투어 K를 사용하는 것이다. 꽈배기 앞에 K를 사용한 'K-꽈배기'라는 용어까지 등장했다.[**]

이 밖에도 K를 사용하는 범위는 매우 넓다. 2011년 *Media International Australia*라는 학술지에서 디지털 한류를 주제로 한 저널 특집호 (Goldsmith et al., 2011)를 만들 때, 한 논문이 성형 한류에 초점을 둔 바 있다. 예기치 않았던 한류의 부산물로서 성형수술이 동남아시아, 특히 중국에 수출되었다는 것을 강조했다. 한국의 대중문화와 디지털 미디어가 성형수술의 선전과 대중화에 기여했으며, 한류의 최대 수용자인 중국에서 많은 사람들이 성형수술에 관심을 가지고 한국을 방문하게 되었다는 것이다(Davies and Han, 2011).

---

[*] 물론 여기서 한국의 코로나 방역 체계가 실제로 다른 나라와 비교해 우수한가 여부는 초창기 방역 체계부터 백신 수급까지 전체 과정을 놓고 판단해야 하기 때문에 백신 문제만 가지고는 방역체계 전체에 문제가 있었다고 평가할 수는 없다. 코로나 초기에는 매우 효과적인 대응을 실행했기 때문에 K-방역이란 명칭을 사용한 것이다. 다만 백신 확보와 투여 시기만을 놓고 볼 때는 그 결과와 관계없이 여러 난맥상을 보였던 게 사실이고, COVID-19 초기의 성공적인 대응에도 불구하고 K-방역 전체가 잘못인 것처럼 지적되기도 했다.

[**] 한 언론 보도는, "꽈배기는 해외 유튜브나 소셜 미디어 채널에서 한국에 가면 꼭 먹어야 할 'K-디저트'로도 소개된다. 1년 전 한 여행 채널에 올라온 영천시장 꽈배기 제조 영상은 조회수 2372만 회를 기록했다. 이 영상에 달린 '분명 두 번 돌렸는데, 어떻게 떨어질 땐 여덟 가닥이 되는 거냐'라는 영어 댓글은 '좋아요' 1500개 이상을 받았다. 서울 연남동의 '꽈페'(꽈배기 파는 카페의 줄임말)는 일본·중국·대만 등의 해외 방송국과 인스타그램 계정에 소개된 'K-꽈배기 명소이다"라고 밝힌 바 있다(백수진, 2021).

또한 여러 드라마와 버라이어티 쇼에서 한국 음식을 주제로 하고 있으니 K-푸드라는 명칭으로 한국 음식의 세계적 확산을 정의하고 있기도 하다.

한류의 성공에 힘입어 여러 곳에서 'K'를 사용하는 것은 문제가 안 된다. K라는 용어가 한류의 전유물도 아닌 데다, 이는 거꾸로 한류의 성공을 확인하는 것인 만큼 나쁠 이유가 없다. 문제는 K를 음식, 패션, 의료, 그리고 방역 등에 가져다 사용하는 주체가 대부분 정부 기관이거나 기업이어서 K의 상업화와 동시에 국가 주도의 기획을 표출하는 점이다. 무분별하다 싶을 정도이다. 예들 들어, 2016년 드라마 〈태양의 후예〉가 인기를 끌자, '국방 한류'라는 말까지 등장했다. 해외파견 군인의 역할을 강조하면서 만들어졌다 (최현수, 2016). 주체가 정부와 기업이다 보니, 그리고 이를 일부 미디어에서 보도에 사용하다 보니, 이런 경향이 또 다른 형태의 '국뽕'이라는 지적마저 나오고 있는 실정이다. 많은 한국인은 물론 외국인도 정부 주도로 이런 경향이 지속되는 것에 피로감을 호소하고 있다. 한류는 무엇보다 한국 문화 콘텐츠와 디지털 기술과 문화가 전 세계로 펴져 나가 외국 수용자들이 즐기는 초국가적 문화 현상이다. 따라서 한류와 관련된 부분에 K를 사용하는 것과 한류 문화 콘텐츠에 직접적인 연관이 없는 K-방역과 국방 한류 같은 말을 사용하는 것은 차원이 다르다.

결론

한류는 1990년대부터 비서구 국가인 한국에서 발전되어 전 세계적으로 인기를 끌고 있는 독특한 초국가적 문화 현상을 의미한다. 제10장에서 논의하듯이 한류가 일시적인 현상이며 곧 사라질 문화에 불과하다는 일부의 우려에도 불구하고 한류는 20년을 훌쩍 뛰어넘어 글로벌 수용자들의 사랑을 받고 있다. 한류는 앞으로도 최소한 당분간은 현재보다 확대되고 새로운 형태로 국제 문화시장에서 큰 역할을 담당할 것으로 기대된다.

지속적인 성장과 발전에 따라 한류는 초창기와는 상당히 다른 모습으로 나타나고 있다. 한류를 대표하는 주요 문화장르부터, 주요 소비지역, 그리고 주요 수용자들이 변화하고 있다. 이런 상황에서 한류의 기원을 확인하려는 노력은 매우 중요하다. 한류가 탄생하게 된 사회문화적·지역정치적 역학 관계 등을 분석해 이를 찾아내려는 시도로 이어져야 한다. 하지만 기존의 한류 현상에 대한 학문적 분석과 미디어 보도가 문제점을 던지고 있다. 따라서 한류는 디지털 한류 현상을 포함하는 것으로, 전 세계적으로 유래를 찾아보기 어려운 현상이라는 것을 강조해야 한다.

이 장에서는 한류를 등에 업고 우후죽순으로 등장하는 K-명칭론의 현상에 대해서도 설명하고, K-명칭론이 한류에 부정적인 요소로 작용하고 있다는 점도 논의했다. 한류는 대중문화만이 아니라 디지털 한류를 포함하며, 아시아뿐만 아니라 세계 문화시장에 확산되는 현상이다. 한류의 지나친 확대 해석과 남용은 문화적 민족주의 논쟁을 이끌어 내며, 따라서 한류에 좋지 않은 영향을 줄 수 있기 때문이다. 한류는 이제 문화산업계만의 독점적인 영역에서 벗어난 지 오래이다. 관광부터 의료 분야까지 한류에 크게 연계되어 있다. 한류를 등에 업고 가는 것 자체가 문제가 아니라 이를 과다하게, 그리고 민족주의적 흐름 속에서 사용할 경우 적지 않은 반작용이 나타날 수 있다는 점을 인지해야 한다.

제4장

한류는 주로 정부의
문화정책 때문에 성장했는가

서론

한류에 대한 연구를 지속하면서 많은 국내외 미디어와 인터뷰를 하게 된다. 놀랍게도 여러 외국 미디어들은 한류가 한국 정부의 독특한 문화정책에 의해 주도되고 있으며, 한국 정부의 전폭적인 지원이 성장의 핵심이라는 것을 지적하고 싶어 한다. 예들 들어, 2021년 봄 ≪워싱턴포스트(The Washington Post)≫ 기자가 한류, 특히 K-pop에 관해 인터뷰를 하면서 질문했던 것 중 하나는 "한국 정부가 어떤 특별한 문화정책을 통해 한류 성장을 이끌어냈는가"였다. 한류의 성장은 당연히 한국 정부의 문화정책에 의해 단행되었다고 이미 믿고 있는 가운데, 여러 문화정책 중 특별한 것이 무엇인가에 대한 질문이었다. 해당 기자가 이 같은 질문을 하게 된 것은 당연히 기존에 여러 미디어 보도, 그리고 한류 관련 학술논문·서적 등을 통해 한국 정부의 문화정책이 한류를 발전시켰다는 것을 보고 들었기 때문이라고 판단할 수 있다.

한류 성장과 관련해 한국 정부가 주도적인 역할을 했는가는 이들 미디어뿐만 아니라 많은 학자들, 그리고 일부 수용자들까지도 관심을 가지고 있는 내용이다. 한 국가의 문화정책이 문화산업 발전에 영향을 미치는 것은 대부분의 나라에서 목격할 수 있는 것이다. 모든 나라가 정도의 차이는 있지만, 문화정책을 만들고 집행하고 있다. 그럼에도 불구하고 많은 국내외 미디어와 학자들은 문화정책이 한류의 발전과 성장을 만들어 낸 특별한 요소라고 믿고 있다. 독일의 튀빙겐대학교 미디어학과가 운영하는 웹사이트 미디어버블(Media Bubble.de)에는 실제로 "한류는 한국 정부의 의도적이고 전략적인 수출 정책으로 진행되었다"라며 이것이 한국 콘텐츠의 기반이라고 소개하고 있다(이유진, 2020). 최근 들어 한국이 문화강국으로 거듭나고 있다는 것을 인지하고 있는 가운데, 이는 한국 정부의 강력한 주도와 관여에 의해 이루어졌다는 것을 받아들이는 실례로 볼 수 있다(Michell, 2021).

한류에 있어 문화정책을 강조하는 것은 한류의 거대한 실체에서 일부만을 강조하고, 그 일부가 전체를 이끌어 간다고 믿는 잘못된 신화라고 할 수 있다. 한류가 한국 정부의 독특한 문화정책 때문이라고 믿고자 하는 것은 한국 정부가 막대한 예산과 관련 정책을 통해 문화산업을 육성한 결과에 불과하며, 양질의 문화 콘텐츠를 만들어 낸 한국의 문화산업계는 물론, 확대일로에 있는 글로벌 수용자와는 크게 관계가 없다고 평가절하하고 싶은 것일 수도 있다.

≪워싱턴포스트≫와의 인터뷰에서, 한국 정부의 역할에 대한 인터뷰 대상자이자 한류 연구자로서 저자가 강조했던 것은 한류가 한국 정부의 문화정책에 의해서만 발전한 것은 아니며, 민간 부분에서의 참여와 생산, 그리고 전 세계 한류 수용자들의 관심과 지지가 매우 중요하다고 지적한 것이다. 인터뷰는 이후에도 이메일을 통해 두 차례 더 이루어졌다. 다행히 ≪워

싱턴포스트≫는 2021년 7월에 "How K-pop Conquered the Universe"라는 제목의 기사를 통해, K-pop이 여러 독특한 특성과 소셜 미디어의 적절한 활용 등 여러 요인에 의해 발전되었다고 보도했다(Liu, Shin, and Tan, 2021). 기사에는 문화정책에 관한 내용은 아예 없었다. 해당 기자는 처음에는 인터뷰를 통해 자신들이 원하는 대로 한류는 한국 정부의 특별한 문화정책에 의한 것이라는 신화를 확인 받고 싶었던 것 같은데, 인터뷰 과정을 통해 기사의 방향을 크게 바꾼 것으로 판단되었다.

≪워싱턴포스트≫의 경우는 매우 독특한 사례이다. 다른 해외 미디어들은 한류가 한국 정부의 문화정책과 마케팅 정책 때문이라고 깊게 믿고 있다. 인터뷰를 통해 문화정책도 중요한 요소이지만, 이보다 더 중요한 요인들이 있다는 것을 강조해도, 결국은 자기들이 원하는 부분만 사용해서 기사를 작성하고는 한다. 한류를 연구하는 여러 학자들 중에서도 한류는 정부의 문화정책에 의한 것이라고 단정하는 경우도 많다. 문화정책이 중요하지 않다는 것이 아니다. 정부가 적절한 문화정책을 통해 한류를 이끌어 냈다는 것과 한류에 있어 문화정책도 중요한 역할을 했다는 것은 전혀 다른 차원의 논의이다.

이 장은 따라서, 한류가 정부의 문화정책에 의해 주도되었다는 주장에 대해, 과연 이러한 논의가 적절한지에 대한 담론을 전개한다. 정부의 문화정책이 일정 부분 주요역할을 했다는 것은 부인할 수 없는 사실이다. 따라서 한류에 관련된 정부의 정책은 어떤 것들이 있었는지를 확인하는 것은 중요한 일이다. 이후 한류성장에 있어 민간 부분의 역할 등 여러 중요한 요소들을 논의함으로써, 한류는 정부의 문화정책뿐만 아니라 이들 요소가 함께 작용하면서, 그리고 더욱 중요하게 역할하면서 성장했다는 것을 설명한다. 한류의 성장에서 문화산업과 문화 생산자 등의 역할이 중요했다는 점을 강조하고 이에 대한 논의를 하고 있다. 마지막으로 글로벌 수용자의 역할을 강조함으로써, 한류 성장을 이해함에 있어 보다 균형 잡힌 해석과 이해를 담아내고자 한다.

문화정책의 변화

한국의 문화정책은 역대 정부별로 큰 차이를 보이고 있다. 특히 한국 정부의 문화정책은 소위 군사정부 아래 놓여 있던 1993년까지와 이후 민주정부의 문화정책 간 큰 차이를 보인다. 한국 정부의 전통적 문화정책 영역은 문화예술에 대한 지원과 문화재 보존에 있었다. 1990년대 중반 이후 민주정부의 새로운 문화정책은 보다 넓은 관점에서 민속 예술과 대중 예술을 그 대상으로 포함시켰다(박광무, 2010). 다시 말해, 과거 군사정권 시절에는 문화정책이 주로 단순 문화유산 보존과 예술 활동을 증진하는 단계에 머물렀다. 문화정책이 국가의 정당성과 합법성을 지지하기 위한 도구로 사용되기도 했다. 한국국제문화교류진흥원(2018)이 펴낸『한류와 문화정책』에 잘 나타나 있듯이, 박정희 정부(1961~1979)의 문화 행정은 순수하게 문화와 예술 그 자체의 발전에 초점을 맞췄다기보다 문화가 정부 입장을 선전하는 공보 활동에 주로 동원되었다고 볼 수 있다. 이 시기 문화행정의 기조는 정치적 이데올로기 수호를 위한 규제와 통제가 주목적이었기 때문이다. 1981년 출범한 전두환 정부는 문화 발전에 대한 국가 의무를 선언했으나 이 시기 문화행정은 '민족문화의 주체성'과 '문화시설의 확충'이 강조되었다. 그러나 이는 또다시 무력으로 정권을 잡은 신군부에게 결여되어 있던 정치적 정당성을 보완하기 위한 조치였다고 보아야 한다.

문민정부에 들어서부터 문화정책은 "정통 문화와 비공식 부문, 상업 문화, 대중문화 등 다양한 문화적 요소들도 정책의 대상"이 되었다(박광무, 2010: 43~44). 다시 말해 김영삼 정부(1993~1998) 들어와서 정부는 이전 정부와 비교해 문화적 민주주의, 문화산업과 문화 관광, 그리고 한국 문화의 글로벌라이제이션을 강조했다. 문화적 동질성 확보 역시 문화정책 목표의 핵심이 되었다. 김영삼 정부는 그러나, 실제로는 문화와 예술의 경제적·상업적 측면을 강조하는 상반된 정책을 펼쳐 나갔다(Yim, 2002). 문화와 예술을 돈이 되는 산업군으로 포함시키고 이를 위해 여러 문화정책을 만들어 내기 시작했다. 대표적인 것으로, 문화개발 증진을 위한 신5개년계획이 만들어졌다(Yim, 2002). 김영삼 정부가 과거 경제개발 시절에 군사정부가 단행했던 5개년계획을 문화 영역에 적용한 이후 여러 정부가 성격은 다르지만 비슷한 정책을 입안했다. 문화산업 전체에 대한 것이기도 하고 영화나 방송 등 개별적인 문화 장르에 해당하는 것이기도 했다. 이러한 5개년개발계획은 마치 한국정부가 이러한 계획하에 지금까지도 문화 영역을 발전시켜 왔다는 잘못된 인식을 심어 주는 시발점이 되기도 했다. 물론 이외에도 역대 정부들은 문화산업 육성을 위한 여러 지원책을 모색·발전시켜 왔다. 핵심은 문화적 동질성 회복 등이 아니라 경제 발전을 이루어 내기 위한 한 요소로서의 문화산업, 그리고 수출 대상으로서의 대중문화 육성이었다. 물론 최근으로 올수록 대중문화의 수출이 국가 이미지 고양과 연관 산업 등의 수출 확대를 도울 수 있는 소프트파워로서의 역할에 중점이 주어졌다.

다시 말해, 1990년대 이후 한국 정부가 방송, 영화, 대중음악 등 문화산업의 발전을 도모한 것은 두 가지 요인 때문이라고 할 수 있다. 첫 번째는 문화산업을 발전시켜 국가경제 발전을 도모하자는 취지이다. 1990년대 중·후반부터 도입된 케이블 채널과 인터넷 등 디지털 미디어의 발전과 그 맥락을 같이하고 있다. 앞장에서도 설명했듯이 1997년 역사상 최대 경제위기(IMF 위기)를 겪고 나서, 문화산업 발전을 통한 국가경제 개발을 단행하자는 취지도 있었다. 두 번째는 대중문화의 발전을 토대로 국가의 소프트파워를 고양하고 이에 따른 국가 브랜드를 높이자는 것이다. 1990년대 중반부터 2000년대 중반까지인 한류 1기 동안에 전자에 초점을 맞추었다면, 2008년 이후 보수 정부에서는 후자를 강조했다고 할 수 있다. 물론 이 두 가지 요소들은 매우 밀접하게 연계되어 있어 별도로 구분하기 어려운 것이 사실이다. 한류 기간에 역대 정부는 이에 따라 예산과 관련 법령의 제정 및 탈규제 등을 통해 자신들이 강조하는 문화정책을 발전시켰다.

신자유주의 문화정책 vs. 발전론적 문화정책

김영삼 정부 이후 한국 역대정부의 문화정책은, 그러나 한국 정부가 신자유주의 정책을 도입하고 실행하는 가운데 발생한 것이어서 두 가지 주요 요소들 간 관계 속에서 검증되어야 한다. 한편은 한국 정부가 신자유주의 정책(neoliberalism)을 강조하는 경우와, 다른 한편은 한국 특유의 국가 발전론 모델(development model)을 강조하는 경우이다. 전자는 주로 정부의 역할을 축소하는 대신, 국내시장 개방과 사기업화, 탈규제 등을 통해 민간 기업들에게 최대한의 자율성을 보장한다. 후자는 정부가 직접적이고 주도적으로 문화산업을 발전시키는 것이다. 1970년대 이후 한국정부가 국가경제 발전을 주도하기 위해 톱-다운으로 경제개발 정책을 추구해 한국 경제를 빠른 속도로 성장시킨 것을 교훈 삼아, 문화산업에 대해서도 국가 주도의 발전론을 강조하는 경우이다(Lee, H. K., 2013; Kwon and Kim, 2014).

김영삼 정부 이래 한국정부는 이 두 가지 핵심 정책방향을 혼용해서 사용했다. 김대중·노무현 정부 등은 신자유주의 정책을 기조로 가능하면 문화산업에 대한 직접적인 지원을 삼가는 한편, 이명박·박근혜 정부는 국가 발전론 모델을 채용해 보다 적극적으로 문화산업의 육성을 강조했다. 대부분의 경우는, 그러나 두 가지 방식을 혼용하되 이 중 하나를 좀 더 강조하는 형태였다고 할 수 있다. 특히 신자유주의 정책이 주였던, 국가 발전론 모델이 주였던 것과는 상관없이 1990년대 중반 이후 역대정부는 문화산업과 대중문화의 발전을 국가의 동질성을 확보하려는 차원보다는 이를 통한 국가

경제 발전으로서 우선시했다(Ryoo and Jin, 2020).

이 책에서는 앞서 한류는 이미 1990년대 중반에 시작되었으며, 대중문화 지원 정책도 김영삼 정부부터 주로 시작되었다고 강조했다. 김영삼 정부가 문화산업의 성장을 강조하기 시작한 것은 소위 '세계화 정책'을 시작하면서 부터였다. 1994년에 과학기술에 대한 대통령 자문위원회를 조직해 해당 위원회가 미디어·문화를 국가의 전략적 산업으로 육성할 것을 대통령에게 보고한 바 있다. 당시 리포트에는 1993년에 만들어진 미국 할리우드 영화 〈주라기 공원〉이 현대차 150만 대 수출과 맞먹는 경제 효과를 올렸다며, 문화·미디어 산업의 중요성을 강조했다. 1993년 현대의 자동차 수출은 총 64만 대였기 때문에 이는 현대차가 2년 이상 수출해야만 하는 양이었다. 〈주라기 공원〉과 현대차 수출을 비교한 것은 한국 정부로 하여금 문화를 산업의 영역으로 인식시키기에 충분했다. 결과적으로 문화산업을 발전시키는 것이 김영삼 정부의 주요 의제로 등장한 바 있다(Kim, J. H., 2004; Shim, 2006). 당시 자문위원회는 또한 〈주라기 공원〉이 디지털 기술에 의해 주로 제작되었다는 것을 강조했으며, 첨단 오디오-시각화를 강조하는 문화산업을 발전시키는 것이 중요하다는 것을 밝힌 바 있다(≪조선일보≫, 1994). 해당 리포트 이후, 한국 정부는 "문화의 산업화와 한국 문화의 국제화"에 초점을 두기 시작했다(Lee, H. K., 2013: 189).

신자유주의 문화정책과 관련해 정부의 역할은 탈규제 등을 통해 간접적으로 문화산업을 지원한 것이 대표적이다. 한류 자체를 지원하기 위한 것은 아니었지만 영화와 대중음악에 대한 검열 완화 및 폐지 등은 장기적으로 해당 문화들이 좀 더 다양한 주제로, 제한 없이 만들어질 수 있는 미디어 생태계 환경을 만들었다는 점에서 이 테두리에 들어간다고 할 수 있다. 간접적으로 한류 발전에 영향을 미쳤다고 할 수 있는 것이다.

군사정부 시절 단행되던 검열 등 규제가 완화되면서 한류 발전의 초석이 되었기 때문이다. 군사정부 아래에서는 정부의 심한 검열 때문에 대중가요의 자유로운 표현이 어려웠다. 정치적 혼란과 도덕적 해이를 방지한다는 이유로 정부가 여러 각도에서 검열을 단행했기 때문이다(Yang, 2007). 대중음악의 경우 1990년대 중반까지도 노래 가사에 영어 등 외국어가 들어가면 안 되었는데, 이런 내용들이 완화된 것이다. 영화 검열도 크게 완화되었다. 역대 군사정부에서는 권위주의 정부에 대한 부정적인 인식을 조장하거나 북한을 우호적으로 표현하는 것에 대해 엄격한 검열을 단행해 왔다. 정권 자체의 권위에 해가 되는 것을 방지하겠다는 것에 다름 아니었다(Yecies and Shim, 2016). 김대중 정부는 그러나 대선 캠페인 기간에 영화 검열을 제거하겠다고 공약했으며, 2001년 마침내 공식적으로는 검열을 없앴다. 김대중 정부의 문화산업에 대한 근간은 지원은 하되 간섭은 하지 않는다는 것이었으며, 이런 정신은 문재인(2017~2022) 정부에서 이어지고 있다(안태호, 2009; Jin, 2019). 문화·예술인들이 감시 받지 않고 검열 받지 않으며 배제 당하지 않는 시대를 강조한 것이다(문화체육관광부, 2017).

보다 구체적으로, K-pop이 처음부터 자유자재로 영어 가사를 사용할 수 있었던 것은 아니다. 한국 정부는 1990년대 중반까지도 영어 가사가 전체의 3분의 1을 넘지 못하도록 검열을 단행하고 있었다. 1996년에 '표현의 자유'를 이유로 이러한 검열을 없앴으나, 영어 가사가 많이 들어간 노래의 방송 여부는 전적으로 방송사의 권한으로 넘겼다. 이후 젊은 음악인들 사이에서 영어가사 노래 한두 곡 정도는 자신들의 앨범에 포함하는 것이 유행이 되었고, 결국에는 K-pop이 한글과 영어가 혼합된 현재의 스타일로 변하는 시초가 되었다(Byun, 1997; Jin and Ryoo, 2012).

발전론 모델과 관련해서 무엇보다 중요한 쟁점은 정부가 예산을 통해 문화산업, 따라서 한류의 성장을 주도했는가 여부이다. 한국 정부가 한류의 성장을 주도했다는 것은 한국 정부가 1970년대 이후 발전국가 모델을 통해 국가 경제를 발전시켰다는 논리와 일맥상통하는데, 한국 정부가 수차례에 걸친 경제개발계획을 통해 한국 경제의 성장을 이끌어 왔다는 발전 국가론

이 문화 영역에서도 당연히 적용되었다는 것을 전제하고 있다. 정부 예산이 가장 기본적인 정책 도구였음은 당연하다. 예를 들어 한국 정부는 영화산업 발전을 위해 1995년 '영화진흥법'을 제정해 영화진흥기금을 제도화했다. 한국 정부는 그동안 경제개발연대에 톱-다운 방식의 발전국가 모델을 사용한 바, 일정 부분 이러한 정책 기조가 문화산업 분야에도 적용되기 시작했다고 할 수 있다(Jin, 2019). 따라서 한류 역시, 정부 주도하에 국가적 기간산업화했다는 것을 알 수 있다(J. Choi, 2015). 다시 말해, 정부의 주 역할은 한류 초기 문화산업 인프라를 구축하는 것이었다는 점이다.

다시 한 번 강조하지만, 한국 정부는 1990년대 이후 신자유주의를 채택해 왔다. 시장 개방, 사기업의 역할 강화, 그리고 소규모 정부를 지향하는 신자유주의는 발전국가 모델과는 달리 정부의 역할 감소를 의미한다. 따라서 한국 정부가 예산 확대 등의 방식으로 대중문화의 성장을 주도했다는 것은 신자유주의 이론과 정면 배치되는 주장이어서 특히 주목을 끌고 있다. 한국 정부가 신자유주의의 거대한 흐름 속에서도 문화 부분에서는 정부의 역할을 강화하거나, 최소한 지속함으로써 발전론 모델을 사용했다는 것이기 때문이다. 지금까지 논의한 정부의 정책은 주로 문화산업이 발전할 수 있는 인프라와 관계가 있다. 해당 정책들은 한류 자체, 즉 한류가 문화 콘텐츠로 수출되거나 해외에서 유통·전파되는 데 직접적인 영향을 미친 것은 아니라고 보아야 한다.

한류 발전에 있어 정부의 역할

한류 관련 문화정책이 각 정부의 정책 기조에 따라 신자유주의와 발전론 모델 사이를 오고 갔다는 특징과 함께, 이 장에서 논의하고자 하는 것은 크게 두 가지이다. 먼저 국제적으로는 한국 정부의 문화정책이 다른 나라의 문화정책과 비교해서 특별한 것이 있느냐는 점이다. 국내적으로는 문화정책이 과연 한류발전에 기여했는가에 관한 것이다. 대중문화를 발전시키기 위한 문화정책은 이미 대부분의 나라에서 다각도로 시행되고 있다. 예를 들어 한국에서 2016년 방영되어 국내외적으로 큰 인기를 얻은 드라마 〈태양의 후예〉는 대한민국 파병 군대의 이야기 속에 주인공들의 멜로를 더한 주제와 해외 파견지에서 국기에 대한 경례를 하는 모습 등 때문에 '국뽕' 논쟁에 휘말린 드라마 중 하나이다. 국방부의 협조가 아니면 가능하지 않았을 내용으로, 당연히 정부 지원이 있었다는 점에서 정부의 지원 정책이 큰 역할을 했다고 강조되기도 한다(Michell, 2021). 드라마의 인기에 힘입어 국방부가 "〈태양의 후예〉 알고 보면 더 재밌다"라는 카드 뉴스를 연이어 제작해 페이스북 등을 통해 내보내는 등 정부의 역할을 강조하는 데도 게을리하지 않았다(국방부, 2016). 이는 정부 지원에 의해 한류 콘텐츠가 발전했다는 것을 증명하는 요소로 간주되는 한편, 정부가 한류 콘텐츠를 이용해 문화적 민족주의 발전을 도모하거나 선전(propaganda)에 가까운 소프트파워 정책을 실현했다는 비난을 받기도 했다(Michell, 2021).

〈태양의 후예〉처럼 단일 작품을 보면, 정부의 역할이 중요했다고도 볼 수 있다. 적어도 정부의 지원이 있었다는 점에서 보면 그렇다는 이야기이다. 그러나 해당 작품에 대한 정부의 지원이 다른 나라에서도 비슷한 정도로 실현되고 있는지를 살펴보면 좀 더 다른 결론에 다다르게 된다. 앞에서도 언급했듯이, 전 세계적으로 많은 나라들에서 정부가 콘텐츠 제작 지원에 나서고 있으며, 비교해서 보면 한국 정부가 다른 국가들보다 훨씬 강한 정도로 대중문화 발전에 기여했는지 생각해 볼 수 있는 계기가 될 수 있다.

미국의 경우, 영화산업에 대한 정부의 지원과 정책이 오랫동안 지속되어 왔다. 일반적으로 미국은 문화정책의 영향이 별로 없다고 알려져 있으나 실상은 조금 다르다. 특히 문화 외교에서는 더욱 그렇다. 한국과 관련해 미국 영화업계가 한국의 스크린쿼터를 없애거나 줄이려고 했을 때 미국 정부가 한국 정부에 강한 압력을 행사한 것은 잘 알려져 있다(Miller et al., 2001; Wasko, 2003). 영화라는 문화상품의 수출은 민간 영화기업들이 할 일인데, 이를 위한 토대를 만들기 위해 정부가 개입한 경우로, 미국 정부의 역할이 외교적으로 중요했다는 점을 단적으로 보여 주고 있다. 또한 미국 영화제작자들이 전쟁 관련 영화를 제작할 때, 미국 정부가 군을 통해 헬리콥터 등 군사 장비를 사용하게 해주는 등 적극적인 지원을 아끼지 않고 있기도 하다. 미국 정부의 지원이 한국 정부의 지원보다 더욱 체계적이며 적극적이라고 볼 수도 있다. 물론 이러한 요소에도 불구하고 할리우드의 성장이 미국 정부의 문화정책 때문이라고 보는 시각은 많지 않다. 미국 정부의 지원은 할리우드의 성장에 한 요소로 작용했을 뿐이기 때문이다. 미국 정부가 직간접으로 할리우드 영화산업을 지원하고는 있으나, 본질적으로는 할리우드 영화의 생산과 소비의 중요성이 더 크게 작용하고 있다.

일본 정부 역시 대중문화 발전에 적지 않은 노력을 기울여 왔다. 일본 방송 드라마와 대중음악, 그리고 애니메가 아시아를 중심으로 확산되던 1980년대 일본은 여러 정책적 지원을 시작했다. 다음 장에서 주로 논의하는 바대로 일본 정부가 일본 대중문화의 수출에는 많은 역할을 하지 않았지만, 문화산업 자체의 발전에는 크고 작은 지원을 단행했다. 특히 2002년 쿨 재팬(Cool Japan) 논의가 나오기 시작하면서 일본 정부는 일본 문화를 소프트 파워와 공공 외교의 한 축으로 발전시키기 위한 여러 지원정책을 단행했다(Iwabuchi, 2015).

따라서 미국 정부가 할리우드를 지원하고, 일본 정부가 대중문화 발전을 지원한 것과 비교해 볼 때, 그리고 프랑스 등 외국 정부의 문화정책과 비교해 볼 때, 한국 정부가 과연 이들 국가의 정부보다, 그리고 전 세계 많은 국가들보다 더욱 적극적으로, 더 많은 예산을 가지고, 더 강력한 제도적 실행을 통해 한국 대중문화의 발전과 수출을 이끌어 냈는가를 살펴보는 것이 중요하다. 이 같은 비교를 통해 한국 정부가 특별한 문화정책을 실현했는지 여부를 알 수 있기 때문이다. 한국 정부가 한류 성장을 주도했다는 주장은, 한국 정부가 다른 나라에 비해 독특한 문화정책을 도입·시행했다는 것을 증명해야만 가능해지는 논의라고 볼 수 있다. 미국처럼 영화산업을 지원하기 위해 외교적인 노력을 했는지, 예산이나 법령 등을 통해 지원했다면 그 규모 등이 미국 등 여러 나라의 지원에 비교해 눈에 보일 정도인지, 그래서 한류 발전의 일등공신이 되었는가를 살펴봐야 한다. 다른 나라에서 지원하는 정도의 문화정책이라면 한국 정부가 한류 발전을 견인했다는 주장은 설득력이 없다.

타 국가의 문화정책과 비교 없이 한국 정부가 한류 발전에 있어 주도적인 역할을 수행했다는 논의는 미디어나 학술 차원에서 어렵지 않게 찾아볼 수 있다. 한국계 미국 언론인은 유니 홍(Hong, 2014: 6)은 한국 정부의 역할을 강조하면서, "한국 정부가 한류를 국가 최고 우선순위로 만들었다. 한국은 [경제개발을 위해] 여러 번에 걸쳐 5개년 계획을 만들어 집행해 왔는데, 이런 것들은 민주적 자본 국가에서도 사실상 찾아보기 힘들다"는 것이다. 물론 한류 성장에 있어 재벌과 문화 생산자들의 역할도 강조하기는 했으나, 홍은 한국 정부의 주도적인 역할이 한류 성장에 있어 주요했다고 강조했다. 한국 정부가 언제, 어떤 방식으로 한류를 국가 최고 지원영역으로 선정했는지 등에 대해서는 거의 설명이 없었다. 미국에서 한국 관련 싱크탱크에서 근무하는 수미 테리(Sue Mi Terry, 2021) 역시 비슷한 견해를 표출한 바 있다. 2021년 10월 〈오징어 게임〉의 전 세계적인 성공을 설명하면서 한국 대중문화의 발전은 한국 정부가 전자, 조선, 자동차, 그리도 다른 수출주도 산업을 발전시킨 것과 마찬가지로 정부가 문화관광부 주도로 방송 드라마와 영화 등을 위해 해외시장을 개척하고, 문화산업에 자금을 지원하고, 열망이 가득 넘치는 아티스트들을 위한 훈련 프로그램을 만들어 운영한 것이 오늘날 한류의 세계적인 성장을 가져왔다는 지적이다. 영국의 BBC (Ro, 2020) 역시 한류는 지난 20여 년 이상 전 세계에 태풍처럼 몰아쳤다며, 한류는 우연히 일어난 것이 아니며, 소프트파워 정책을 실현하기 위한 매우 정교한 도구로서 일어났다고 주장했다. 한국 혼자 이러한 소프트파워를 고양하려는 노력을 경주한 것은 아니지만, 문화 파워를 확대하기 위한 한국 정부의 문화정책이 단기간 내에 이처럼 빠른 성공을 가져왔다고 강조했다. 내셔널 지오그래픽(Rapkin, 2021)은 "한국 정부가 영화와 TV 생산에 돈을 쏟아부었으며, 봉준호와 박찬욱 같은 뛰어난 로컬 영화감독을 만들어 냈다"라고까지 주장했다.

제2장에서 논의했듯이, 봉준호 감독이 〈기생충〉을 만들어 낸 과정에는 결국 정부가 아니라 민간 부분의 지속적인 투자와 노력이 있었으며, 국내외 한류 수용자들에 의해 달성된 것이다. 정부의 지원 때문에 오늘날 봉준호 감독이 나올 수 있었으며, 그 결과로 〈기생충〉이 만들어졌다는 잘못된 논의가 지속되는 것이 오히려 안타까울 정도이다. 영국의 유력 신문 중 하나인 ≪타임스(The Times)≫(Spence, 2021) 역시 2021년대 후반에 넷플릭스에서 큰 인기를 끌었던 〈오징어 게임〉의 관련 기사를 통해, 한국이 〈기생충〉과 〈오징어 게임〉 등 전 세계에서 성공을 거둔 대중문화를 발전시킨 것은 바로 한국 정부의 정책에 기반한다고 강조했다. 특히 해당 신문은 한국 정부의 역할을 강조하면서, 구체적인 증거 없이 한국 정부가 엔터테인먼트 산업에 필요한 재원을 제공했을 뿐만 아니라 많은 영화관을 만들어서 한국 영화의 발전을 이끌었다고 잘못된 기사를 내보내기도 했다. 한국의 멀티 플렉스(복합 상영관)인 CJ CGV, 롯데시네마, 메가박스는 모두 민간에서 설립·운영하고 있기 때문이다.

국내 매체인 연합뉴스(이웅, 2019) 역시, "한류는 지난 20년 동안 문화산업으로서 정부의 전폭적인 지원을 받으며 성장을 거듭해 왔다"라고 강조했다. 이들 국내외 매체는 그러나 구체적으로 어떤 측면의 문화정책이 한류 발전을 촉진했는지 설명하고 있지 않다. 많은 학자들 역시 한류 발전에 있어 한국 정부의 중요성을 강조하고 있다. 그러나 구체적인 근거를 제시하지 않고 있으며, 비교적인 접근이 이루어지지 않은 채였다. 한류 발전에 있어 "한국 정부도 소소한 지원을 제공하기도 했었다", 그러나 "이러한 지원은 규모도 작고 산발적이었으며 본격적인 수출 정책으로 볼 수준은 결코 아니었다"(김 정수, 2020: 76). 다음 절에서는 정부의 역할 중 예산 부분을 비교 분석함으로 써, 한국 정부 역할론에 대한 담론을 구체적으로 진행하고자 한다.

정부 예산과 문화정책

정부의 역할이 어느 정도였는가를 더 잘 파악하기 위해서는 정부가 문화 부분에 대한 예산과 법적 지원을 어떻게 단행했는지 살펴보는 것이 중요하다. 정부 정책에서 가장 큰 역할을 하는 것이 예산이다. 예산을 통해 정부가 각종 정책을 집행하기 때문이다. 한류의 성장 역시, 정부가 과연 충분한 예산을 확보했는가, 그리고 어떤 분야에 지원했는가 등을 알아보면 정부의 역할 정도를 알 수 있다. 특히, 문화 부분에 들어가는 예산을 국제적으로 비교하면, 과연 한국 정부가 타 국가에 비해 특이한 정도로 대중문화 발전을 주도하거나 기여했는지 알 수 있을 것으로 판단된다.

대중문화 부분에 대한 정부 예산의 중요성이 강조된 것은 김영삼 정부부터라고 할 수 있다. 당시 김영삼 정부는 국가 예산의 1%를 문화산업에 지원, 또는 저금리 대여 형식으로 사용함으로써, 문화산업 유관 기관을 설립하고, K-pop 등의 해외 수출을 촉진하고, 대학 내에 문화 관련학과 등을 설립하겠다고 밝힌 바 있다(Leong, 2014). 이후, 문화 부분에 대한 지원 비중은 역대 정부를 거치면서 꾸준히 증가했다. 박근혜 정부에서는 특히, 문화 분야 투자규모를 2017년까지 정부 재정의 2% 수준 도달을 목표로 확충하겠다고 약속하기도 했다(이석준, 2013). 2012년 기준, 정부 예산에서 문화 부분이 차지하는 비중은 1.14%였으며, 같은 기간 OECD 국가들의 평균은 1.9%

였다(Lee, H., 2012). 역대 정부의 문화산업 지원 약속에도 불구하고, 이러한 비중은 2019년 1.5%로 올라서는 데 그쳤다. 즉, 대중문화 영역에 대한 정부의 재정적인 지원은 최소한 OECD 국가 평균보다 높지 않다는 결론이다.

한국문화관광연구원의 특별 연구(정보람, 2016)에 따르면, 실제로 한류가 시작된 지 15년이 훨씬 지난 시점인 2014년 한국 문화재정은 OECD 평균 이하였다. 당시 1인당 GDP 3만 달러 그룹의 문화재정 비율을 볼 때 한국은 1.1%로, 프랑스 1.57%, 핀란드 1.57%, 이스라엘 1.52%, 벨기에 1.4%, 그리고 스페인 1.24% 등에 뒤졌다. 주요 국가 중 일본 정도가 0.41%로 한국보다 훨씬 아래에 놓여 있는 상태였다. 정부 역할에서 가장 중요한 것 중 하나는 필요한 예산 확보와 실행인데, 다른 주요 국가들에 비해 문화예산 비중이 평균보다 낮은 상황에서, 한국 정부가 대중문화 발전에 크게 기여했다는 것은 사실과 많이 다르다. 문화산업별로 여러 지원책을 내놓았지만, 해당 지원책들이 비슷한 경제 규모의 국가들에 비해 두드러지지 않았기 때문이다.

오히려 한국 정부가 예산권을 악용해 문화산업을 성장시키기보다는 해당 분야의 발전을 저해한 사태들도 있었다. 잘 알려진 대로, 이명박·박근혜 정부는 집권 당시 정부의 정책 기조에 협조하지 않는 문화예술인에 대한 탄압을 단행했다. 특히 박근혜 정부는 1천 명이 훨씬 넘은 문화예술인들에 대한 블랙리스트를 만들어 관리해 온 것으로 잘 알려져 있다. 블랙리스트는 이명박 정부에서부터 시작되어, 박근혜 정부에서 단행된 것으로, 정부의 정책에 동조하지 않는 문화예술인들 리스트를 만들고, 이들을 정부의 문화예산 지원 대상에서 제외하는 등 직간접적인 탄압을 단행한 것을 일컫는다(김준일, 2017). 정부가 지원하는 예산 집행에 있어 블랙리스트에 포함된 문화예술인들에 대한 재정적인 지원을 금지한 사인으로, 이명박·박근혜 양대 보수 정부는 생각과 표현의 자유를 심각한 정도로 저해한 것이다(Hun, 2017). 2008년에서 2017년까지 한국 정부의 이 같은 간섭에도 불구하고 해당 기간에 전체적으로는 한류 성장이 지속되었기 때문에, 한국 정부가 한류를 지원해 한류 발전을 도모했다는 주장은 사실과 많이 다르다는 것을 알 수 있다.

블랙리스트와 별도로 이명박·박근혜 정부는 한류의 해외 확산을 국책 사업으로 추진했는데, 이러한 정책이 한류의 발전을 가져왔다고 보기 어렵다. 해당 정부들은 한류가 단순한 대중문화 콘텐츠를 넘어 K-관광, K-뷰티, K-음식 등 여러 산업에 파생 효과가 크다고 판단해 이들 연관 산업을 전략적으로 지원하는 데 중점을 두었다. 이런 과정에서 박근혜 정부의 국정농단 사태 핵심인 K-스포츠 재단과 미르 재단도 이 같은 정부의 한류 지원정책에서 기인했다고 볼 수 있다(전형화, 2017). 미르 재단은 2015년 설립되면서 한국의 전통문화 원형 발굴, 문화 브랜드 확립, 문화예술인재 육성 등을 목적으로 한 문화전문 재단을 표방했는데, 이는 박근혜 정부가 한류를 통해 국가 브랜드를 강화하려는 목적과 연계되었기 때문이다(최우석, 2016). 대중문화 영역에 대해 지나치게 간섭을 하다 발생한 것으로, 정부의 역할이 대중문화의 발전을 도모하기보다는 저해한 사례로도 잘 알려져 있다.

신한류 시대의 문화 외교와 소프트파워 정책

한류 발전과 관련해 정부의 문화정책이 큰 역할을 했다고 믿는 또 다른 주요 연계고리는 소프트파워와 공공 외교정책(public diplomacy)이다. 문화정책과 관련해 많은 논란을 가져오는 분야이기도 하다. 주로 외교라인을 통해 단행되고 있는데, 외교부는 자체 홈페이지 등으로 해외에서의 한류 확산을 지원함으로써 한국에 대한 관심과 매력도를 고양시키고 이를 한국에 대한 종합적인 호감으로 연결시킴으로써 한국 국민과 기업이 세계에서 환영받는 환경을 조성하고 국가 이미지를 제고할 수 있도록 노력하고 있다고 천명하고 있다. 외교부는 따라서 한류의 문화적·경제적·외교적 파급력을 고

려해 전 세계 184개 재외 공관을 활용해 한류관련 행사를 지원하는 한편, 각국의 문화·종교·사회적 특성을 배려하면서 현지 실정에 적합한 맞춤형 한류확산 전략을 수립 추진하고 있다고 밝히고 있다(외교부, 2020). 실제로, 전 세계 대도시에 있는 영사관이 해마다 K-pop 경연대회를 개회하거나, 한글 경진대회, 한식 시연회 등을 개최하고 있다(〈사진 4-1〉).

COVID-19 때문에 규모가 축소되거나 잠정적으로 중단되었지만, 이 같은 지원은 한류에 대한 정부의 역할 중, 공공 외교를 확대해서 한류를 지원하겠다는 것에 다름 아니다. 문제는 K-pop 경연대회 등이 글로벌 팬 확대에 간접적으로 도움을 줄 수 있으나, 음악인들이나 음악산업 자체에 대한 지원이 아니라 정부가 한류를 활용해 국가 이미지를 고양하고 이로써 다른 산업의 수출 확대 등을 도모하는 것이라는 점이 명확하다. 즉, 정부가 K-pop 경연대회를 개최해 한류 성장을 견인하는 것이 아니라, 이미 전 세계적으로 큰 성장세를 보이고 있는 한국 음악산업을 활용하고 있다는 점이다.

소프트파워는 문화 외교(cultural diplomacy)의 매우 중요한 영역이다. 글로벌 무대에서 국가뿐만 아니라 여러 행위자들이 대중문화를 이용해 한 국가의 우수한 문화가치를 알림으로써 각국으로부터 긍정적인 이미지를 얻어 내는 것이 핵심이다(진달용, 2021b). 여기서 문화 외교를 통한 소프트파워를 고양시키는 것은 정부와 민간 부분이 협력하여 달성하는 것이 우선이다. 민간 영역에서 우수한 문화를 만들어 해외에 전파하고, 국가는 필요한 정책과 지원책을 통해 한류 콘텐츠의 생산과 확산을 도모해야 한다(Suntikul, 2019). 다시 말해, 국제 무대에서 정부와 민간 부분이 늘 동시에 역할을 하는 것이 아니라, 정부는 문화산업의 발전을 위해 적절한 지원과 인프라를 제공하고, 민간 부분은 뛰어난 문화 콘텐츠를 만들어 내는 것으로 각자의 역할을 다하면 된다(진달용, 2021b).

외국 미디어와 학자들이 한국 정부가 한류 성장의 핵심이라고 믿는 원인 중 하나가 정부의 소프트파워 정책 때문이다. 지나치게 소프트파워 정책을 활용하다 보니 한국 정부가 한류 발전에 크게 기여했다는 생각을 하게 된다. 무엇보다, 정부가 한류 지원이라는 외형적인 전시 행정에 매달리면 오히려 문화 외교를 저해할 수도 있다는 점을 직시해야 한다.

이성민(2021a)은 이와 관련해 '한류와 국가-정책의 관계'에 대한 생각이라는 페이스북 포스트에서, "산업정책 측면(직접적인 산업에 대한 지원, 제도와 문화의 개선, 수출 및 해외시장 개척)과 외교정책(해외 홍보) 측면의 논의는 분명 연결되어 있지만, 잘 분리해서 보아야 한다. 한국 콘텐츠 산업의 성장에서 국가의 역할과 해외에서의 한국 콘텐츠 팬덤의 형성 현상인 '한류' 현상의 촉발-확대-활용 측면의 국가 역할은 일의 성격에서나 주체의 구분에서나 많은 차이가 있다. 그리고 정책의 흐름과 목표 등에서의 시차도 존재한다"라고 강조했다. 그는 이어서 재정지원 측면에서 보면, 국가의 직접적 지원 영향이 큰 영역(애니메이션, 캐릭터)과 상대적으로 국가 역할이 매우 적었던 영역(K-pop)으로 나눌 수 있다며, 제일 혼란스러운 것은 국가의 기여가 가장 적었던 K-pop이 한류의 최전선을 열어 가고 있다는 상황 때문일 것으로 진단했다. 즉, K-pop은 정부의 정책적 지원을 가장 적게 받았음에도 불구하고 한류의 대표적인 대중문화로 성장, 정부의 정책과 대중문화의 발전 간 직접적인 상관관계를 보여 주지 못하고 있는데, 여러 미디어와 논문에서 문화정책 때문에 K-pop이 발전했다는 논리를 전개하는 것에 대해 안타까움을 표한 것으로도 해석할 수 있다.

한류 발전에 있어 문화정책은 양날의 검으로 작용하기도 한다. 한류에 있어 지나친 상업주의를 경계해야 하는 것처럼 국가의 지나친 간섭과 개입을 배제하는 것이 좋을 때도 많기 때문이다. 한국 정부가 한류에 지나치게 개입하고 기획에 의한 발전을 주도할 경우 "문화 재생산은 필연적 한계에 다다를 수밖에 없다"는 점을 알아야 한다(김신, 2015: 241). 국가주도 정책의 필요성을 인정하되, 정부는 문화 생산자들이 자유롭게, 창의적으로 문화를 만들어 나갈 수 있는 장을 만들어 주는 역할만 하면 된다. 한류 관련 문화정책에서 가장 논란이 되는 부분이기도 하다.

앞에서 설명한 바대로, 문재인 정부의 한류정책 기조는 '지원은 하되 간섭은 하지 않는다'로 정의할 수 있다. 문 대통령의 문화·예술 공약의 기본정신으로 볼 수 있다(문화체육관광부, 2017). 이전 보수정부에서 블랙리스트를 만들어 문화 생산자와 행위자들을 통제하려고 했던 점을 반면교사로 삼아 문화 영역에 대한 간섭을 최소한으로 하고 있다. 보수 정부가 정부의 지원을 바탕으로, 문화 영역에 대한 지나친 간섭을 단행한 데다, 결국은 블랙리스트가 하나의 중요한 원인이 되어 박근혜 대통령이 탄핵된 사실을 누구보다 잘 알고 있기 때문이다(김만권, 2017). 문재인 대통령은 이와 관련해 2019년 신년 기자회견에서 현 정부는 "문화산업 생산자들의 창의적인 아이디어와 첨단 디지털 기술의 발전을 통해 양질의 문화 콘텐츠를 생산할 수 있도록 돕겠다"라고 밝힌 바 있다. 문재인 대통령은 당시 기조연설에서 문화 부분을 사회 발전의 핵심 요소 중 하나로 설명했다. 문 대통령은 "우리 문화의 자부심을 가지고 그 성취를 국민 누구나 누릴 수 있도록 하겠습니다. 우리의 문화가 미래 산업으로 이어지도록 하겠습니다. 방탄소년단(BTS)을 비롯한 K-pop, 드라마 등 한류 문화에 세계인들이 열광하고 있습니다. 우리 문화의 저력입니다. 제2의 방탄소년단, 제3의 한류가 가능하도록 공정하게 경쟁하고, 창작자가 대우 받는 환경을 조성하겠습니다"라고 강조했다. 물론, BTS나 K-pop이 문재인 정부는 물론, 역대 정부에서 어떤 지원을 받았는지 의문이다. 다시 말하지만, K-pop 분야에 대한 정부 지원은 사실상 크게 존재하지 않았다. 정부의 소프트파워 정책 때문에 마치 정부가 한류를 지원하고 발전시킨 것으로 보이는 측면이 강하게 부각되고 있으나, 실제와는 상당히 거리가 있다고 할 수 있다.

한류 발전에 있어 문화 생산자의 역할

정부의 문화정책 여부와 관계없이 문화 생산자―문화산업계와 대중문화 실행자―들은 이미 여러 차원에서 한국 대중문화의 발전에 기여하고 있었다. 방송, 영화, 음악계 모두 민간부분의 한류 발전이 정부의 정책에 앞서 있었다. 먼저 방송계의 경우, 제2장에서 논의했듯이, KBS와 MBC는 이미 1991년에 KBS 영상사업단과 MBC 프로덕션을 각각 설립해 방송 프로그램 수출을 모색하고 있었다.● KBS는 국가 공영방송이었기 때문에 정부의 영향력이 다소 강조되더라도, 민영방송인 MBC 역시 자체 프로덕션을 설립해서

● KBS 영상사업단은 2000년부터 KBS 미디어로, MBC 프로덕션은 2011년부터 MBC C&I로 회사 명칭을 변경, 운영되고 있다. KBS는 또 2004년부터 콘텐츠 사업부를 운영하고 있다. KBS 콘텐츠 사업부는 드라마, 예능 등 KBS 프로그램의 국내외 유통 등 콘텐츠 사업을 기획하고 추진하는 부서이다. 다만, 유통의 효율성과 신속성을 위해 해외 판매 등 실무는 KBS 계열사인 KBS 미디어를 통해서 실행한다(전제연, 2016).

방송 드라마 등의 수출에 나섰고, 실제로 1993년에 MBC 드라마 〈질투〉를 중국에 수출했기 때문에 방송 민간부분의 역할을 무시하기 어렵다. 정부가 직접 드라마 수출에 기여한 것이 아니라 방송국 자체에서 이미 노력하던 결과가 나타났다는 점에 주목해야 한다.

영화계에서도 1995년의 영화진흥법이 나오기 전에 이미 재벌을 중심으로 한 민간 부분에서 한국 영화를 발전시키려는 노력이 진행되고 있었다. 삼성은 1992년부터 비디오 판권 구입의 형식으로 영화업에 진출했다. 삼성, 대우 등 대기업의 진출은 이후 확대일로를 걷는다. 1994년에 국내 전체 제작편수 65편 중 이들 대기업이 참여한 영화가 20편으로 30%를 넘어섰다. 1995년과 1996년 흥행 랭킹 Top 10의 작품들 중 대부분이 이들 기업이 전부 또는 부분 투자한 것이다. 1999년 삼성, 대우 등이 영화산업에서 철수할 때까지 한국 영화산업의 가장 주요한 자금원으로 부상했다(황동미, 2001). 재벌의 문화산업 참여가 바람직하느냐에 대해서는 크게 의견이 엇갈렸었다. 일부에서는 한국 경제상황에서 재벌만큼 많은 돈을 투자할 수 있는 기업이 없었다는 점에서 긍정적으로 보기도 한 반면, 다른 한편에서는 재벌의 참여가 한국 영화의 상업화를 촉진했다고 비판했다.

이런 와중에, 고 이병철 삼성그룹 회장의 손녀딸인 미키 리(Miky Lee, 한국명 이미경)는 1994년 국제 영화업 투자 제의를 받게 된다. 미키 리는 당시 스티븐 스필버그(Steven Spielberg) 등이 설립한 영화사 드림웍스(DreamWorks)에 삼성이 참여할 의향이 있는지에 대한 제안서를 받았다. 삼성은 이 제안에 관심이 없었다. 1년 후 다시 제안을 받은 미키 리는 이번에는 삼성 대신 동생인 이재현 회장이 이끄는 CJ에 제안서를 들고 가게 되고 CJ가 3억 달러를 드림웍스에 투자하게 된다. 드림웍스의 지분 10.8%를 확보해 일본을 제외한 아시아 시장에서의 배급권을 확보한 것이다(*FirstPost*, 2020). 드림웍스와의 협력 관계를 통해, CJ는 급속도로 엔터테인먼트 산업의 강자로 부상하게 되며, 봉준호의 〈기생충〉이 바로 미키 리 등의 투자와 CJ엔터테인먼트

사의 배급에 의해 완성된 한류의 대표적 영화가 되었다.

K-pop 영역에서는 민간 부분의 주도가 특히 두드러졌다. 미국 유학을 마치고 돌아온 이수만 씨가 이미 1989년 SM 스튜디오를 설립했으며, 이를 1995년 2월에 현재의 SM엔터테인먼트로 개명해 운영하고 있다. SM엔터테인먼트는 인하우스 생산 시스템을 개발했으며 여러 성공적인 가수들을 만들어 나가기 시작했다(SM엔터테인먼트, 2018). 이에 자극 받아, JYP와 YG 같은 여러 엔터테인먼트 회사들이 생겨나게 되고, 이들이 현재 K-pop을 만드는 데 주도적인 역할을 했다는 것을 부정하기 어렵다. 급증하는 전 세계 K-pop 팬들의 성원에 힘입어 K-pop 전성시대를 창조해 냈다. 한국 주류 대중음악에서 아이돌 그룹의 대중음악은 제작 방식에서 큰 차이를 보인다. 철저한 사전 기획을 바탕으로 만들어지며, 엔터테인먼트사들이 혹독한 훈련 기간을 걸쳐 아이돌 멤버를 선발하고, 미디어 프로모션을 통해 팬덤을 관리한다. 이런 과정에서 정부가 지원하거나 개입할 가능성이 없었다.

물론 앞에서도 논의했듯이, 한류 초창기에 민간 부분이 좀 더 자유롭게 문화산업 영역에 진입할 수 있었던 것은 김영삼 정부에서 추진한 세계화의 영향도 있다. 정부가 문화산업을 하나의 기간산업으로 간주하고 이를 통해 경제발전을 이루자는 목표를 제시하며, 재벌들이 문화산업에 진입할 수 있는 계기를 제공했기 때문이다. 삼성이 영상사업단을 만들어 영화제작업에 진입한 것이 하나의 실례이다. 그러나 앞에서도 설명했듯이, 삼성 등은 정부의 정책적 지원 이전에 이미 문화산업계에 투자를 시작했다. 삼성 등은 1997년 외환위기 이후 영상사업단 사업을 접는 등 문화사업에서 한발 물러나기도 했으나, 민간 부분이 본격적으로 문화 영역에 등장한 것은 정치적·사회경제적 요건에 맞물려 진행되었다는 점을 염두에 두어야 한다. 다시 말해, 한류에 있어 한국 정부의 역할은 보다 복잡한 문맥에서 살펴보아야 한다. 한류의 발전은 정부와 민간 부분이 한편으로는 협력적이면서도, 다른 한편으로는 갈등 관계를 보이는 가운데 성장한 것이라고 할 수 있다. 이러한 다면적인 관계 속에서, 민간 부분, 즉 문화산업계와 문화 생산자들이 양질의 문화 콘텐츠를 만들어 오늘날의 한류를 만들었다는 점은 강조되어야 한다.

글로벌 수용자의 중요성

한류 발전의 또 다른 큰 축은 글로벌 수용자들의 역할이다. 한국 정부가 아무리 좋은 문화정책을 가지고 문화산업을 지원했다 해도, 그리고 문화 생산자들이 아무리 양질의 프로그램을 제작한다 해도, 결국 이를 소비하는 것은 국내는 물론 글로벌 수용자들이기 때문이다. 김창남(2021: 376)이 한류는 "한국의 드라마와 대중음악이 해외에서 인기를 얻고 팬덤을 형성하는 현상을 일컫는다"라고 지적한 것도 바로 글로벌 수용자들의 역할을 강조한 것이다. 물론 팬덤과 일반 수용자 사이에는 큰 간극이 존재한다. 팬의 역할을 강조하는 팬덤으로서는 현재의 한류를 만들 수 없으며, 전 세계적으로 한류 콘텐츠를 좋아하는 일반 수용자가 늘고 있다는 점을 반드시 염두에 두어야 한다. 즉, 팬으로서만 운영되는 한류가 아니라 최소한 팬-일반 수용자의 존재가 중요했다고 이해해야 한다(Jin et al., 2021). 팬덤 활동에 적극적으로 참여하고 있지 않지만 한류를 매우 적극적으로 소비하는 수용자를 의미하는 팬 수용자의 규모가 점차 증가하고 있기 때문이다. 한류는 실제로 전 세계 많은 수용자들이 한국의 대중문화와 디지털 기술, 그리고 관련된 디지털 문화를 즐기는 초국가적 문화 현상으로 진화했다.

물론 한류 초창기부터 전 세계 수용자들이 한류 콘텐츠를 한꺼번에 즐겼던 것은 아니다. 한류 초기에는 해외에 나가 있는 한국 이주민들이, 그리고 이를 시작으로 동아시아의 한류 팬들, 특히 30~40대 주부들이 한류의 주 수용자였다. 팬으로 지칭할 수 있는 제한된 소수만이 한류를 즐겼기 때문에,

당시로는 한류의 확장세를 예측하기 어려웠다. 한류는 이후 전 세계 문화 시장으로 확대되고, 주요 문화영역도 K-pop과 디지털 게임 등으로 확대되면서 글로벌 10대 팬과 수용자들을 포함하게 된다. 여기에 〈상어가족〉이나 〈뽀로로〉 같은 애니메이션 프로그램들로 인해 10대 미만의 어린이 수용자까지 포함되는 등, 전 세계 전 연령대의 팬들과 수용자를 확보할 수 있었다. 물론 전 세계적으로 한류 팬이나 수용자들이 얼마나 되는지를 정확히 파악하기는 어렵다. 다만 한국국제교류재단(2021)이 발간한 「2020 지구촌 한류 현황」이라는 보고서에 따르면, 2020년 9월 기준 전 세계 한류 동호회 수는 1835개, 한류 팬 수는 1억 470만 명 정도인 것으로 나와 있다. 이 같은 자료는 동호회에 등록되어 있는 팬들을 중심으로 파악한 것인 만큼 실제로 한류 수용자들은 더욱 많을 것으로 보인다.

이런 점에서, 전형화(2017)는 공급보다 수요의 중요성을 강조하기도 했다. 즉, 정부의 문화정책 문제는 "이런 정책들이 공급자 중심의 정책이란 점이다. 대형 공연, 행사 유치, 정부 주도의 사업 등등은 한류를 정책적으로 공급한다는 철학을 바탕으로 한다. 이는 한류에 대한 잘못된 접근이다. 한류는 수요에서 비롯되었다"라고 지적했다. 전형화(2017)는 계속해서, "한류란 한국 연예인들을 중심으로 한 연예 콘텐츠를 뜻한다. 한국 연예인이 출연한 드라마, 영화, 한국 가수가 부르는 노래, 춤 등에 각국의 수요자들이 적극적으로 반응해 생긴 결과물이다. 의도적으로 공급해서 형성된 문화 현상이 아니다. 한류 콘텐츠가 각 산업과 연계되어 좋은 결과를 내고 있는 건, 우연의 산물이지 계획의 성과가 아니다"라고 주장했다. 한류 발전이 전적으로 수요에 근거한다는 지적은 아니더라도 수용자 중심으로 발전되었다는 주장은 최근 들어 더욱 강조되고 있다. 그만큼 한류 수용자 수가 급증하고 있기 때문이다.

한류 발전에 있어, 수용자의 역할을 강조하게 되는 근거 중 하나는 수용자들의 변화하는 대중문화 소비 행태가 한류 생산과 유통에도 큰 영향을 미치기 때문이다. 글로벌 수용자들, 특히 밀레니얼 세대와 Z세대는 가족과 함께 거실에서 텔레비전 프로그램을 시청하는 대신 노트북 컴퓨터나 스마트폰 등 개인 디지털 기기를 통해 대중문화를 시청하는 것으로 잘 알려져 있다. 소셜 미디어와 OTT 플랫폼들이 글로벌 청소년들이 대중문화를 소비하는 도구이다. 한류는 바로 이들 글로벌 청소년 수용자의 요구에 부응해 디지털 기술과 대중문화의 컨버전스를 달성함으로써 글로벌 수용자에게 다가가고 있는 것이다. 한류 생산자들은 소셜 미디어에 최적화된 수용자들의 기호에 맞는 문화 콘텐츠를 생산하고, 소셜 미디어와 OTT 플랫폼을 통한 유통 전략을 수립하도록 요구 받고 있다. 수용자 중심의 한류 성장이 일어나고 있음을 보여 주는 주요 사례라고 할 수 있다.

물론, 한류 발전이 글로벌 수용자에 의해서만 주도되었다고 하는 것은, 다소 과한 주장이다. 팬의 역할을 넘어 글로벌 수용자의 중요성을 강조하는 것은 한류의 발전과 성장이 문화정책과 같은 한 가지 특정한 요소에 의해 주도되거나 좌우되지 않기 때문이라는 것을 강조한다는 점에서 유용하다. 그런데 한류 발전과 성장을 수용자의 역할에 강조점을 두면 한류 생산자의 역할을 등한시하는 결과를 낳게 된다. 다시 말해, 영화감독, 방송 PD, 음악 작곡가들은 물론, K-pop을 노래하고, 드라마와 영화를 만들어 가는 데 핵심인 배우와 탤런트들의 역할을 무시하거나 과소평가하게 된다는 문제점을 노출한다는 것이다. 정부의 정책 역시 전혀 없는 것으로 치부하는 결과를 초래한다.

한류는 한국에서 발생한 독특한 초국가적 문화 현상으로 생산과 유통, 소비가 한 과정으로 어우러져 있다. 따라서 이들 세 가지 요소를 종합적으로 살펴볼 수 있어야 하며, 보다 포괄적인 논의 전개의 중요성이 등장하게 된다. 이런 논의 속에서 어느 부분이 보다 주요 역할을 수행했는지 이해할 수 있게 된다. 한류 초창기에는 한류 발전의 토대가 된 인프라를 만들어야 했기 때문에 정부의 정책이 좀 더 강조될 수도 있다. 손승혜(2009)가 1990년대 말부터 2000년대 말까지 드라마와 영상 산업을 중심으로 한 국내 한류 관련 연구논문 250편을 분석한 결과 관광, 경영·경제 분야 등을 중심으로 경제성 측면, 단기적 활용 방안 중심으로 진행된 것이 많았다. 또 한류 수입 국가의 사회적·문화적 맥락이나 한국과의 문화적 관계에 초점을 맞추기보다는 국내 요인에 대한 관심을 기반으로 한 문화정책적·산업적 제언을 중심으로 단행되었다고 지적했다. 즉, 한류 연구에 있어서도 문화정책적·산업적 요인에 집중되었다는 것을 알 수 있다(김수아, 2013 재인용). 2000년대에는 한국 문화 콘텐츠의 수준을 크게 향상시키기 시작한 문화 생산자들의 역할을 존중해야 하며, 2010년대 이후부터는 한류의 전 세계적 확산에 있어 글로벌 수용자의 역할이 더 강조될 수 있을 것으로 판단한다. 한류는 결국 문화 생산자, 소셜 미디어와 OTT 플랫폼을 통해 문화 소비행태를 바꾸고 문화 생산에까지도 영향을 미치는 문화 소비자, 그리고 정부 정책이 모두 한데 어우러져서 만들어 낸 독특한 초국가적 문화 현상이라는 점을 인지해야 한다.

결론

한류의 발전에 있어 한국 정부의 역할이 주도적이었다는 신화는, 특히 외국 미디어와 외국 학자들에 의해 크게 영향을 받았다. 외국 미디어와 학자들은 한류가 20여 년이 조금 넘는 기간 급성장한 배경을 두고, 한국 정부가 정부 주도로 경제성장을 달성했듯이, 정부 주도로 문화산업을 발전시켰다고 확신하고 있다. 또 정부의 마케팅 정책에 의해 한류 콘텐츠가 전 세계적으로 확산되고 있다고 믿고 있다.

한류는 그러나 정부의 역할에 의해서만 주도되지 않았다. 정부의 역할을 무시하거나 애써서 배제하려는 것이 아니다. 한국 정부는 김영삼 정부 이후 문화산업을 한국 경제의 주요 축으로 보고 발전시켜 왔다. 당연히 한국 정부의 역할이 있었다. 주요 핵심은 정부가 어느 정도의 역할을 수행했는가이며, 특히 외국과의 비교를 통해, 그리고 국내 민간부분의 역할과의 상호 관계 속에서 이를 논의해야 한다는 점이다. 정부의 역할만을 별도로 놓고 보면 당연히 정부의 역할이 주도적일 수밖에 없으나, 과연 정부의 문화정책이 다른 국가보다 독특했는가라는 측면을 살펴보아야 하기 때문이다. 정부의 문화정책의 단면적인 비교가 어렵기 때문에 예산이라는 확실한 비교 대상을 가지고 분석해 보면 정부의 역할이 OECD 국가들과 비교해서 그리 크지 않다는 것을 알 수 있다.

그리고 김수아(2013: 51~52)가 지적했듯이 한류와 관련해서 주목할 만한 움직임은 2006년에 있었는데, 〈겨울연가〉가 큰 성공을 거둔 이후 정부가 한류를 관광산업이나 각종 산업적 효과와 연계시키고자 노력했다는 것이고, 이런 노력들이 한편으로는 한류에 대한 정부의 역할을 강조하는 사례들이 되었다. 예를 들어, 2006년 문화체육관광부의 정책 목표는 '2010년 세계 문화산업 강국 실현을 위한 핵심역량 강화의 해'로 '한류 확산 및 해외 마케팅 강화'를 세부 항목의 하나로 제시했으며, 여기서 한류가 주요 정책의제의 핵심 키워드가 되었다는 것이다. 한류 자체가 경제발전을 위한 상업화에서 관광을 시작으로 K-의료, K-뷰티, K-음식 등으로 발전해 나가는 단초가 되었다. 한류가 지나치게 확산되면서 한류 본연의 핵심인 대중문화와 디지털 기술이 아닌 연관 산업이 한류와 밀접하게 연계된 시점이기도 하다. 이러한 움직임이 한류에 있어 정부 지원을 강조하는 사례로 여겨지게 되었다.

다시 한 번 강조하지만, 한류는 상대적으로 민간 부분의 역할과 글로벌 한류 수용자들의 역할이 컸다는 점을 인정해야 한다. 민간 부분에서는 정부의 대중문화 산업화 구상이 나오기 이전에 이미 대중문화의 생산과 수출 체제와 전략을 마련하고 있었다. 음악, 방송, 그리고 영화 산업 전 분야에 걸쳐 민간 부분에서는 정부의 지원책 등과 관계없이 문화산업을 발전시키고 이를 통한 대중문화의 수출 등 해외 진출을 시도하기 시작했다. 무엇보다 동아시아를 시작으로 전 세계에서 한류 팬들이 형성되었으며, 더 나아가 한류 수용자들의 적극적인 태도와 디지털 미디어의 사용이 어우러져 한류를 전 세계적으로 인기 있는 문화 콘텐츠로 성장시켰다고 볼 수 있다.

제5장

일본 대중문화와 문화정책이
한류에 미친 영향

서론

　국내외 미디어와 학자들은 한국과 일본의 관계에 많은 관심을 가지고 있다. 한국과 일본이 이웃 국가로, 경제발전을 다른 아시아 국가들보다 빠르게 이루어 냈다는 점에서 비교 대상이 되고는 한다. 지정학적 요소 역시 한국과 일본을 비교하게 만드는 주요 요소이기도 하다. 20세기 초 일본이 한국 등 아시아 일부 국가를 식민지화했던 특수관계 때문이다. 한국과 일본이 2002년 월드컵을 공동 개최한 것도 이러한 역사적 관계 속에서 더 많은 관심을 끌었었다. 최근 들어, 한국과 일본은 정치경제 영역에 이어 대중문화 분야에서도 비교적인 측면에서 많은 논의를 불러 모으고 있다.

　한국과 일본의 관계, 특히 대중문화 영역에서 드러나는 관계는 대부분 한국이 일본의 영향을 크게 받았다는 것이다. 한국의 문화산업계가 일본의 대중문화를 직간접적으로 받아들이면서 국내 대중문화를 발전시켰다는 주장이다. 일본의 대중문화 발전 과정을 베꼈다고도 표현되는데, 주로 세 가지 차원에서 논의되고 있다. 첫 번째는 한국 대중문화가 일본의 대중문화를 모방해서 발전했다는 것이다. 두 번째는 한국 정부가 일본의 문화정책을 배워서 한류 발전을 도모했다는 논의이다. 마지막은 한국이 일본의 소프트파워 정책과 마케팅을 벤치마킹했다는 지적이다. 이러한 주장은, 결국 한국이 아시아 지역의 대중문화 부분에서 가장 앞섰던 일본으로부터 공식적으로, 그리고 비공식적으로 배워서 한국의 대중문화를 발전시켰다는 것이다. 국제무대에서도 일본으로부터 배운 적절한 마케팅 전략을 통해 한류 성장을 이끌어 냈다는 주장이다.

이 장은, 따라서 한국이 일본 대중문화의 영향을 받았다는 주장에 대해 네 가지 측면에서 논의하고자 한다. 첫 번째, 한국의 대중문화에 대한 일본의 영향력은 어떻게 형성되었는지를 설명한다. 특히 공식적인 경로뿐만이 아니라 비공식적인 경로를 포함하는 포괄적인 논의를 전개하고자 한다. 두 번째, 한국 정부가 일본의 문화정책을 모방했는가를 논의한다. 세 번째, 한국 정부가 일본의 소프트파워 정책을 모방하고 이에 따른 특별한 마케팅 정책을 구사한 것이 한류 발전의 원동력인가를 설명한다. 마지막으로 한국의 대중문화가 일본에 미친 영향은 없는가, 만약 있다면 어떤 방식과 과정을 통해 이루어졌는가에 대한 담론을 정리한다. 한류의 발전과 더불어 한국 대중문화가 일본에 미치는 영향을 논의함으로써, 한일 간 문화 교류의 현주소를 짚어 보는 계기로 삼고자 한다. 일련의 논의를 통해, 대중문화와 디지털 기술·문화 영역에서 한국과 일본의 관계가 잘 파악될 것으로 전망된다. 역사적·지역정치적 요인에 근거한 담론을 전개함으로써, 보다 객관적인 해석과 인식의 틀을 제공하는 데 그 목적이 있다.

한국 대중문화에 있어 일본 대중문화의 영향력

한국 문화산업에서 일본의 영향은 여러 곳에서 발견된다. 무엇보다, 방송과 음악 부분에서 일본의 흔적이 곳곳에 남아 있다는 것을 부정하기 어렵다. 한국과 일본이 공식적으로 문화외교 관계를 시작하기 전, 한국은 비공식적인 채널을 통해 일본의 방송 프로그램을 받아들였다. 전통적으로 가부장적인 가족제도를 강조하고, 한국인 특유의 정서인 '한'과 '정'을 주제로 한 한국 드라마가 도시를 배경으로 한 젊은 남녀의 사랑을 그려 내는 일본의 트렌디 드라마를 모방하고, 한국 음악산업이 일본의 아이돌 시스템을 도입하고 이를 한국적 스타일로 발전시킨 사례에서 볼 수 있듯이 일본의 영향력은 적지 않다. 한국 연예 기획사들이 일본의 아이돌 생산 시스템에서 배워, 노래 실력뿐만 아니라 댄스를 잘 할 수 있는 종합 엔터테이너로서의 능력을 갖추고 있는 방송용 아이돌 가수를 발굴한 것은 잘 기록되어 있다(Lee, J., 2009: 491~492). 대중문화 산업 시스템도 일본 제도를 본 따 만든 것이 많다는 주장이 나오는 이유이다. 즉, 대형 연예 기획사들이 한류 문화발전의 한 핵심을 이루고 있는데, 이 "대형 기획사들이 일본의 기획사인 쟈니즈의 경영, 기획, 인재발굴 방식 등을 모방했다"는 것이다(최석영, 2012: 106). 한국이 일본의 대중문화 형태를 모방한 것에 대해서는 한편으로는 필요 불가결한 측면을 이해하면서도, 다른 한편에서는 이에 대한 비판들이 제기되었다. 김승수(2012: 112)는 이와 관련해 "한류가 일본에 밀착하고 의존할수록 한국 문화산업은 독자성·정체성을 잃는 혹독한 대가를 치러야 할 것"이라고 주장하기도 했다.

한국이 일본 대중문화를 모방해서 한류 발전을 이루어 냈다는 주장은, 한국이 이웃 국가인 일본을 여러 차원에서 벤치마킹했다는 선상에서 찾아볼 수 있다. 아시아에서는 일본이 가장 먼저 근대화를 달성했으며, 한국이 이웃 국가로서 그다음으로 근대화를 달성했다는 점 때문이기도 한데, 국내외 많은 학술논문과 미디어 보도가 이러한 전제를 통해, 한국 문화산업도 일본의 대중문화와 체제를 모방했다고 주장한다. 그리고 이러한 주장들이 별 다른 비판 없이 받아들여지고 있다.

예를 들어, 미국 ≪월스트리트저널(The Wall Street Journal)≫(Ramstad, 2009)은, 한국은 한국전쟁(1950~1953) 이후 이웃 국가인 일본을 따라잡으려 노력했다고 보도한 바 있다. 한국전쟁이 끝나면서 한국은 일본의 경제개발 모델을 모방했으며, 일본의 제철, 자동차, 전자, 조선, 그리고 다른 중장비 산업에 견줄 만한 초대형 회사들을 만들었다는 것이다. 한국 경제에 대한 일본의 영향을 강조하는 외국 미디어들은 한국이 문화 부분에서도 당연히 일본의 대중문화, 문화정책, 그리고 무엇보다 소프트파워 정책을 모방했으며, 이러한 과정에서 대중문화를 발전시킬 수 있었다고 판단하고 있다. 그 결과 한국이 국제 문화시장에서 새로운 파워하우스로 성장할 수 있었다는 것이다. 일본이 1980년대와 1990년대 아시아 문화 시장에서 슈퍼 파워였던 만큼, 한국이 당연히 일본을 모방했을 것으로 으레 짐작하고 있다.

보다 구체적으로, 1990년대 후반까지 일본으로부터의 문화 영향력은 비공식적인 통로를 통해 이루어졌다. 한국 방송이나 영화 산업계가 일본 드라마나 영화 등을 모방하거나, 이를 토대로 유사한 프로그램을 만들면서 일본의 문화 영향력권에 들어갔다. 1990년대 들어 일본의 문화를 베끼는 형식으로, 즉 비공식적으로 일본 텔레비전 프로그램을 한국으로 들여오면서 일본 방송문화의 영향을 받게 되었다. 물론 그 이전에도 일본의 방송을 표절하는 경우가 적지 않았다. 한국 방송사들은 1990년대까지도 매우 제한된 예산을 편성하고 있었으며, 일본 방송 콘텐츠를 모방하는 경우가 많았다. 다만 1990년대 들어 민영방송이 확대되고 케이블 방송이 진입하면서, 방송 프로그램 중에서는 드라마와 오락 프로그램들이 일본 문화를 비공식적으로 비합법적으로 모방하게 된다(Lee, D. H., 2004).

보다 구체적으로는 1991년에 서울방송(SBS), 즉 민영방송이 등장한 데다

1990년대 후반부터는 수십 개의 케이블 채널이 한꺼번에 등장하면서 방송사들 간 시청률을 둘러싼 치열한 대결이 벌어졌고, 프로그램에 대한 평가 기준이 '좋은가, 나쁜가'에서 '재미있는가, 재미없는가'로 바뀐 결과 이미 '재미있다'고 평가 받은 일본 방송 프로그램 베끼기가 증가했다(김일곤, 2000). 이창현(2003)은 "방송의 모방과 표절은 한국 방송의 고질이었다. 1970년대에는 PD들이 부산에 가서 일본 TV를 보고 프로그램을 모방했고, 1980년대에는 직접 일본으로 출장 가서 베낄 프로그램을 봤다. 1990년대 후반부터 한일 간 문화 교류가 활발해지면서 전면적인 모방은 어려워졌으나 은밀한 모방은 계속되고 있다"라고 지적했다.

위에서 지적한대로, 일본의 식민지배 영향 때문에 일본의 문화가 한국으로 들어오는 것은 1990년대 말까지 공식적으로는 가능하지 않았다. 그럼에도 불구하고 1990년대 초에 한국이 일본의 문화 진입을 두려워하고 있다는 사실과 크게 다른 학술적 논의마저 있었다. 아파두라이(Appadurai, 1991)는 글로벌라이제이션을 논의하면서, 문화의 흐름이 미국 일방향으로 흐르던 시기는 지나갔다며, 많은 나라들이 미국 문화가 아닌 인접 국가의 문화 침입을 더욱 두려워하고 있다고 강조했다. 그러면서 한국은 미국 문화가 아니라 일본 문화의 침투를 더 무서워하고 있다고 지적한 바 있다. 미국 중심의 문화 흐름이 아니라 여러 나라들이 최소한 지역 내 문화강국으로 등장하면서 미국 문화 제국주의가 더 이상 가능하지 않다는 설명을 하면서다. 그러나 한국은 공식적으로 일본 문화를 들여오지 않고 있었기 때문에 일본 문화에 대해 크게 두려워하지 않았다. 비공식적인 영향력도 있었으나, 일본 문화의 영향력 때문에 한국 대중문화의 위기를 논의할 정도는 아니었기 때문이다. 한국이 일본문화 수입을 금지시킨 것은 지정학적인 요소 때문이라는 것을 직시해야 한다. 일본의 문화 진입이 가능한 것은 1998년 김대중 대통령 취임 이후였다.

즉, 방송계가 일본 문화로부터 영향을 받은 것은 1970년대부터였으나,

이로 인해 일본문화 유입을 금지시킨 것이 아니기 때문에 아파두라이의 주장은 설득력이 떨어진다. 또, 아파두라이의 주장이 나왔던 1990년대 상황은 동아시아의 특수한 문화 지정학적 요인을 잘못 판단해서 나온 것이라고 할 수 있다. 아파두라이는 "문화적 경계를 넘어서는 정경에 관해서는 유용한 이론적 토대를 제공하지만, 한국과 일본이라는 특수한 관계성까지 충분히 설명해 내지는 못한다"(윤태진·이효민, 2021: 122)라고 말했다.

한편, 일본 문화의 개방이 이루어진 21세기 초반 이후에도, 물론 일본 방송계를 비공식적으로 배워 응용하려는 움직임은 일부 지속되었다. 이창현(2003)이 강조한 대로, KBS와 SBS가 2003년 가을 개편에 선보인 프로그램 중에서 일본 TV의 프로그램을 모방했다는 지적을 받은 프로그램들이 있었다. 일본 후지TV가 같은 해 KBS2 〈스펀지〉와 SBS 〈TV 장학회〉가 자사의 〈트리비아의 샘〉을 베꼈다며 이들 방송사에 해명을 요구하는 서면 질의서를 보낸 것이 이를 증명한다. 2009년에 크게 인기를 얻은 드라마 〈꽃보다 남자〉의 경우 일본만화 원작에 기인해서 만들어졌다. 실제로 일본 만화와 애니메는 한국에서도 인기를 얻었으며, 대중문화 영역에서 일본의 영향력을 제외한다는 것은 상상하기 어렵다는 주장마저 나오기도 했다(Chung, 2009).

문화산업계가 일본으로부터 받은 영향력은 음악 산업에서도 잘 나타난다. 무엇보다 일본에서 발전된 아이돌 시스템을 도입한 것이 이를 잘 설명하고 있다(Lee, J. Y., 2009; Jung, S., 2011; Chen, 2015).

이런 과정에서, 일본 문화의 영향력을 과다하게 강조한 연구와 보도가 많았던 것 역시 사실이다. 노정태(2021) 경제사회연구원 전문위원은 이와 관련해 "한때 한국 청소년들이 소니 워크맨을 통해 J-pop을 듣고 자랐다. 지금은 전 세계인이 [일본 청소년들 포함] 삼성전자 스마트폰으로 K-pop을 듣고 있다"라고 강조했다. 물론 이 말은 한국이 대중문화와 디지털 기술 등 여러 분야에서 크게 성장해 일본에도 많은 영향을 미칠 정도라는 것을 알려준다. 다만 국내 청소년들이 워크맨을 통해 J-pop을 듣고 자랐다는 것은 크게 보면 잘못된 표현이다. 공식적으로 J-pop은 1990년대 말까지 국내에서 금지되어 있었으며, 2000년대 초반에는 MP3 플레이어가 나와서 워크맨 인기가 크게 감소했기 때문이다. 20세기 말에 한국의 일부 청소년들이 워크맨을 통해 불법적으로 도입된 J-pop을 듣기는 했으나, 이러한 사실을 지나치게 일반화하면서 일본 문화의 영향력이 컸다는 지적을 하고 있는데, 이는 잘못된 사실을 고착화하고 있는 것이다.

다시 한 번 강조하지만, 일본으로부터의 영향력은 실제로 1990년대까지는 대부분 비공식적이며 비합법적이었다(Hernandez and Hira, 2015). 일본으로부터의 대중문화를 금지했던 시기에는 비공식적·비합법적 방식이 유일한 문화교류 방식이었다. 비서구의 문화발전 단계에서 자국보다 질적으로 우수한 국가의 문화를 비공식적인 루트를 통해 들여와 자국 문화를 발전시키는 것은 많이 알려진 방식이다. 일본이 미국의 문화를 비공식적인 루트로 들여와 자국 문화발전에 이용하고, 중국이 한국의 문화를 모방해 자국 문화발전을 도모하는 등 비공식적인 영향력은 항상 있어 왔다. 한국이 일본 음악의 영향을 많이 받았다고는 하지만, 일본음악 자체가 미국 대중음악의 영향을 통해 발전되었다는 측면에서, 일본 역시 미국 등 서구 대중문화의 영향을 많이 받았다. 물론, 비공식적이라고 해서 영향력이 적다는 것은 아니다. 비공식적인 만큼 오히려 대놓고 베끼기가 가능할 수도 있어서 영향력 자체만 보면 더 클 수 있다. 다만, 일본의 영향력이 전부인 것처럼 주장하는 것은 사실과 다르다. 예를 들어, 한국 음악에는 일본의 영향과 함께, 미국의 영향력이 적지 않았다. 한국전쟁 이후 미국 주둔지역을 중심으로 미국 대중음악이 한국에 확대되기 시작했으며, 한국 대중음악에는 미국 대중음악의 영향력이 곳곳에서 발견되고 있다. 국내 대중음악에서 가장 큰 인기를 얻고 있는 힙합과 재즈, 그리고 R&B 등 많은 대중음악 장르가 미국 대중음악에 뿌리를 두고 있다. 한국 대중음악은 미국과 일본 대중음악의 영향을 함께 받았다고 할 수 있다. 미국 레코드 회사인 모타운의 영향력 역시 존재했다는 주장이다(이규탁, 2014, 2020).

따라서 한국 대중문화가 일본의 영향력을 받아서 한류를 발전시켰다는 것은 정확한 해석이 아니다. 한국 문화가 일본 문화를 모방해 성장했다는 주장은 재해석을 요구하고 있다. 한국이 일본 대중문화의 영향을 받은 것과 과연 이러한 영향이 한류 발전에 직접적인 영향을 주었는가는 다른 차원의 문제이기 때문이다. 한국과 일본이 강조하는 드라마 장르가 다르고, 제작 방식이나 전파 방식이 다르다는 점을 강조해야 한다. 대중음악 분야에서 한국의 아이돌 시스템은 훈련이나 생산, 그리고 보급에서 일본의 시스템과는 매우 다른 새로운 형태로 발전되어 오히려 일본 엔터테인먼트 산업계에 영향을 주었다는 것에 주목해야 한다. 무엇보다, 한국 정부가 일본 정부의 문화정책과 소프트파워 정책을 직간접으로 모방했다는 주장은 더 많은 논의가 필요하다.

한국 정부는 일본 문화정책을 모방했나

1990년대 또는 2000년대 초반까지도 일본 대중문화의 간접적 영향을 많이 받던 한국 문화산업계는 21세기 초반부터 일본에 본격적으로 대중문화 진출을 실현했다. 많은 일본인들이 2000년대 초반 〈겨울연가〉를 시청하면서 한국 드라마를 즐기기 시작했다. 이보다 몇 년 앞서 가수 BoA가 일본 대중음악계에서 큰 인기를 끌기 시작했다는 점에서, K-pop과 방송 드라마가 일본에서의 한류 성장에 많은 영향을 끼쳤다. 최근에는 웹툰이 크게 인기를 끌고 있다. 한때 한류 드라마가 정체 현상을 보이던 일본의 경우, 2020년대 들어 여러 드라마가 다시 인기를 끌고 있다. 〈사랑의 불시착〉이 일본에서 인기를 끌었을 때 일본의 유력지인 ≪아사히신문≫(2020)은 한국 드라마, 즉 〈사랑의 불시착〉과 〈이태원 클래스〉 등이 일본에서 다시금 한국 드라마 인기몰이를 하고 있다고 지적한 바 있다.

≪아사히신문≫은 그러나, 한국 영화나 드라마가 일본뿐만 아니라 다른 나라에서도 인기를 끌고 있는 것은 한국 정부의 마케팅 캠페인 때문에 가능했다고 보도했다. 또, 이미 앞에서 ≪월스트리트저널≫의 사례를 들어 설명했듯이, 여러 미디어들은 한국 정부가 일본의 문화정책을 모방해서 한국 대중문화의 발전을 도모했다고 믿고 있다. 즉, 한국 정부가 일본에서 배운 문화정책을 통해서, 그리고 독특한 마케팅 전략을 통해서 한류의 글로벌 성장을 이끌어 왔다고 지적하고 있다. 여러 미디어와 많은 미디어 학자들은 한국이 일본의 문화정책을 모방해서 한국 대중문화의 발전과 해외 진출이 가능해졌다고 생각하고 있는 것이다.

문제는 이러한 미디어 리포트와 해석이 사실상 잘못된 것이라는 점이다. 한국과 일본 사이의 역사적·문화적 요인 때문에 한국 정부가 일본 문화정책을 직접적으로 모방할 시간이 사실상 없었기 때문이다. 1980년대와 1990년대 일본이 아시아 문화 시장에서 크게 영향력을 행사한 것은 잘 알려진 사실이다. 일본 방송 드라마, 영화, 애니메, 콘솔 게임 등에서 볼 수 있듯이 일본은 아시아 여러 국가들의 주요한 대중문화 수입처였다. 그러나 한국만큼은 공식적으로 이러한 일본의 영향력권에 있지 않았다. 19세기 후반과 20세기 초반, 일본의 식민지 경험 때문에 한국은 일본 대중문화의 수입을 공식적으로 금지하고 있었기 때문이다. 다시 한 번 강조하지만, 한국이 일본의 대중문화 진입을 허용한 것은 김대중 정부(1998~2003) 이후였다(문화관광부, 2009). 한국 정부는 김대중 대통령 취임 후, 일본의 한국 식민지화 이후 처음으로 일본으로부터의 대중문화 수입을 서서히 해제하기 시작했다(Ro, 2020).

한류는 주로 1990년대 중반부터 시작되어 1990년대 후반 들어 본격화되기 시작되었다고 할 때, 한국 정부가 일본의 문화정책을 모방해 국내 문화산업을 성장시킬 계기는 사실상 없었으며, 가능하지 않았다. 일본의 대중문화를 일부 모방해 프로그램을 만든 것과 한국 정부가 일본의 문화정책을 배워서 문화산업계를 발전시킨 것은 전혀 차원이 다른 문제인데, 일부 학자들과 외국 미디어들이 이 둘을 연속선상에 놓고 평가하기 때문에 이러한 잘못된 사실이 진실인 것처럼 인식되고 있는 것이다.

일본 정부는 문화산업 분야에서 매우 특이한 정책을 유지해 왔다. 일본은 "제2차 세계대전 이전의 국가의 개입에 대한 폐해로 문화산업에 대한 정책은 '자유방임주의 전략(laissez-faire)'", 즉 비개입을 원칙으로 했다. 전후 일본은 그러나 "1990년대 이후 탈냉전 등 세계 질서의 변화와 인터넷의 보급과 함께 찾아온 정보화 사회의 도래로 지식정보 산업과 문화 콘텐츠 등에 관심을 가지게 되었고, 정부가 적극적으로 문화정책을 추진하게 된다"라고 주장했다(강성우, 2017: 263). 실제로, 1988년 다케시다 노보루(竹下登) 수상이 일본 정부 역사상 처음으로 텔레비전 프로그램을 수출하기 위해 위원회를 설치했으며, 이후부터 일본 정부의 지원책이 등장하게 된다(Otmazgin, 2012; Iwabuchi, 2015). 역대 일본정부는 그러나 대부분 대중문화의 해외 수출을 강조하지 않았다. 일본 정부는 특히 드라마 등의 해외 수출에서 직접적인 촉진 정책 등을 추진하지 않았다. 일본의 식민지화를 경험한 한국, 중국, 대만 등 일부 아시아 국가들로부터 반일본 감정을 불러일으킬 우려가 있는 데다, 일본 문화가 정부 주도로 해외로 수출될 경우 문화 제국주의에 대한 반대를 불러올 수 있기 때문이다(Otmazgin, 2003). 일본 정부가 문화정책을 추진하지 않았다는 것이 아니다. 명시적이고 공개적인 문화수출 정책이 일본에 대한 반감을 가져올 것을 우려해 소극적인 지원책을 전개했다고 볼 수 있다.

보다 구체적으로, 일본에서는 정부가 아닌 공영방송인 NHK가 일본 방송 프로그램의 해외 진출을 주도해 왔다. 주로 NHK 월드를 통해 해외에 살고 있는 일본 교포나 외국인들에게 일본 문화 등을 소개해 왔다. NHK 월드는 그러나 방송 프로그램을 해외에서 판매하지 않았다. NHK는 공영방송으로 국민들로부터 방송 수신료를 받아 운영하고 있는 만큼, NHK가 관심을 가져야 할 대상은 일본 내 국민들이었기 때문이다. 따라서 TV 아사히, 후지TV, 그리고 TBS 등 민영방송이 방송 프로그램의 해외 수출을 주도했으나 그나마도 그 규모가 크지는 않았다(Hanada, 2003; Asai, 2005). 좀 더 의미 있는 수출 전략으로는 1994년에 광고회사인 덴츠(Dentsu)가 일본의 문화 콘텐츠를 수출하기 위한 위원회 설립을 주도하고, 그 리포트를 통상산업성(Ministry of International Trade and Industry)에 제출했다(Iwabuchi, 2002). 일본 정부와 민간 기업이 연계한 사례인데, 정부 예산으로 덴츠 등 몇 개 광고회사를 통해 일본 대중문화의 해외 수출을 도모한 정책은 일부를 제외하고는 실패로 끝났다(Smith, 2019). 1997년에는 일본 엔터테인먼트 TV(JET)가 TBS, Jupiter Telecom과 함께 벤처 기업을 만들어 일본 프로그램의 해외 수출을 주도하기 시작했다(Noble, 2000). 이러한 과정에서 잘 증명되었듯이, 일본 정부는 일본 문화산업이나 문화 콘텐츠의 해외 수출을 위한 특별한 문화정책을 주도하거나 발전시키지 않았다.

물론, 일본 정부는 새로운 형태의 문화정책을 수행할 필요성을 절실히 느끼고 있었고, 1990년대 후반 들어서야 본격적으로 일본 문화산업을 지원하는 정책을 발전시켜 나갔다(Jin, 2003). 일본 정부가 보다 적극적으로 문화정책과 소프트파워를 강조하는 공공 외교정책을 전개하기 시작한 시점이다. 아시아에서의 지역정치에 효과적으로 반응할 필요성과, 문화가 가져오는 경제 효과를 무시하기 어려웠기 때문이다(Otmagzin, 2012). 또한 일본의 제국주의 경험 때문에 반일본 정서가 만연한 가운데, 이러한 분위기를 해소하면서 일본에 대한 외국인들의 이미지를 긍정적인 쪽으로 바꾸어 나가기 위한 전략적 필요성도 있었다(Iwabuchi, 2015). 1990년대 초반까지도 내수 시장을 주 타깃으로 하던 일본 정부가 21세기 들어 수출의 중요성과 국가의 이미지 고양을 통해 글로벌 시장에서 일본 문화의 우수성을 알리려는 소프트파워 정책을 도입하기 시작했다. 이런 점에 비추어 볼 때 일본 정부의 문화정책, 즉 대중문화의 수출을 지원하는 정책이 한국보다 앞서 시작되었으며, 이에 따라 한국 정부가 일본 정부의 문화정책을 모방했다는 논의는 사실과 크게 다른 것이다.

일본의 소프트파워 정책은 한국보다 앞서 시작되었나

한국이 일본의 문화정책을 모방했다는 주장 중 하나는 한국 정부가 일본의 소프트파워 정책을 벤치마킹했다는 것이다. 소프트파워 개념은 주로 21세기 초반에 등장했으며, 일본은 국가 이미지 고양을 위해 유사한 개념을 실행하고 있었다(Iwabuchi, 2015). 일본의 소프트파워 정책이 본격적으로 시작된 것은 일본에서 '쿨 재팬'이라고 불리는 일본 문화의 해외 진출 드라이브의 일환으로 시작되었다. 쿨 재팬은 일본 정부의 국가 브랜드를 강조하며 일본의 국가적 동질성을 강조하기 위한 소프트파워 정책의 일부로 주로 2000년대 초반에 시작되었으며, 2010년대 들어 본격적으로 전개되었다(Tamaki, 2019: 108). 쿨 재팬이라는 말의 기원은 언론인인 더글라스 맥그레이(McGray, 2002)가 2002년에 일본의 '총체적 국가적 쿨(Gross National Cool)'을 지칭하기 위해 외교 전문잡지 ≪포린 폴리시(Foreign Policy)≫에 게재한 기사에서 찾을 수 있다. 당시 맥그레이는 1990년대 '포켓몬'과 '헬로키티'가 수십 개국에 수출된 사례를 가지고 일본의 '국민 총 매력지수 증가'를 언급했으며, 이를 통해 일본의 소프트 그리고 문화적 파워가 무한한 잠재력을 가지고 있다는 것을 지적했다.

일본 대중문화 콘텐츠의 잠재력을 높이 평가한 맥그레이의 기사는 일본 정부의 관심을 끌기에 충분했다. 당시 고이즈미 준이치로(小泉純一郎) 정권이 자국 콘텐츠의 해외 수출 및 브랜드 파워의 구축에 관심을 기울이기 시작했기 때문이다(장지영, 2018). 만화, 애니메, 게임 등으로 대표되는 일본 대중문화 콘텐츠에 열광하는 마니아들은 이미 세계 곳곳에 있었다. 일본 정부는 문화상품이 소프트파워를 가지고 있다는 것을 깨닫고 일본 국제 콘텐츠 축제(CoFesta)를 2007년 이후에 개최하기 시작했다(Tourism Agency, 2010: 88).• 일본경제통산부가 2005년에 만든 백서는 "일본의 대중문화가 없다면 반일본 정서는 한국에서 더욱 강해질 것"이라고 기록하고 있다. 이러한 가정은 물론 일본의 문화를 좋아하는 한국의 청소년들이 일본의 식민 지배에 대한 역사를 편안하게 받아들일 것이라는 전제가 깔려 있다. 즉, 일본 대중문화를 아시아 시장에서 확대하는 것은 자동적으로 일본의 공공 외교정책을 현실화한다는 것이다"(Iwabuchi, 2015: 426). 이와부치는 그러나 "현실은 상상 이상으로 복잡하다"라고 강조했다. "한국과 중국에서 일본의 미디어 문화를 소비하는 것에 만족하는 많은 사람들이 역사적 문제는 별도로 비판적으로 간주하기 때문"이라고 주장했다.

쿨 재팬 프로젝트는 특히 2010년 이후 두드러지기 시작했는데, 당시 일본경제산업성(Ministry of Economy, Trade, and Industry: METI, 2011, cited in Tamaki, 2019: 114)이 어떻게 이 개념을 정의할지에 대해 여러 차례 모임을 조직한 이후이다. 일본에서도 소프트파워 논의가 있었으나, 주로 정보통신(IT) 분야의 성장을 강조하면서 사용되었다. 한편, 일본외무성 (MOFA, 2011: 214)은 쿨 재팬은 경제성장 전략의 핵심 영역으로 발전되었으며, 쿨 재팬 프로젝트는 콘텐츠 산업, 디자인, 음식 등에 대한 촉진을 통해 일본을 매력적

• 국제 외교에서 대중문화의 중요성을 강조한 대표적인 사례는 미국이 1984년 탈퇴했던 유네스코에 2002년 재가입한 것이다. 미국은 유네스코가 제3세계 국가들의 입장만을 대변하는 등 지나치게 정치적이라며 1984년에 탈퇴한 바 있다. 미국은 그러나 유네스코 문화 다양성 협약 이후 많은 나라들이 대중문화의 중요성을 강조하자 공공 외교정책의 일환으로 유네스코에 재가입했다. 군사력과 같은 하드파워 이외에도 대중문화를 통한 소프트파워의 중요성을 인지했기 때문이다(murphy, 2003; Fraser, 2005).

인 나라로 부각시켜 해외 관광객들을 유치하는 전략이라고 밝혔다(MOFA, 2012: 236, cited in Tamaki, 2019: 115). 일본 정부는 국가가 국민의 세금을 이용해 문화 발전에 나서는 것에 대한 비판에도 불구하고, 쿨 재팬을 강조했다. "일본 하면 사무라이 전사나 오래된 관료주의를 떠올리는 대신 새롭고, 젊고, 보다 참신한 일본을 떠올릴 수 있도록 국가 브랜드를 새로 만들고 싶었기 때문이다"(Yano, 2009: 684).

따라서, 1990년대 중반부터 21세기 초반 한류가 이미 본궤도에 진입할 때까지 한국 정부가 일본 정부의 소프트파워 정책과 전략을 모방했다는 것은 시기적으로 맞지 않는다. 한국 정부가 소프트파워 정책을 본격적으로 활용한 것이 이명박 정부(2008~2013) 이후이기는 하나, 한국은 이전에도 자체의 문화 수출에 기인한 국가 브랜드 확대를 위한 소프트파워 정책을 실현하고 있었다. 한류 현상이 보다 확고해지기 시작한 1990년대 후반에 한국은 소프트파워의 중요성을 이미 인지하고 있었다는 것이다. 당시 미디어 보도를 보면 한국은 대중문화의 역할을 강조하는 소프트파워의 중요성에 대해 이미 1990년대 후반에 인지하고 있었다. 미국이 전 세계를 지배할 수 있었던 이유 중 하나로 미국 문화의 세계 장악력을 들 수 있다. 전 세계인들이 미국 MTV와 할리우드 영화를 보며, 미국식 영어가 만국 공용어로 자리 잡고 있었다. 소프트파워의 중요성이 강조되기 시작한 것이다(윤석민, 1998). ≪중앙일보≫(2000) 역시, 소프트파워의 중요성을 이미 강조하고 있는데, 미국이 전 세계적으로 커다란 영향력을 행사하게 된 것은 무엇보다 "미국식 대중문화와 소비문화에 기인한다"라고 지적했다. 일본식 소프트파워의 중요성을 강조한 내용은 어디에도 없으며, 당시 전 세계적으로 최대 문화강국이었던 미국 대중문화의 역할론을 강조하면서 소프트파워의 중요성을 인지하고 실현해 나갔다고 볼 수 있다.

지금까지 논의한 내용을 종합해 보면, 한국 정부가 일본 문화정책을 배우거나, 특히 소프트파워 전략을 모방했다는 것은 잘못된 것임을 분명히 알 수 있다. 다시 한 번 강조하지만, 일본 정부는 한류 초기에 모방할 만한 특별한 문화정책이나 마케팅 전략을 수립하지 못하고 있었다. 한류는 글로벌 문화와 디지털 영역에서 비서구에 근거한 초국가적 문화 허브로 발전되었으며, 그 과정에서 일본의 문화정책에 영향을 받거나 일본의 소프트파워 전략을 모방할 기회조차 없었다. 실제로 일본은 물론 중국도 한국의 한류 성공을 답습하려는 움직임을 보여 왔다. 중국은 한국 미디어와 문화산업에 투자하고 문화 콘텐츠를 합작하여 자국의 문화를 해외에 진출시키려고 하고 있다. 특히 일본은 한국의 한류 성공에 자극 받아 일본 대중문화의 발전과 해외 수출을 증진시키기 위해 쿨 재팬 전략을 육성하고 있다(Kim, S., 2016). 장지영(2018)이 강조하듯이, "일본 정부가 직접 나서서 쿨 재팬 전략을 추진하게 된 것은 한류의 인기가 한국 브랜드 향상에 큰 역할을 하면서 일본이 선점했던 시장들을 잠식한다고 봤기 때문이다. 특히 일본은 한류가 한국 정부의 적극적인 지원에 의해 성장해 왔다는 판단 아래 일본도 정부가 직접 나서기로 했다." 이런 점에서 일본의 영향이 컸다는 주장 이면에는 일본이 한국으로부터 받은 영향력 역시 적지 않다는 것을 알 수 있다. 따라서 문화 콘텐츠 자체뿐만 아니라 문화정책까지를 포함해 한국 대중문화가 일본에 미친 영향력을 살펴보는 것은 매우 중요하다.

한국 대중문화가 일본 대중문화에 끼친 영향력

일본과 한국의 문화 영역에서의 관계는 그 어떤 나라의 경우보다 복잡하고 민감한 상호 교류 속에서 발전되어 왔다. 특히 일본이 근대화를 먼저 달성하고 대중문화 역시 먼저 발전시켰다는 점에서 일본의 영향력이 클 것으로 간주되었다. 그러나 최근 들어서는 한국이 일본 대중문화에 미친 영향력이 점차 커지고 있다. 따라서 일본이 한국의 대중문화 발전에 영향을 준 것과 반대로, 한국이 일본의 대중문화에 미친 영향은 어떠한 것인지 살펴보는 것은 두 국가 간의 문화 외교에 있어 많은 시사점을 던진다.

앞에서 설명한대로 한국이 일본의 드라마와 음악 분야로부터 적지 않은 영향을 받았다는 사실 자체를 부인할 수 없다. 한국은 그러나 일본으로부터 일방적인 영향을 받은 것은 아니다. 특히 21세기 초반 한류가 급성장하면 서 한국은 일본의 음악, 드라마, 웹툰, 그리고 문화정책에 이르기까지 전 분야에 걸쳐서 직간접적인 영향력을 확대하고 있다. 이러한 과정은 과거 한국이 일본 문화를 비공식적으로 표절하거나 모방한 형태가 아니라 공식적이고도 직접적인 것이어서 새로운 차원의 문화교류 형식과 가능성을 보여 주고 있다.

문화 영역에서 가장 두드러진 특징은 J-pop에 대한 K-pop의 영향과 웹툰이다. K-pop은 전 세계적으로 한류를 대표하는 콘텐츠로 성장했다. K-pop의 글로벌 인기 때문에 많은 일본 음악인들은 J-pop은 반드시 K-pop을 배워야 한다고 주장하고 있다. 실제로 일본 엔터테인먼트 회사들은 한국의 안무를 배워 나가고 있다. 안무가 박준희는 일본 최고 인기그룹 중 하나인 AKB48의 안무를 지도하고 있다. 2018년에 출시된 「Teacher Teacher」가 바로 박준희의 안무 지도를 받은 노래로, 해당 그룹이 외국인 안무가에게 지도를 받기는 처음인 것으로 알려졌다(Kwak, 2018; 박수윤, 2018). Billboard Japan(2018)은 이를 두고 "논란의 여지 없이 K-pop으로부터 배운 안무가 해당 그룹의 이전 안무에서는 전혀 볼 수 없었던 춤 형태였다"라고 강조했다. AKB48은 또 Mnet 및 K-pop 산업과 협업에 임하고 있다. 이와 관련해 이규탁(2020: 78)은 "원조이자 주요 참고대상이었던 일본 아이돌 산업계가 자존심을 굽혀 가면서까지 K-pop과 협업해 얻어 내야 할 것이 생겼다는 뜻"이라고 지적했다. 일본 아이돌의 인기가 한국의 아이돌 그룹에 비해 국제 무대에서 크게 뒤지고 있는 것이 한 원인이기 때문이다.

일본의 여러 엔터테인먼트 회사들은 K-pop 안무를 동경하고 있는데, 그들은 J-pop에서 찾아볼 수 있는 상대적으로 간단하고 쉬운 춤은 더 이상 음악 팬들을 사로잡지 못한다고 보고 있다. 따라서 이들은 소녀시대, 싸이, EXID 등의 안무 같은 포인트 댄스 동작을 배우고 있다(Kwak, 2018). K-pop은 미국과 일본으로부터 많은 영향을 받는 것이 사실이나, 이제는 전 세계적으로 많은 음악 팬들이 즐기는 음악으로 일본 대중음악에 영향을 주고 있다. 동아시아 내에서의 문화 흐름은 일본으로부터 시작되었으나, 이제는 한국이 일본에도 영향을 주는 새로운 파워하우스로서 해당 지역의 문화 흐름이 일방향이 아닌 쌍방향적인 형태를 보이고 있다(Fuhr, 2015). 일본과 한국은 대중문화 영역에서 서로 교류하고 배워 나가면서 자국의 독특한 스타일을 만들어 가고 있는 것이다(Jin, 2020).

K-pop에 이어 일본 문화시장에 큰 영향을 미치는 것은 바로 웹툰이다. 웹툰은 한국에서 1990년대 말 시작된 특유의 만화 형태로, 전통적으로 전 세계 최대 만화시장인 일본에까지 큰 영향을 미치고 있다. 국내 양대 웹툰 플랫폼인 네이버의 라인과 카카오페이지의 픽코마가 일본 현지에서 활동하면서 일본 웹툰시장에서 최강자 역할을 하고 있다. 카카오는 2016년 일본에 픽코마를 설립한 이후 많은 웹툰을 보급해 왔는데, 2020년 5월 기준 누적 2000만 명이 다운로드한 일본 내 대표 스토리 플랫폼으로 성장했다. 〈나 혼자만 레벨업〉, 〈달빛 조각사〉 등이 픽코마의 대표적 웹툰이다(박민재, 2020). 라인 역시 일본 웹툰시장에서 큰 역할을 담당하고 있다. 네이버의 라인 망가는 픽코마보다 앞선 2013년 3월 설립되어 일본 시장에 한국 웹툰을 선보였으며, 철저한 일본 현지화와 작가 발굴 및 육성에 심혈을 기울였다. 종이책을 좋아하고, 따라서 페이지를 넘겨 보는 방식에 익숙한, 일본 만화의 전통 형식 대신 화면을 스크롤다운해서 읽을 수 있는 방식을 채택해 일본 팬들로부터 인기를 얻었다(안소영, 2021). 현재 일본의 전자만화 시장이 급성장세를 보이고 있는바, 한국 웹툰의 역할은 일본 망가 생산자들로 하여금 새로운 돌파구를 모색하도록 요구하고 있다(윤태진·이효민, 2021).

한류는 문화 영역에서 한국과 일본의 관계를 매우 크게 바꾸어 놓았다고 할 수 있다. 한류가 본격적으로 시작되기 전, 한국은 일본의 문화를 비공식적·비합법적으로 받아들였다. 1990년대 중반 이후 한류 시대에는 그러나 거꾸로 한국이 일본에게 미친 영향력이 적지 않았다. 한류는 두 국가가 합작 영화나 드라마 등을 제작하는 계기가 되기도 했으니, 한류가 가지고 온 영향력은 보다 특별했다고 할 수 있다. 한류로 인해 한국과 중국 등 다른 주변국들과도 협력 관계를 유지 발전시키고 있으나, 일본과의 역사적 관계를 감안할 때 보다 극적인 변화라고 할 수 있다. 무엇보다 한류의 발전과 더불어 한일 간 문화교류는 일방적이 아닌 상호 교류적인 방식으로 크게 변화하고 있다.

결론

한국과 일본은 대중문화 영역에서 한편으로는 상호 협력하면서 다른 한편에서는 경쟁하는 관계를 유지해 왔다. 한국과 일본은 지역정치적 요소를 포함해 경제 분야에서도 밀접한 관계를 유지하고 있으며, 무엇보다도 대중문화 분야에서 특수한 관계이다. 이러한 관계 속에서 한류가 급속하게 성장하고, 한류로 대표되는 한국 대중문화의 급속한 성장을 두고 일본의 영향력을 받아 성장했다는 주장이 제기되었다. 또 일본의 문화정책과 소프트파워 정책, 그리고 이들을 둘러싼 마케팅 전략을 배워서 한류 성장을 이끌었다는 주장도 제기되고 있다.

한국이 일본과 공식적인 문화 외교를 맺지 않은 1990년대 말까지, 한국의 문화산업은 비공식적인 경로를 통해 일본 문화를 배워 왔다. 일본이 미국의 문화를 비공식적인 경로를 통해 모방하면서 문화산업의 발전을 도모했듯이, 한국 역시 비슷한 경로로 일본의 대중문화를 배워 갔다. 대중문화의 발전은 처음에는 비공식적인 경로를 통해 진행되며, 이후 공식적인 관계를 통해 이루어지는 일반적인 현상이라고 할 수 있다. 비공식적인, 즉 문화 선진국의 문화를 표절하는 행위 자체는 비난받아야 마땅하다. 다만 여러 국가의 경험으로 볼 때, 비공식적인 문화 선진화 과정이 중요한 형태로 등장하며, 이에 대한 분석은 절대적이라고 할 수 있다. 양국 간 문화교류 이후에는 일본의 대중문화를 보다 공식적·합법적인 관계에서 받아들였다고 할 수 있다. 물론 한국이 일방적으로 일본 대중문화의 영향을 받았다는 주장은 맞지 않다. 한국의 문화가 일본의 대중문화 발전에 미친 영향 또한 무시할 수 없기 때문이다.

대중문화가 문화정책 등을 둘러싼 생태계와 떨어질 수 없는 관계이나, 이러한 사실이 한국 정부가 일본의 문화정책, 특히 소프트파워 정책을 배워서 가능했다는 것 역시 사실과 다르다. 일본은 20세기 초반까지 아시아 몇 개국을 식민지화하거나 침략한 사실 때문에 제2의 제국으로 비추어지는 것을 극도로 경계했다. 문화 영역에서 이 같은 일본 정부의 경계는, 결국 1990년대 초반까지 일본의 문화정책을 국내 내수에 치중하게 만드는 직간접적인 원인이 되었다. 일본 내수시장이 충분해 굳이 반일본 감정을 불러올 수 있는 수출지향 정책을 추진할 이유가 없었기 때문이다.

한국 정부가 일본 정부의 문화정책, 그리고 공공 외교정책을 모방했다는 신화는 사실과 거리가 멀다. 한국이 1990년대 중반부터 한류 발전을 도모하기 시작했을 때 일본은 아직 대중문화 수출을 본격적으로 지원하지 못했다. 공공 외교의 형태로 소프트파워 정책을 강조했으나, 대부분은 2000년대 중반 이후 진행된 것이어서 한국이 배울 시간이 없었다. 오히려 일본이 한류 발전을 보고 한국의 소프트정책을 배워, 일본의 소프트파워 정책을 발전시켰다고 할 수 있다.

결론적으로, 대중문화 영역에서 한국과 일본의 관계는 어느 한쪽이 일방적으로 영향을 미치는 관계라기보다는 상호 간 교류하는 관계라고 보는 것이 옳다. 일부에서는 한국이 일본의 영향을 받고, 또 다른 한편에서는 일본이 한국의 영향을 받았다. 20세기 말에 한국이 일본의 영향을 많이 받았다면, 21세기 초반에는 한국이 일본에 미친 영향력이 적지 않다. 한국과 일본은 갈등 관계에 놓여 있던 적이 많았으나, 문화 영역에서는 협력 관계를 유지하고 서로를 배우는 독특한 관계를 보여 주고 있다.

제6장

K-pop은 한류 4.0을 이끌고 있나

서론

한류 현상이 20년을 훌쩍 넘어서면서, 한국 정부, 문화 유관기관, 미디어, 그리고 여러 학자들은 그동안 한류 발전과 성장에 대한 다양한 해석을 쏟아 냈다. 특히 이들 기관과 학자들은 한류 역사를 해석하려는 다양한 분석을 시도했으며, 이런 필요성 때문에 한류를 여러 시기별로 나누어 해석하고 있다. 한류 시기를 2~4단계로 나누어 한류 1.0, 한류 2.0, 그리고 한류 3.0으로까지 나누어 설명하고 있다. K-pop이 2010년대 이후 대중문화 최일선에서 한류 현상을 이끌고 있다는 점을 감안해, 일부에서는 K-pop 중심으로 한류 발전과 성장 시기를 분류하고 2020년대 초반을 한류 4.0 시대라고까지 나누어 분석하고 있다. 한류는 결국 이러한 관점에서 보면, 앞으로 한류 5.0과 한류 6.0 등으로도 이어질 것으로 전망된다. 실제로 한류 연관산업과의 융합을 더욱 강조한 한류 5.0론도 이미 등장했다(윤양노, 2019).

한류의 시기 구분은 대중문화의 역사를 보다 잘 이해할 수 있다는 점에서 매우 중요하다. 다만 그 필요성에도 불구하고 늘 바람직한 결과로 이어지는 것은 아니다. 또, 일부에서는 한류시기 구분이나 한류라는 표현 자체가 이미 적절치 않다며 포스트-한류 용어의 개발과 시대를 발전시켜야 한다고 주장하고 있기도 하다(장수현, 2015). 한류 대 포스트-한류의 구분이면 적합하다는 주장이다. 물론 이런 주장은 제7장에서 논의한 대로 한류(Korean Wave)에서 'K', 즉 한국적이라는 것을 어떻게 해석하는가, 그리고 혼종화가 어떤 역할을 했는가를 이해하는 데 달린 문제이기도 해서, 이에 대한 논의는 다음 장에서 본격적으로 전개하기로 한다.

이 장은 따라서, 한류의 시기적 분류에 대한 논의를 제공하고자 한다. 지금까지 이루어진 한류시기 구분에 관한 논의는 어떤 것이 있는지, 그리고 이러한 논의들의 근거는 무엇인지를 기록하고 해당 논의가 적절한지 등을 살펴보고자 한다. 과연 기존의 시기 구분이 한류의 변화하는 특징을 잘 반영했는지도 집중적으로 논의한다. 이 장은 이를 바탕으로, 한류의 시기적 분류를 어떻게 단행해야 하는지에 대한 제안과 실제 분류를 제시하고자 한다. 또 하나의 비슷한, 또는 근시안적인 분류를 제공하지 않도록, 해당 분류는 보다 종합적이고 문맥적인 상황을 바탕으로 단행될 것이다.

대중문화의 시기적 분류 필요성

대중문화의 역사를 시기적으로 구분하는 것은 중요하다. 한류의 시기 구분은 한류의 특징과 그 당시의 성격을 반영한다는 점에서 꼭 필요한 것이다. 해당 시기가 어떤 특징과 성격을 가지고 있는지를 보여 줌으로써, 일반 대중이 대중문화의 발전 과정을 좀 더 쉽게 이해할 수 있다. 대중문화를 시기적으로 구분하는 것은 여러 기준에 따라 달라진다. 대중문화의 역사를 시기적으로 구분하는 것은 대중문화의 분석을 돕기 위해 여러 특징을 기준 삼아 구분하는 것으로, 정치적·경제적·기술적 요인 등 미디어 문화 생태계의 커다란 테두리 속에서 단행된다(Gangatharan, 2008).

그러나 역사의 시기 구분은 개인 또는 특정 기관들의 판단에 따라 단행되는 것이기 때문에 자의적일 수밖에 없다. 정해진 기준이 따로 있는 것이 아니고, 분석자나 분석 기관들의 기준을 따르기 때문이다. 대중문화사 연구에서 대중문화를 특정한 시기로 구분하는 것이 필요한지, 그리고 이러한 구분은 적절한 것인지에 대한 기본적인 질문을 접하게 되는 이유이다. 그럼에도 불구하고 역사 연구에서 특정한 과정을 시기별로 구분하려는 노력은 필요하다. 인간은 역사적 과정을 특정한 시기로 나눌 수밖에 없다는 기본적인 전제가 존재하고, 시기 구분은 대중문화사를 분석하는 데 매우 효과적이기 때문이다. 시기 구분은 한 시기를 다른 시기와 어떻게 차별화하는가의 문제이다. 이는 매우 어려운 과정이지만, 여러 요소를 종합적으로 고려해 가능하면 주관적인 기준, 특정 목적의 기준을 제외하면서 완성해 갈 수 있다(Grinin, 2007).

한류라는 특정 문화에 대한 역사적 시기 구분도 분류자의 자의적 판단에 근거하는 경우가 대부분이다. 대중문화의 주요 특징이 바뀌는 시점을 기준으로 구분하기도 했고, 대중문화를 소비하는 소비자들의 변화를 중심으로 정리하기도 했다. 또 대중문화가 속해 있는 당시의 미디어 생태계를 감안해서 구분한 것도 있다. 그만큼 다양한 시각에서 판단될 수 있는 것이며, 이는 대중문화의 시기적 구분이 쉬운 일이 아님을 보여 주는 것이기도 하다. 이와 관련해 최근 『한국 대중문화사』를 출간한 김창남(2021: 12~13)은 "대중문화사 서술의 또 하나의 난점은 시대 구분에 관한 것"이라고 지적했다. 김창남은 시기 구분에 있어 대중문화사는 "정치적 격변에 따른 권력 구조의 변화에 대응"한다면서 정치적 생태계의 중요성을 강조했다. "권력 구조의 변화와 함께 정치사회적 상황이 바뀌면서 제도도 변화하고 기술이 진화하고 생산 소비의 관행도 조금씩 달라지기 때문"이다. 무엇보다 "새로운 세대가 부상하고 새로운 인력이 등장하면서 문화적 혁신이 동력"을 얻기도 하는데, "그런 의미에서 정치적 변화를 중심으로 하는 연대기적 서술은 문화사에서도 나름의 유용성을 갖는다"라고 지적했다(2021: 13). 이동연(2014: 87)은 한편, "문화사 연구 역시 연대기적 역사의 시간과는 다른 차원에서 새로운 문화 기술과 제도의 등장, 문화매개 환경의 변화 및 수용자 대중의 새로운 주체 형성의 관점들에 대한 고려가 별도로 요구된다고 할 수 있다"라고 강조했다. 문화사적 독특함이 역사 일반의 시기 구분을 완전히 배제할 수 있는 것은 아니기 때문이다. 한류의 시기적 분류는 어떤 기준으로 결정하는가에 더불어 누가 어떤 목적을 가지고 구분하는가가 중요하다. 다시 말해 "각각의 시기를 어떻게 성격 규정할 것인가"가 관건이라는 것이다(2014: 91). 한류를 매스 컬처(mass culture)로 이해할지(김창남, 2021), 파퓰러 컬처(popular culture)로 이해할지(이동연, 2014)에 대해 의견은 다르지만, 한류 자체가 하나의 문화 장르에 의해 선도되거나, 또는 어느 특정한 단일 요소만 강조되는 것이 아니라 정치·경제·사회문화적 요소들, 즉 미디어 생태계의 변화와 직접 연계된다는 점을 강조한다는 데서 비슷한 견해를 보인다.

한류시기 분류에서 정부나 관련 기관이 연관되면 문제가 생기는 경우가 많다. 정부의 목적과 향후 방향에 부합하는 기준이 세워질 경우가 많고, 이때 한류의 본질적인 특징을 왜곡하는 일마저 생기기도 한다. 한류 발전과 성장에 정부의 역할이 크다고 강조하면서 한류 과정을 지나치게 정부의 입맛에 맞게 정리하기 때문이다. 더구나 한류를 단지 문화산업 부분에 국한하는 것이 아니라 관광이나 음식 등 연관 산업 쪽으로까지 포함시켜 분석에 어려움과 혼선을 배가한다. 다시 한 번 강조하지만, 한류의 시기 구분은 주관적일 수밖에 없다는 점에서 정부와 미디어 등의 분류가 전부 잘못되었다거나 또는 유용하지 않다는 지적을 하는 것이 아니다. 지나치게 특정한 정책적 목적을 지닌, 그래서 결과적으로 한류 역사를 왜곡할 수 있는 근거를 제공하는 것에 대한 우려를 표하는 것이다. 그리닌(Grinin, 2007)이 강조하듯이, 결국 여러 요소를 종합적으로 고려하되 주관적인 기준, 특정 목적을 가진 기준을 제외하면 한류의 체계적인 시기 구분이 가능해질 수 있다.

여러 특징을 바탕으로 한류 시기를 구분하는 것은 한편으로는 한류의 또다른 역사적 이해인 반면, 한류의 특징을 한데 모아 구분한다는 점에서 한류를 이해하는 데 매우 유용한 방식이다. 인터넷의 발전 시기를 웹 1.0, 웹 2.0, 웹 3.0 등으로 나누어 시기별로 특징을 설명하듯이, 20여 년이 지난 한류도 초창기와 2020년대의 한류가 같은 모습은 아니기 때문이다. 글로벌 한류 수용자의 변화부터, 한류 주요 콘텐츠의 발전, 그리고 관련된 디지털 기술과 문화정책 등이 일정 간격을 두고 변화를 거듭했다는 점에서 이에 대한 적절한 시기 구분은 필연이라고 할 수 있다.

물론, 미국의 할리우드 영화나 대중음악을 시기적으로 구분하는 시도는 찾기 어렵다. 이미 100년이 넘는 오랜 기간에 걸쳐 전 세계 문화 시장에서 슈퍼 파워로 군림하는 상황이 지속되고 있어서 특별히 시기 구분을 하는 것이 의미가 없을 수도 있다. 할리우드 시기 구분이 아예 없었던 것은 아니다. 기술 관련 전문잡지인 ≪와이어드(Wired)≫는 (Daly, 1997) 1997년에 할리우드 2.0을 선언한 바 있다. 20세기 전반에 걸쳐 영화제작의 형태가 완성되고 전 세계적으로 확산된 것이 할리우드 1.0이었던 반면, 1990년대 이후 뉴미디어가 발달하면서 새로운 기술들이 영화제작의 모든 측면-생산과 유통 등-을 궁극적으로 변모시켰으며, 따라서 할리우드 2.0 시대의 탄생을 목격하고 있다고 지적했다. 100년이 지난 할리우드 역사지만 1990년대 후반에 들어서야 비로소 할리우드 2.0 시대가 시작되었다는 것인데, 그만큼 시기 구분이 필요하지 않았다는 반증이기도 하다. 한류는 그러나 비서구 국가에서 거의 유일하게 방송·영화·음악·웹툰 등 모든 문화산업과 스마트폰 등 디지털 기술 분야에서 발전과 성장을 거듭하고 있고, 이들 문화와 디지털 콘텐츠가 전 세계적으로 전파되고 있다는 점에서 많은 관심을 끌고 있다. 따라서 이들에 대한 특징과 성격을 토대로 한 시기적 구분과 분석이 매우 적절하다는 판단이다.

한류의 시기적 분류: 정부와 미디어의 접근

한류의 시기 구분은 학계보다 정부와 미디어에서 단행하는 것이 주류를 이루고 있다. 그만큼 다양한 시기 구분이 나와 있다. 가장 잘 알려진 것은 정부 유관기관인 콘텐츠진흥원장 송성각(2015)의 구분이다. 박근혜 정부 기간 중인 2014년 12월 콘텐츠진흥원장으로 임명된 송원장은 한류를 모두 3기로 구분하고, 2010년부터 한류 3기로 진입했다고 주장했다. 기존의 문화 콘텐츠 이외에 한글, 한식, 한복 등의 중요성을 강조했다. 송원장은 당시 한국 문화산업은 박근혜 정부가 추진하고 있었던 창조경제를 위한 핵심 동력원으로서 입지를 굳히고 있다며 이 같은 주장을 했다. 창조경제가 국가 경제의 핵심일 뿐만 아니라 국가 브랜드를 고양하는 데 주요 역할을 하고 있는데, 이를 한류가 앞에서 이끌고 있다고 강조했다(송성각, 2015: 60). 송원장은 물론 K-pop과 애니메이션 같은 문화 콘텐츠의 역할도 강조했으나, 그가 한류 3.0이라는 시기적 구분을 통해 강조하고자 했던 것은 창조경제를 강조한 박근혜 정부의 문화정책과 직접적인 관계가 있다는 것을 쉽게 짐작할 수 있다. 정부 유관기관의 기관장으로서 입장을 밝히는 것은 어쩔 수 없다 하더라도, 한류시기 구분에 한식, 한복까지 포함한 것은 정부 정책을 홍보하고자 하는 것에 다름 아니라는 비난을 받을 수밖에 없다.

물론, K-확대론은 정부 주도의 한류시기 구분에 거의 공통적으로 나타나는 현상이다. 문화체육관광부(2013)가 이보다 앞서, 2013년 발간한 한류백서에 따르면, 문화체육관광부 역시 2010년대 초반 이후를 벌써 한류 3.0 시대로 명명하고, 한류 3.0의 핵심은 K-Culture라고 강조했다. 한류 3.0의 핵심어인 K-Culture는 전통문화, 문화예술, 문화 콘텐츠를 모두 포함한다고 지적했다.

　　기존의 한류가 문화 콘텐츠를 중심으로 일부 문화예술 분야를 포함했다면, K-Culture에는 전통문화가 추가되었을 뿐 아니라 세 가지 구성 요소가 유기적으로 연관되어 있다. 나아가 K-Culture의 장르는 문화 영역을 넘어선다. 전통문화, 문화예술, 문화 콘텐츠의 토대이자, 그로부터 도출되는 '한국적인 것', 한국을 표상하는 모든 것을 세계와 공유하고자 한다. 한류 2.0 시대에 태동한 음식 한류, 의료 한류처럼 이제 한류는 문화 현상이면서, 동시에 탈문화를 지향한다(문화체육관광부, 2013: 22).

문제는 이 같은 구분에서 한류 1기를 특징짓는 장르는 드라마·영화·가요라고 하고, 한류 2기를 특징짓는 장르는 대중문화와 일부 예술문화라고 정의하고 있다. 그러나 일부 예술문화가 무엇이고, 한류 2기에서 말하는 대중문화가 한류 1기의 핵심 장르인 드라마·영화·가요와 어떤 차이가 있는지를 설명하지 못하고 있다. 즉, 문화체육관광부는 당시 분류에서 대중문화뿐 아니라 문화예술 분야와 탈문화 영역에 대해 강조하고 있고, 정부의 과제가 앞으로 이들을 어떻게 발전시키는가에 있으며, 이를 담당하는 것이 문화체육관광부의 역할임을 천명했으나, 왜 문화예술 분야인지 등에 대해서는 구체적으로 설명하지 못했다.

한류 3.0의 '시기'에서 특히 강조하고 있는 것은 한류 소비자에 대한 정의이다. 그 범주가 세계 시민으로 확장되면서 거의 모든 대상을 포함한다. 한류 1.0에서는 소수의 마니아만이, 그리고 한류 2.0에서는 10대와 20대만이 즐기던 문화였는데, 2010년대 초반부터 시작된 한류 3.0에서는 전 세계 시민이 소비자화했다고 주장한 것이다(〈표 6-1〉). 한류가 아직 전 세계인이 소비자가 된 적까지는 없다는 점에서 지나친 과장에 근거하고 있다고 할 수

<표 6-1> 문화체육관광부의 한류시기 구분

구분	한류 1.0	한류 2.0	한류 3.0
시기	1997년~ 2000년대 중반	2000년대 중반~ 2010년대 초반	2010년대 초반 이후
특징	한류의 태동 영상콘텐츠 중심	한류의 확산 아이돌 스타 중심	한류의 다양화
핵심 장르	드라마	K-Pop	K-Culture
장르	드라마, 영화, 가요	대중문화, 일부 문화예술	전통문화, 문화예술, 대중문화
대상 국가	아시아	아시아, 유럽 일부, 아프리카, 중동, 중남미, 미국 일부	전 세계
주요 소비자	소수의 마니아	10대, 20대	세계 시민
주요 매체	케이블 TV, 위성 TV, 인터넷	유튜브, SNS	모든 매체

자료: 문화체육관광부·한국문화관광연구원(2013).

있다. 문화체육관광부의 한류시기 구분은 정부 자체의 분류임에도 불구하고 문화정책에 대한 논의를 빠뜨렸다는 점에서 그 한계점을 크게 노출했다. 그리고 한국적인 것, 즉 한국을 표상하는 모든 것을 포함시켰다는 점에서 한류의 범위를 무한대로 확장시켰다고 볼 수 있다.

정부와 정부 유관기관이 다소의 차이는 있어도 한류를 지나치게 확대하려는 점에서 일치하는데, 이는 한류를 등에 업고 한국의 이미지 고양과 연관 산업의 해외 진출을 확대하려는 소프트파워 정책을 본격적으로 시작한 시점과 맞아떨어진다. 제4장에서 주로 논의했듯이, 이명박·박근혜 정부는 매우 강한 소프트파워 정책을 가동했는데, 당시 정부나 유관 기관에서 행했던 한류의 시기 구분이 이러한 현실을 분명하게 보여 주고 있다.

국내외 미디어 역시 초점은 다소 다르지만 한류의 영역을 확대하는 차원에서 한류의 시기 구분을 시도한 경우가 많았다. 한류를 문화적 차원을 넘어 아예 산업적 차원으로 그 범위를 확대하는 신한류에 대한 논의도 진행되었다. 신한류라고 지칭되는 산업계 한류는 음식 한류, 출판 한류, 유통 한류, 패션 한류, IT·전자제품 한류, 의료 한류를 적극 개발하여 한국의 경제 영토를 확장하자는 개념이다(매일경제 한류본색 프로젝트팀, 2012). 매일경제 (허연·유주연·손동우·김슬기, 2010)는 실제로, 한류를 한류 1.0과 한류 2.0으로 구분하고, 한류 1.0이 드라마 위주의 해외 진출이었다면, 한류 2.0에서는 가요, 뮤지컬, 연극 등으로 장르를 확대하고 있다고 주장했다. 또 한류가 외연 확대를 통해 예능 상품을 뛰어넘어 게임 캐릭터 등의 관련 산업은 물론 한글, 한국의 역사·음식·스포츠 등 다양한 분야에서 발전을 도모하고 있다고 밝혔다. 문제는 해당 신문기사의 시기적 구분에서 한류 1.0 시기를 2004~2005년으로 국한한 데다, 한류 2.0을 도표에서는 2010년부터라고 해놓고, 기사에서는 2009년부터라고 표시하는 등 원칙이 없다는 점이다. 한류 1.0 시기에서 왜 1990년대 중후반부터 2003년까지는 배제되었는지, 왜 2006년부터 2008년까지는 분석 대상에서 제외되었는지 등에 대해서 밝히고 있지 않다.

한류와 K-패션을 결합시켜 한복의 중요성을 강조하면서 한류 5.0을 논의하는 경우마저 있다. 즉, "한류 5.0 시대의 특성이 이전과는 달리 문화와 놀이가 융합된 보다 적극적인 참여놀이 형태의 콘텐츠 개발과 관련 정책을 계획해야 함을 의미하는 것"이라며, "최근 문화 콘텐츠로서의 한복에 대한 시각 변화와 새로운 시장에 대한 기대감"을 토대로 한류 5.0 시대를 거론한 것이다(윤양노, 2019: 168). 다소 다른 관점에서 버나드 로완(Bernard Rowan, 2013)은 한류를 한류 1세대와 한류 2세대로 나누고 2010년대 초반을 한류 2세대로 강조한 뒤, 지금까지 문화 콘텐츠의 전 세계적 확산에 따른 이점을 최대한 살려야 한다고 강조한다. 대중문화를 통해 한국어, 한국 역사, 한국 음식, 그리고 관광 등을 배울 수 있는 체계적인 시스템을 만들어 나가야 한다는 지적이다. 게다가 일각에서는 한국어와 한국 역사까지 넣자고 주장하고 있는데, 이 같은 강조는 한류를 사랑하는 많은 해외 한류 수용자들로부터 비난을 받고 있다. 모든 것에 K를 가져다 붙임으로써, 한국적인 것은 모두 우수하다는 민족주의와 맥락을 같이하고 있기 때문이다.

이상에서 살펴본 대로 한국 정부, 정부 유관기관, 그리고 미디어의 한류 시기 구분은 대부분의 경우 매우 근시안적이며 정부의 경제와 문화 정책에 부응하는 방식으로 정리되어 있다. 자신들의 목적에 부합하게 시기 구분을 단행했다는 점에서 그 배경을 납득할 수 있다. 다만, 한류의 장기적인 안목이나 각 시대별 특징을 토대로 구분한 것이 아니라, 지나치게 해당 정부의 소프트파워 정책에 따라 분류한 것이며, 한류 연관산업들의 발전을 강조했다는 점이 확연히 드러난다. 한류의 외연 확대에만 치중한 나머지 한류의 본질인 대중문화와 디지털 기술, 그리고 그 성격에 대해서는 상대적으로 소홀했다는 한계점을 노출하고 있다.

한류의 시기적 분류: 미디어 학자들의 접근

한류시기 구분에서 정부나 미디어의 분류와 다른 주요 경향은, 미디어 학자들의 구분이다. 학문적 연구와 분석을 토대로 했다는 점에서 정부나 미디어의 분류에 비해 보다 체계적이라고 할 수 있다. 학술적 구분에서도 한류 2.0은 한류 1.0과 비교해서 K-pop이 새로운 콘텐츠로 주목받기 시작한 시기라는 점을 강조하고 있다. 정부와 미디어가 한류를 구분함에 있어 문화산업만을 대상으로 하지 않고 연관 산업으로까지 확대하며 한류를 통한 경제 발전이나 국가 이미지 고양을 포함한 것과는 달리 주로 대중문화 자체, 특히 K-pop을 강조한 특징이 있다.

먼저 이상준과 노네스(Lee and Nornes, 2015)는 그들이 편집한 책에서 한류 시기를 한류 1.0과 한류 2.0으로 나누어 분석을 시도했다. 한류 2.0은 새로운 팬층이 형성된 시기로 소셜 미디어 등 디지털 한류가 중요한 역할을 했다고 강조했다. 홍석경 등(2017)은 한류 시기를 한류 전기(2001~2008)와 한류 후기(2009~2016)로 구분하고, 전기에 비해 후기에는 K-pop과 국가 이미지 관련 논문이 많았다고 진단했다. 홍석경 등(2017: 340)은 이에 대해, "이것은 관광·경영학 분야에서 한류 연구가 급증함에 따라 나타난 변화로 보인다. 한류 현상이 해외에서 수익을 거두는 주요한 문화 자원이 됨에 따라 이에 대한 경제적·산업적 접근이 많이 이루어졌다. 해외 한류문화 소비자들이 한국에 대해 어떤 국가 이미지를 형성하고 그것이 국가 호감도나 국가 방문의도로 연결되는가에 대한 연구들이 대거 이루어지고 있다"라고 강조했다.

한류를 시기적으로 분류하려는 학문적 노력은 이외에도 여럿이 있었다. 조인희와 윤여광(2013)은 한류를 모두 3기로 구분하고 있는데, 1997년부터 2000년대 초반까지를 1기로, 2000년대 초반부터 2006년까지를 2기로, 그리고 2007년 이후부터 연구가 단행된 2010년대 초반까지를 3기로 구분한 것이다. 이러한 구분은 주요 지역에 대한 한국 대중문화의 수출을 근거로 한 것으로, 주로 K-pop에 국한된 것이었다. K-pop에 초점을 둔 분류 중 하나는 대중음악의 시기를 2015년 기준 4기로 나누어서 분석한 것도 있다. 주요 K-pop 가수들이 활동하던 시기와 무대를 기준으로 했으며 K-pop 1세대는 1990년대 말부터 2000년대 초반까지로 H.O.T., NRG, S.E.S., 베이비복스, 신화 등이 활동하던 시기이다. K-pop 2세대는 2000년대 초반부터 2000년대 중반까지로 BoA, 비, 세븐 등 솔로가수 중심이었으며 미국 음악 시장을 처음으로 두드린 시기이다. K-pop이라는 용어가 확립된 때이기도 하다. K-pop 3세대는 2000년대 중반부터 2000년대 말까지로 SM의 동방신기가 K-pop을 재점화하고 슈퍼주니어와 원더걸스가 미국 시장에서 활동하던 시기이다. 마지막으로 K-pop 4세대는 빅뱅, 2NE1, 샤이니 등이 활동하던 시기로 2000년대 말부터 2010년대 중반까지를 지칭한다(Jung, E. Y., 2015). 해당시기 분류는, K-pop에만 국한되었다는 점은 제외하더라도, 너무 세분하게 나누는 바람에 위에 언급한 가수들 이외에 세대별로 별다른 특징을 잡아내지 못했다는 아쉬움이 있다. 해당 기준에 따르면 엑소, BlackPink, 트와이스, 그리고 BTS가 활약하고 있는 2010년대 후반부터 2020년대 초반을 5세대로 보아야 할 수도 있다. 한편, 김수아(2013: 46) 역시 시기구분에서 K-pop의 중요성을 강조했는데, "소위 한류 2.0이라 명명되는 흐름은 한국 대중음악, 특히 아이돌 음악인 K-pop이 서구 유럽지역에 마니아 팬덤을 형성하고 있다는 것으로, 이 소식은 한류의 전 지구적 성공에 대한 기대를 불러일으켰다"라고 강조했다. 아시아 지역에서는 드라마 한류가 대세인 반면, 글로벌 영역에서는 K-pop이 한류를 대표하고 있다는 지적이다.

가장 최근에 비교적 종합적으로 한류의 시대 구분을 정리한 것은 한류를 3기로 나누고 한류 3.0은 2010년대 중반에 시작되었다고 강조한 것이 있다. 특히 K-pop 그룹과 BTS, 유튜브 먹방, 그리고 넷플릭스 같은 글로벌 미디어 회사로부터의 지원을 받아 드라마와 영화가 제작되는 것을 최근 한류의 특징으로 내세웠다. BTS를 다른 K-pop 그룹과 별도로 구분한 것이 하나의 특징인데, BTS가 주로 북미와 유럽 등에서 활약하기 때문이라고 했다. 먹방을 강조하는 것 역시 이 분류법에서 하나의 주요 특징으로 작용한다(Song, 2020). 먹방은 텔레비전과 유튜브 등 소셜 미디어 양쪽에서 매우 인기 있는 프로그램으로, 먹방이 한국적인 특징을 잘 대표한다고 여겨지고 있기 때문이다(Jeong, 2020; Park, 2020).

먹방이라는 용어 자체가 영어로 쓴 학술 서적에 제목으로 등장할 만큼 먹방은 이제 한국 방송계, 그리고 한국 대중문화에서 중요한 역할을 하고 있다. 방송과 음식이 결합하는 경우는 이전에도 많았다. 그러나 먹방은 기존 음식 프로그램의 형식을 파괴하면서, 해당 프로그램의 수용자들로 하여금 방송과 현실을 동일시하게 만드는 역할, 즉 방송을 보면서 해당 음식을 주문하거나 직접 요리해 먹는 형태로 변화했기 때문에 그 성격이 다소 다르다. 아프리카TV의 전신인 W플레이어에서 2006년에 먹방이라는 용어가 등장했으며, 그 이후 인기를 끌기 시작한 것으로 알려지고 있다(조은하, 2020).

지상파 방송은 물론 유튜브 채널에 이르기까지 다양한 형식으로 제작되며, 해외에서도 인기를 모으고 있는 중이다. 방송 한류의 한 부분으로 등장한 것이다. 먹방이라는 요소를 한류시기 구분에 넣은 것은 한류가 정체되어 있는 것이 아니라 역동적으로 진화한다는 것을 보여 준 좋은 사례로 여겨진다. 한류는 방송, 음악, 영화, 웹툰, 그리고 디지털 문화 등의 대분류로도 정리할 수 있지만, 먹방과 같이 하나의 문화 장르 내에서도 -방송 영역에서- 특징적인 것을 분류해 낼 수 있다. K-pop 연구자들이 한류를 이야기하면서 K-pop 위주로 시기 구분을 하는 것도 이 범주에 속한다. 다만 한류가 여러 개의 문화 장르가 모여 있는 종합문화 형태의 흐름이라는 점에 비추어 볼 때, 지나치게 한 가지 문화 장르나 특징만을 강조하는 것은 바람직하지 않을 수 있다.

이 밖에도 한류의 시대 구분을 다소 다른 각도에서 분석해 관심을 끈 학술 토론도 있었다. 심상민(2021: 212)은 한류의 시초는 "글로벌 개방 시장인 문화 콘텐츠 영역이라는 호수에 던진 한국의 빼어난 문제작, 즉 조약돌 콘텐츠였다"라고 지적했다. 한류 제1기에 견줄 수 있는 시기로, "이후 시기 구분과 진화를 거듭하면서 한류 제1선에 해당하는 문화창조 산업으로 확대되었다"라고 밝혔다. 이후 "한류 제2선은 한류 마케팅이 활발하게 이루어지는 관련 제조업과 디지털 한류, K-뷰티 등 전략적 인접 영역과 외부 효과를 유발했다"라고 말했다. 2010년 이후 "한류 제3선에 해당하는 융합 한류지대는 국가, 지역, 도시를 횡단하고 초월하는 경제 통합과 산업 융합을 매개로 궁극적인 문화 혼성과 경제 파괴를 통한 제4차 산업혁명과 같은 새로운 스타일 창조를 예고한다"라는 것이다(2021: 212~214). 한류 제1기에 빼어난 문제작이 무엇인지를 설명하지 않아 구체적으로 어떤 문화 콘텐츠를 이야기하고 있는지는 알 수 없으나, 앞서 설명한 정부나 미디어의 분류와 유사하게 한류를 좀 더 연관 산업과의 관계 속에서 구분한 특징을 알 수 있다.

한편, 오유정(Oh, Y. J., 2018)은 한류와 지역을 한데 묶어 한류 장르와 한류 콘텐츠가 만들어진 장소를 연계한 시대 구분을 단행한 바 있다. 한류 첫 번째 시기는 한국 드라마와 해당 드라마들이 만들어진 지역을 연계한 시기로 2003년부터 2011년까지 시기를 의미한다. 두 번째 시기는 소위 신한류 시기로 일컬어지는데 K-pop과 해당 노래들이 만들어진 서울 시내의 특정 장소를 묶은 시기로 주로 2011년 이후부터를 지칭한다. 물론 두 번째 시기에도 드라마가 사라진 것을 의미하는 것은 아니며, K-pop의 강세가 시작되면서 K-pop 아이돌과 뮤직비디오가 만들어진 서울 강남 등 특정 장소와의 연계를 강조한 것이다. 한류시기 구분에서 미디어 전공이 아니라 지리학과 지역학을 전공한 학자의 입장으로서 분류한 것으로, 단순하게 K-관광을 설명한 것이 아니라 한류와 지역 발전을 연계함으로써 미디어 분석의 영역을 넘어선 해석을 제공하고 있다.•

　한류의 시기 구분에서 학자들은 비교적 한류가 가지고 있는 특징적 변화를 시대 구분에 담아내려고 했다는 점에서 정부나 미디어에서 단행한 것과는 크게 차이가 난다. 다만 한류를 좀 더 종합적인 체제 속에서, 즉 문화정책과 소비자들의 변화 역시 포함했다면 더 좋은 자료로 작용할 수 있었을 것이다. 다음 절에서는 따라서 어떻게 한류를 시기적으로 구분하는 것이 적절할지에 대한 나름대로의 견해를 제시하고자 한다. 모두가 동의하지는 않

• 　한류의 태동 시기에 주로 관심을 둔 시기 분류는 신경미(2006)에 의해 단행되었는데, 한류를 발아기(1980~1997), 발전기(1998~2003), 확장기(2004~)의 3기로 나누었다. 제2장에서 논의했듯이 한국 대중문화와 엔터테이너들의 해외진출 역사가 길다는 점을 반영한 시기 구분으로 1980년대부터 한국 가수들이 일본에서 두각을 나타내기 시작했다는 점을 강조하고 있다. 이러한 시기 구분은 그러나 한류가 여러 문화장르가 복합적으로 어우러져서 만들어진 초국가적 문화 흐름이라는 점을 배제한 채, 한국 대중음악, 즉 발라드와 트로트의 해외 진출을 한류의 발아기로 보고 있어 1990년대 중반 이후 주로 발전해 온 K-pop의 흐름과도 맞지 않는 문제점을 노출하고 있다. 다시 말해, 1990년대 초반 이전은 한류 전사로 분류할 수 있으나, 한류의 본류로 분류하기는 어렵기 때문이다.

더라도 좀 더 체계적이면서 종합적이고, 그래서 일반화가 가능하게 하는 데 주안점을 두었다.

신한류 시대 구분: 한류 2.0에서 3.0으로 진화

지금까지 설명한 대로 한류시대 구분은 여러 차원에서 시도되고 있다. 저자도 2016년 발간된 책에서 한류 시기를 한류 1.0과 한류 2.0으로 분류하고 한류 2.0 시대를 신한류 시대라고 분류한 바 있다(Jin, 2016). 당시 한류 성장을 역사화하기 위해 단행한 방식은 한류 초기인 1990년대 후반부터 2007년까지를 한류 제1기로, 그리로 2008년 이후부터 2016년 전후를 한류 2.0(신한류) 시대라고 분류했다. 비록 한류 1.0과 한류 2.0 시기 동안 한류는 많은 부분을 공유하고 있으나, 주요 문화 콘텐츠의 수출, 기술 발전, 팬베이스, 그리고 정부 문화정책 등에서 현저한 차이가 있다는 점을 감안했다.

우선, 2008년 이후 시작된 신한류 시기 동안 한류의 주목할 만한 새로운 경향은 대규모의 소셜 미디어 사용이다. 이전과 달리 페이스북, 유튜브, 트위터 등이 2004년 이후 잇달아 개발된 지 몇 년이 지나면서 사용자가 급증했고, 전 세계 팬들이 유튜브 등 소셜 미디어에 접속해 한류 콘텐츠를 즐기게 되었다. 한국에서 생산된 스마트폰과 최근 발전되기 시작한 모바일 게임을 비롯한 디지털 게임들 역시 디지털 한류의 이름으로 확장세를 보였다. 한류 2.0의 핵심이 생산과 소비에 있어 급증하는 새로운 디지털 기술과 연계되어 있다는 것에는 이의가 없다(Jin, 2016).

한류 2.0은 또한 글로벌 팬들의 구성 변화를 보여 주었다. 초기 한류에서 주요 팬들이 동아시아에 거주하는 30~40대 여성이었다면, 한류 2.0 시대에는 사실상 전 연령대가 한류 팬으로 편입되었다고 할 수 있다. K-pop을 좋아하는 10~20대, 그리고 애니메이션을 즐기는 10대 미만의 어린이들도 포

주요 기준	한류 1.0	한류 2.0	한류 3.0
기간	1997~2007	2008~2017	2017~현재
시기별 주요 장르	TV 드라마, 영화	K-pop, 온라인 게임, 애니메이션	웹툰, K-pop, 모바일 게임
디지털 기술/문화	온라인 게임	소셜 미디어, 스마트폰, 인스턴스 메신저	디지털 플랫폼(넷플릭스), 트랜스미디어 스토리텔링
주요 유통지역	동아시아	아시아, 북미, 유럽	전 세계로 확대
주요 수용자	20~40대 여성	10~20대 포함	전 연령층으로 확대
주요 문화정책	핸즈오프 정책	핸즈온 정책	핸즈오프 정책

자료: Jin(2022).

함되었기 때문이다. K-pop 팬 중에는 50~60대를 포함하는 데다, 한류 초창기에 한국 영화와 드라마를 즐기던 20~30대가 이제 40~50대가 되어 여전히 한류 콘텐츠를 즐기고 있기 때문이다(〈표 6-2〉).

정부의 문화정책 역시 한류 1.0 시기에 직접적인 관여를 피하는 핸즈오프(hands-off) 방식에서 직접적인 지원과 관여를 의미하는 핸즈온(hands-on) 방식으로 전환된다. 이명박 정부(2008~2013)와 박근혜 정부(2013~2017)에서 한류를 둘러싼 정치적 요소가 바뀌었기 때문이다. 한류 초창기에 한국 정부는 정부의 관여를 최소화하는 신자유주의 정책을 주로 사용했다. 따라서 한류 분야에서도 간접적인 관여나 탈규제 등의 방식으로 지원하는 형태를 보였다. 그러나 이명박·박근혜 정부에서는 신자유주의 정책을 유지하면서도 창조적 콘텐츠 정책을 강조했으며, 문화산업에 적극적으로 개입했다. 보수 정부가 문화산업을 국가 경제의 주요 부분으로 간주했기 때문이다(Jin, 2016).

2017년 박근혜 대통령이 탄핵으로 물러나면서, 문재인 정부가 새로 시작되었다. 한류는 이때부터 새로운 형태로 탈바꿈했다. 따라서 2017년 이후 현재까지를 자연스럽게 한류 3.0으로 정리할 수 있다. 기존의 분류를 포함해 2022년 현재까지의 한류 발전을 처음부터 재정의하는 것이 아니라, 2017

년 이후 정부 정책부터 한류의 주요 문화장르까지, 그리고 다시 소비자 형태까지 변화하게 되어, 자연스레 한류 3.0 시대로 넘어갔다고 할 수 있다.

한류 3.0 시대에는 여러 중요한 변화와 발전이 이어졌다. 이명박·박근혜 정부와 달리 진보 정부가 들어서면서 문화정책의 기조가 변화했으며, 문화산업계 자체의 변화도 두드러졌다. 한류 2.0 기간에는 K-pop, 온라인 게임, 그리고 새로운 방송 장르, 즉 드라마와 함께 버라이어티 쇼들이 인기를 끌기 시작했다. 한류 3.0 시기에는 웹툰과 애니메이션, 그리고 모바일 게임이 핵심 문화산업으로서 역할을 하고 있다. K-pop의 성장이 지속되고 있으며 영화와 드라마 역시 국제 무대에서 좋은 성과를 보여 주고 있다. 또한 웹툰과 모바일 게임의 비중은 날로 증가하고 있다. 디지털 한류의 형식 역시 상당히 다른 모습을 보이고 있다.

이 기간에 문화 콘텐츠의 수출 형태도 크게 변화하고 있다. 웹툰이 가파르게 성장하면서 웹툰 자체의 수출과 함께, 웹툰을 기반으로 한 트랜스미디어 스토리텔링의 형태로 해외 진출도 이루어지고 있다. 즉, 웹툰이 영화, 드라마, 게임, 애니메이션의 원 소재로 각광을 받으면서, 여러 국가에서 웹툰 자체를 수입하기보다는 웹툰 IP를 수입해 이를 기반으로 영화와 드라마 등을 생산하는 방식이 중요해졌다는 의미이다.

소비 형태도 크게 달라졌다. 최근 들어 넷플릭스 같은 OTT 서비스가 발전·확대되고, 전 세계 한류 팬들이 이들 서비스 플랫폼을 통해 한류 콘텐츠를 소비하는 새로운 방식이 등장했다. 2010년대 중반까지 국내 문화산업계는 완성된 문화 콘텐츠를 수출하는 형태에 집중했다. 한류 3.0 시대에는 그러나 OTT 서비스 플랫폼이 국내 문화산업계에 직접투자 등의 방식으로 긴밀한 관계를 맺고, 국내에서 제작된 드라마와 영화를 전 세계 190개국에 동시 방영하는 형태를 보이고 있다. 〈옥자〉(2017), 〈킹덤〉(2019, 2020), 〈이태원 클래스〉(2020), 〈승리호〉(2021) 등이 넷플릭스를 통해 전 세계 팬과 수용자들이 한류 콘텐츠를 수용하는 대표적인 사례로 거론될 수 있다.

넷플릭스를 통한 한류 콘텐츠의 전 세계화는 2019년 겨울부터 시작된 코로나 바이러스로 인해 사람들이 영화관이나 음악 공연장에 가지 못하는 비대면 체제에서 더욱 활성화되었다고 볼 수 있다. 직장에 가는 대신 집에서 업무를 보는 날들이 급증한 데다 사회적 거리 두기 지침으로 외부 활동을 못하게 되자 넷플릭스 등 OTT 서비스에 의존하는 시간이 늘어났기 때문이다. COVID-19 기간에 대면 작업을 할 수 없어 새로운 문화 콘텐츠의 제작이 줄어들자, 한류의 전 세계적 인기를 잘 이해하고 있던 넷플릭스가 한국의 문화 콘텐츠를 보다 적극적으로 활용하기 시작한 것도 큰 영향을 미쳤다. 한국 문화 콘텐츠를 즉각 수입해 방영하거나, 한국 문화산업계에 집중적으로 투자해 해당 콘텐츠를 만들어 내고, 이들을 보급하고 있다. 넷플릭스가 한류를 가장 잘 활용하는 OTT 서비스 플랫폼이 된 것이며, 이는 거꾸로 한류가 글로벌 OTT의 가장 큰 문화 생산자 가운데 하나로 자리매김하고 있다는 것을 증명하기도 한다. 한국 역시 자체적으로 OTT 서비스 플랫폼을 발전시키고 있다. 아직까지 글로벌 OTT에 견줄 만할 정도의 진전은 없지만, 향후 대중문화 소비가 OTT 중심으로 변경될 것을 잘 알고 있기 때문에 국내에서 개발·운영되는 서비스를 발전시킬 수밖에 없다.

마지막으로 정부의 문화정책 역시 바뀌었다. 이명박·박근혜 정부와 달리 문재인 정부는 "지지는 하지만 관여는 하지 않는다"라는 입장을 견지했다. 문 정부는 특히 보수 정부가 블랙리스트 사태를 일으켜, 영화와 드라마 제작 등에 큰 걸림돌이 된 것을 반면교사로 삼아, 문화산업 영역에 대한 관여를 최소화했다. 따라서 문재인 정부는 핸즈오프 정책을 다시 문화정책 기조로 삼았다고 할 수 있다.

물론 문재인 정부에서 문화체육관광부 내에 한류 관련부서를 설치하는 등 한류 관련 정책과 집행을 좀 더 중앙 집중식으로 관리하려는 움직임을 보인 것도 사실이다. 문화체육관광부는 한류협력지원과가 컨트롤 타워 역할을 하기보다는 여러 부서에 흩어져 있는 관련 업무를 좀 더 효율적으로 수행하기 위한 것이라고 주장하고 있다(김준역, 2020). 이 같은 사실은 문 정부가 역대 정부에 비해서는 상대적으로 직접적인 통제와 관리가 덜 하다는 것이지 전혀 손 놓고 있겠다는 말은 아닌 만큼 정부의 움직임이 없을 수는 없다. 따라서 문 정부의 한류 정책은 일부 직접적인 간섭과 관리에도 불구하고 전체적으로는 자율과 비간섭 위주, 따라서 민간 부분이 주도적으로 대중문화 발전을 이어 갈 수 있도록 하고 있다고 볼 수 있다.

한류는 이제 전 세계에서 비서구에서 발전된 독특한 문화 형태로 인식되고 있다. 한류의 성장은 날로 지속되고 있다. 한두 가지 주요 영역만을 바탕으로 하는 한류의 시기 구분, 또는 정치적 이해관계에 따른 시기 구분은 한류연구 발전에 도움이 되지 못한다. 한류 자체가 여러 대중문화와 디지털 기술·문화를 포함하고 있고, 정부와 민간 기업의 협력 관계에서 이루어지며, 전 세계 팬과 수용자들 때문에 유지·확산된다는 점에서 한류의 시기 구분은 이러한 요소들이 모두 망라되는 종합적 문맥에서 이루어져야 한다.

결론

한류가 지속적으로 발전·성장하면서 많은 미디어 학자들과 문화정책 관련 기관, 그리고 미디어에서는 한류가 시기적으로 어떻게 발전되었는지에 대해 관심을 가지고 있다. 이들은 한류를 적절한 시기별로 나누어 분류하고 있으며, 일부에서는 K-pop만을 따로 끄집어내서 이를 시기별로 분류하고 있다. 20년이 넘는 한류, 즉 비교적 짧은 기간에 발전된 대중문화사를 더 쪼개서 분석하는 것은 한편으로는 한류를 좀 더 체계적으로 이해할 수 있다는 점에서 바람직한 현상으로 볼 수 있다. 한류에 대한 적절한 시기 구분은 한류의 역사 자체에 대한 이해를 도모할 뿐만 아니라, 앞으로 지속될 한류에 대한 특징과 성격을 잘 표현할 수 있기 때문이다.

그러나 한편으로 정부 유관기관들의 경우 한류를 체계적이고 납득할 만한 기준이 아니라 정권 이해관계에 따라서 분류하는 경우도 있어, 한류의 역사 자체를 왜곡하는 경우마저 생겨나고 있다. 한류의 시기적 분류는 따라서 모두가 납득할 수는 없더라도 많은 사람들이 공감할 수 있는 기준과 체계 아래 실행되어야 한다. 문화정책, 수용자, 주요 문화장르, 디지털 기술의 변화 등 문화 콘텐츠 자체뿐만 아니라 한류 콘텐츠가 생성된 미디어 생태계를 포함하는 종합적이고 맥락적인 체계 속에서 분류가 단행되어야 한다. 한류는 대중문화사 중에서도 특이한 현상이다. 많은 경우 국내 발전에 초점을 두는 일반 대중문화사에 비해 해외로의 확산에 초점을 두기 때문이다. 대외 확산 역시 단순한 수출에 국한되는 것이 아니라, 한류 초창기의 한국인 해외 이주민들을 중심으로 한 비디오테이프의 대여부터 최근의 소셜 미디어와 디지털 플랫폼을 통한 전파, 그리고 대규모의 해외 공연 등을 포함하고 있어 한류를 보다 종합적이고 체계적인 틀 속에서 분류할 필요성이 높아지고 있다.

한류의 시기 구분은 여러 문화 콘텐츠 중 한 장르를 대상으로 하는 것이 아니라 전체 장르를 망라하는, 즉 전체 장르의 특징을 기반으로 하는 성격 규정을 의미한다. 한류는 앞으로도 상당 기간 지속될 것으로 전망된다. 그 역사가 지속되면 한류의 시기적 분류는 앞으로도 계속될 것이다. 한류 1.0, 한류 2.0, 한류 3.0이 한류 4.0, 한류 5.0 등으로 이어질 것이 확실시된다. 다만 이 단계에서는 현재의 한류 3.0이 크게는 한류 2.0에 포함될 수 있다고 보는 보다 유연한 접근이 필요할 것 같다. 한류를 지나치게 소단위로 구분할 경우 너무 많은 시기 분류가 이루어질 것이고, 사실상 이런 구분은 필요 없어질 수도 있다.

한류는 역사적으로 중요한 대중문화사의 한 부분으로 성장했다. 한국의 대중문화사와 문화산업을 논할 때, 한류를 그리고 한류의 시기적 특징을 모르고는 한류를 이해할 수 없다. 많은 학자와 학생들이 공감할 수 있고, 따라서 정부와 미디어마저 이해할 수 있는 기준으로 한류의 시대 구분이 이루어져야 하는 이유이다. 한류의 시대 구분이 해당 시기를 잘 표현할 수 있는 특징을 토대로 만들어져야 하는 또 다른 이유는 향후 문화 생산자들이 새롭게 변화하는 미디어 생태계에 적절히 대응할 수 있는 토대를 제공한다는 의미도 있다. 제대로 된 시대 구분을 제공함으로써, 미디어 생산자들이 어느 시대에는 어떤 특징을 가진 문화 장르가 어떠한 소비 형태로 누구에게 소비되는지를 알 수 있기 때문이다. 생산, 유통, 소비의 모든 영역이 서로 연계되어 있어, 어떻게 이들을 종합적으로 이해하고 해석하는가는 매우 중요한 문제이다.

제7장

한류에서 'K' 논쟁의 진화

서론

한류의 전 세계적 확산과 더불어 많은 사람들이 한류 콘텐츠가 한국적인 특징을 잘 반영하고 있는지에 대해 관심을 나타내고 있다. 이는 주로 두 가지 다른 차원에서 논의를 불러일으켰다. 첫 번째는 '한국적인 것이 과연 어떤 것인가'라는 주제로서, 한국 문화의 정체성을 이야기하는 담론이라고 할 수 있다. 여기서 한국적인 것이라는 의미는 넓게 보면 한국인들이 공통적으로 느낄 수 있는 역사, 문화, 그리고 일반 한국인들의 삶과 연계된 것을 의미한다고 할 수 있다. 두 번째는 '한국적인 것이 현재 한류 콘텐츠에 잘 표현되어 있는가'에 관한 것이다. 한국에서 만들어진 문화 콘텐츠인 만큼 한국적인 요소들, 즉 한국 문화의 정체성은 물론 한국 사회와 문화를 잘 표현하고 있어야 하는 것이라는 주장을 대표하고 있다. 이에 관한 논쟁은 한국 대중문화는 국내에서 만든 콘텐츠이지만 지난 20여 년간 혼종화를 통해 한국적인 특징보다는 외국적인 특징을 많이 내포하고 있으며, 따라서 한류 콘텐츠에서 한국적인 것을 찾아보기 힘들다는 지적과 관련되어 있다.

이 두 가지 주제와 관련해 또 다른 차원의 중요한 논의는 한류 콘텐츠에서 한국적인 것을 상징하는 'K'가 문화적 민족주의 개념을 내포하고 있는지의 여부이다. 이는 여러 학자들이 주장하고 있는 내용으로, 콘텐츠 자체가 문화적 민족주의를 실제로 강조하고 있는지, 아니면 한국 정부나 국내외 미디어들이 한류 현상에 대한 관심을 이용해 문화적 민족주의를 강화시켜 나가고 있는지에 대한 논쟁이다. 앞에서도 설명했듯이, 한류(Korean Wave)의 여러 콘텐츠를 지칭하는 문화 장르를 이야기할 때, K 접두어를 사용해 K-드라마, K-pop, 그리고 K-영화 등으로 표현하는 것은 매우 일반적인 현상이다. 최근에는 그러나 K를 연관 산업에까지, 그리고 전혀 관계없는 분야에도 사용하면서 그 범위가 크게 늘어났다. K-음식, K-패션, K-의료, K-방역 등 거의 모든 영역에 'K'를 가져다 사용하면서, K의 사용을 확장하고 있다. 결과적으로, K의 진정한 의미가 무엇인지에 대한 논의에서부터 'K'를 무분별하게 붙이는 현재의 트렌드가 또 다른 형태의 문화적 민족주의라는 지적마저 나오고 있는 실정이다.

이 장은 먼저 한류에서 한국적인 것이 무엇인지에 대한 담론을 전개하고자 한다. 한류에서 한국적인 것이 사라졌다는 주장이 주로 혼종화 때문이라는 점을 감안해, 과연 한류가 혼종화를 통해 K를 전적으로 상실했는지 짚어본다. 다음으로, 혼종화 속에서도 K를 발전시켰는지 논의하고, 어떤 한류 콘텐츠들이 한국적인 것들을 발전시켰는지 등에 대한 논의를 전개한다. 또, 한류가 문화적 민족주의를 포함하고 있다는 논쟁 자체가 한류 논의에서 어떤 함의를 갖고 있는지 점검한다. 이러한 담론을 통해, 한류 콘텐츠가 글로벌 수용자들에게 다가가기 위한 전략적 사고의 중요성을 논의한다.

한류에서 한국적인 것이란 무엇인가

한류의 성장과 더불어 한류에서 한국적인 것은 무엇인가, 또는 한국의 문화적 정체성은 무엇인가라는 주제에 대해 많은 논의가 진행되고 있다. 한류콘텐츠에 주로 국한하여 논의를 전개한다면, 학자들이 관심을 가지고 있는 것은 한국 문화 콘텐츠가 그 안에 '한국적인 것'을 내포하고 있는지에 관한 것이다. 한국적 동질성 내지는 정체성, 또는 한국적 특성 등으로 표현되는 한국적인 것의 대명사를 K라고 할 때, 과연 한류 콘텐츠에는 이런 내용들이 들어 있는지, 그렇다면 어느 정도 강도인지에 관심을 가지고 있는 것이다.

물론 이 같은 논의를 위해서는 한류에서 K가 무엇을 의미하는지 먼저 살펴보아야 한다. 여러 국내외 학자들(Lie, 2012; Yoon, 2018; Kim, 2017)은 한류에서 'K'의 의미는 한국의 전통과 관련된 것이라고 지적했다. 예들 들어 한국 유교정신에 깃든 노인 공경과 같은 가족주의를 의미할 수도 있다는 것이다. 박영실은 "한국인의 차별화된 문화적 DNA인 코리아니티(Coreanity)는 바로 우리의 내면적 유산인 '정' 같은 배려 문화"라고 주장한 바 있다(≪한국경제≫, 2013). 한편, 박장순은 "우리의 문화 유전자는 '인(仁)'에 기초하고 있다"라고 강조했다. 박장순은 한류도 마찬가지로, '인(仁)'에 기초해야 하며, 이에 근거한 한국 문화 콘텐츠가 인류의 안녕과 행복, 문화 발전에 기여해야 한다고 강조했다(박지수, 2016). 이들 논의에서 알 수 있듯이 많은 경우 K는 '정'이나 '인'과 같은, 보다 한국 전통적인 가치에 근거한 내용을 의미한다고 알려져 왔다. 또한 일제 강점기와 한국전쟁은 물론, 각종 사회경제적 불안을 겪으면서 형성된 한국인의 비탄과 원망에서 기원하는 '한'이, 그리고 이로 인해 고통을 인내한 후 복수를 꿈꾸는 측면이 한국의 중요한 특징, 즉 한국적인 것 중의 하나이기도 했다.

'한국적인 것'을 총칭하는 'K'는 그러나 그 의미가 보다 다양하다고 할 수 있다. 한류 초창기 기간에 K의 의미와 2020년대 K의 의미는 크게 다를 수 있기 때문이다. 예를 들어, 과거 수십 년 동안 한국인들 사이에 존재해 온 '한'의 감정은 경제 발전과 민주화가 달성되고 사람들 사이의 자기만족도가 상승하는 과정에서 상당 부분 해소되었으며, 오히려 '흥'이 더 중요한 요소로까지 여겨지게 되었다. 한이 아예 사라졌다는 것이 아니라 흥이 더 한국적이 되었다는 말이다. 역동성이라는 단어가 K-pop의 한 특징으로 사용되는 데서 알 수 있듯이 역동성이 새롭게 한국적인 의미로 사용되고 있기도 하다(Chang, 2011). 중요한 것은 K의 의미는 시간이 지남에 따라 변화한다는 것이다. 한국적인 것을 보존 유지해야 한다는 주장은 문화의 본질이 변하고 주요 특징들이 변화한다는 점에서 과연 무엇을 보존할 것인가라는 논란을 불러일으킬 수 있다. 전통 예술과 문화에서는 주요 요소로 작용할 수 있으나, 현대 대중문화에서는 적용이 어려울 수 있다.

대중문화 현상인 한류에서 K에 관한 논의는 콘텐츠 전체에서 나타나고 있는데, 무엇보다 K-pop 논의에서 많이 발생했다. 김수정과 김수아(2015: 13)는 한류에서의 K 논란은 주로 K-pop의 성장과 때맞추어 일어났다고 주장했다.

케이팝이 분명 드라마 한류의 연장선에 있으면서도 동시에 차이가 있기 때문에 이전에는 제기되지 않았던 질문, 즉 '케이팝에 K는 무엇인가?', '케이팝에 한국적이라고 할 만한 것이 있는가?'라는 케이팝의 국적 또는 문화적 정체성 문제가 중요한 쟁점으로 제기되고 있다. 이는 단지 한국 대중문화로서 케이팝의 성격을 규명하는 데 이견이 존재한다는 차원을 넘어서, 대중문화에 대한 인식, 초국가적 문화 흐름과 국가 간의 관계, 그리고 케이팝에 대한 규정이 발생시키는 기존 권력관계 내 담론효과의 문제들과 연계된다.

김수정·김수아(2015: 9)는 "한국 드라마가 1990년대 말 중국과 베트남에서 시작되어, 2004년 일본과 뒤이어 홍콩 및 대만에서 인기의 정점에 달했을 때, 한국 드라마에 대해 한국성이나 문화 정체성에 대한 의문은 거의 제기되지 않았다"라며, "대중음악인 케이팝은 록, 일렉트로닉, 힙합 등 서구 대중음악 형식과 스타일을 차용하고 있어서 한국적이기보다는 글로벌 팝 트렌드의 연장선에서 파악되고는 한다"라고 지적했다. 한류에서의 문화 정체성은 주로 K-pop의 성장과 이에 따른 논의라는 지적이다. K-pop에서는 트와이스나 BlackPink 등 여러 주요 아이돌 그룹에 외국인이 속속 등장하는가 하면, 외국인들로만 구성된 아이돌 그룹도 생겨나고 있어 한국적인 것이 무엇인지에 대한 논란을 일으키고 있다.

한류에서 'K'를 둘러싼 논쟁은 K-pop의 중요성이 강조되면서 주로 나타났다는 데 크게 이론의 여지가 없다. 그러나 'K'가 무엇인가에 관한 논의는 한류 콘텐츠 전체에 관련된 것으로, 각 문화 장르마다 다른 논의가 나올 수 있다는 점도 인지해야 한다. 이들의 주장과 달리 드라마와 영화 등에서도 이 같은 현상은 점차 확대되고 있기 때문이다. 외국과의 합작 영화나 드라마가 늘어나면서 이런 현상은 앞으로도 더욱 가속화될 전망이다.

실제로, 한류 콘텐츠에서 K-pop 이외에도 여러 문화장르에서 문화 정체성에 관련된 논의가 잇따르고 있다. 예를 들어, 한류가 지속적으로 성장하는 가운데, 2020년대 들어 인기 있는 방송 프로그램에는 많은 해외 요소와 과 외국인들이 주요한 비중으로 등장하고 있다. 이 가운데 2021년 초 방영을 시작한 SBS 드라마 〈조선구마사〉는 역사왜곡 논란에 직면해 시작하자마자 폐지되는 초유의 사태를 겪었다. 드라마 속에 중국의 소품과 의상이 등장하면서 이에 대한 거부 반응이 커지자 서둘러 프로그램을 폐지한 것이다. 반중 정서가 급증하던 때에 터진 역사왜곡 논란은 결국 프로그램 폐지라는 수순을 밟게 되었다. 이는 드라마에서의 K 논쟁이 터진 것으로, K에 관한 논의는 꼭 K-pop에서만 나오는 것이 아님을 보여 주고 있다. 드라마와 영화 등을 포함해 한국 문화 콘텐츠에 등장한 외국의 소품과 의상 등이 모두 이야기되어야 하기 때문에 한류 전체에 관한 논의여야 한다.

한국 문화 콘텐츠에서의 K 논쟁은 결국 두 가지 차원에서 이루어지고 있다. 하나는 눈에 보이는, 그리고 손으로 잡을 수 있는 외적 내용에서 한국적인 것이 상실되는 것에 관한 것이며, 다른 하나는 문화 콘텐츠의 텍스트 내에 한국적인 특징이 어떻게 반영되었는지와 관련된 것이다. 후자에 많은 관심이 쏟아지고 있으나, 두 가지 내용이 서로 연계되어 있는 것으로 이에 대해 많은 논쟁이 일고 있다. 최근 들어 K-pop의 전 세계적 확산과 함께 글로벌 팬들로부터 K-pop에 한국적 특성이 포함되는가는 중요하지 않다는 논의가 나오면서, K는 생산뿐만 아니라 소비 분야에서도 큰 관심거리가 되고 있다(Jin et al., 2021).

K-pop이 한류의 한 부분이라고 볼 때, K-pop에 국한된 논의를 한류 전체에 적용하면, 한류의 문화적 정체성 논의는 크게 세 가지 입장에서 파악할 수 있다. 첫 번째는 한류는 혼종화된 문화이기 때문에 한국성이나 국적성을 묻는 질문 자체가 무의미하다는 주장이고, 두 번째는 혼종적이기 때문에 K-pop에 한국적인 것이 있다고 말할 수 없다는 입장이다. 세 번째는 한류 콘텐츠가 혼종화에도 불구하고 독특한 한국성 또는 한국적인 특성을 지닌다는 주장이다. 즉, 한류에서 한국적인 특성이 존재하는가 여부는 먼저 한류 콘텐츠가 혼종화되는 과정을 살펴보면 보다 쉽게 파악할 수 있다.

혼종화와 관련해 염두에 두어야 할 것은 한국적인 것을 강조하려면 타자에 대한 이해와 포용 역시 중요하게 대두된다는 점이다. 또한 한국 문화 콘텐츠의 전 세계적 흐름이 타자를 받아들이는 혼종화를 통해 달성된다고 해도, 역시 중요한 것은 변화하는 한국적인 것 역시 제대로 반영할 수 있는 균형 감각이라고 할 수 있다. 즉, 한류 콘텐츠에서 K를 강조하는 것은 한국 또한 타자에 직면하게 되는 것이며, 이러한 상황을 받아들여 한국의 특성과 잘 어울리도록 만들어야 한다는 것이다(Woo, H. Y., 2012). 김신동(2002: 178)은 일찌감치 이와 관련해 "한류 현상이 지니는 가느다란 희망은 문화적 상호 교류를 확대하는 계기로 작용할 가능성에서 찾을 수 있다"라고 강조했다. 상업화된 문화상품의 일방적 수출로 해외시장을 정복하는 것이 아니라 아시아인들이 '공감할 수 있는 문화적 공간의 형성 가능성을 기대"해야 하며, "문화의 쌍방향 유통은 아시아 문화의 상승적 발전을 촉진하고 또 이렇게 생성된 문화가 세계 문화로 성장하는 바탕을 형성해야 한다"는 것이다. 타자를 용인하고 받아들이는 것이 한류 발전에 도움이 된다는 주장이다. 혼종화는 한국적인 것과 상반되는 것으로 보이나 실제로는 상호 연계되어 있는 것으로, 한국적인 것은 혼종화 여부와 같이 논의해야 하는 주제라고 할 수 있다.

대중문화의 혼종화

한국 대중문화는 서구 문화와 한국 문화 간 융합을 통해 국내 수용자와 글로벌 수용자에게 다가가고자 혼종화를 실현하고 있다. 혼종화는 많은 경우에 서로 다른 두 문화가 결합해 각자의 문화를 일정 부분 잃어버리는 가운데 새로운 문화 형태로 태어나는 과정이다. 즉, 한국 문화와 미국 문화 또는 한국 문화와 일본 문화 등 서로 다른 문화가 합쳐지면서 한국 문화와 미국 문화의 일부, 한국 문화와 일본 문화의 일부를 각각 상실하면서 혼합된 문화가 생성되는 것이다. 혼종화는 이 과정에서 두 가지 문화를 단순하게 혼합하는 것을 의미하기보다는, 이를 통해 새로운 문화를 탄생시키는 것을 의미한다고 보아야 한다. 즉, 혼종화를 통해 서구의 문화도 아니고 비서구의 문화도 아닌 제3지대 문화를 생산하게 됨을 강조하는 이론이다(Bhabha, 1994).

혼종화는 주로 미국 중심의 문화가 전 세계에 전파됨으로써 미국이 문화 영역에서 슈퍼 파워로 역할을 한다는 문화 제국주의 이론(Schiller, 1976)에 대한 반론 중 하나로 나타났다. 앞에서도 설명했듯이, 문화 제국주의 이론은 1960년대 후반부터 국제 커뮤니케이션 분야를 설명하는 이론으로 그 역할을 다해 왔다. 문화 제국주의 이론은 주변 국가(periphery countries)로 여겨지는 아시아·남미·아프리카 국가들이 미국과 유럽에 위치한 핵심 서구 국가들(core countries)로부터, 특히 미국으로부터 문화를 수입하고, 이에 따라 받게 되는 문화지배 현상을 일컫는다. 문화가 미국 등 서구 국가로부터 일방적으로 흐르는 현상으로서, 문화지배 현상이 결국은 핵심 국가와 주변 국가에 존재하는 경제적 차이를 더욱 확대시키는 역할을 한다는 이론이다 (Schiller, 1976, 진달용, 2011).

혼종화는 그러나, 미국으로부터의 문화 흐름이 일방적이지 않으며, 각 국가들도 문화 생산과정에서 미국으로부터 문화 형식을 받아들이는 것만이 아니라 자국의 문화와 미국 문화, 즉 비서구와 서구의 문화를 혼합하는 형태로 만들어 낸다는 것으로, 21세기 문화는 결코 미국 주도의 일방적인 흐름이 아니라는 입장을 강조하고 있다. 다시 말해, 미국의 대중문화가 일방적으로 흐르는 현상을 거부하고 자국의 문화를 보호하고 생산하려는 움직임에 이어, 미국 등 서구의 문화를 받아들이는 과정에서 결국은 두 국가의 문화를 혼합하는 형태의 새로운 문화를 만들어 내는 과정을 의미한다.

두 국가의 문화를 섞는 혼종화 과정에서 가장 중요한 형태는 서구 vs. 비서구 국가의 문화가 혼합되는 형태이다. 혼종화 과정에서 주요 행위자가 누구인가에 따라 혼합된 문화의 내용이 크게 달라지기 때문에 누가 주요 역할을 담당하는지가 매우 중요한 요소로 작용한다. 한국 문화와 미국 문화, 즉 비서구를 대표하는 한국 문화와 서구를 대표하는 미국 문화가 혼종화를 통해 새로운 문화를 만들어 낸다고 할 때, 미국 문화 행위자가 주도권을 가지고 있다면 이는 혼종화를 통해 탄생한 문화가 미국 문화에 더 가까울 수 있기 때문이다. 예들 들어, 한국 영화계가 미국 할리우드 영화계와 합작영화를 만들 경우, 단순하게 제작 비용을 50% 부담하는 형태보다 감독과 시나리오 작가가 미국인이라면, 합작영화가 보다 미국적일 가능성이 높다. 반대로, 한국 문화 생산자들이 주도권을 가지고 한국적인 특성을 더 가미하려고 노력했다면 혼종화를 통해 일정 부분 한국적인 요소들을 잃어버렸다고 하더라도 한국적 특성이 더 많이 반영될 수 있다.

2021년 상영된 영화 〈미나리〉는 한국과 미국의 합작영화로 혼종화를 통해 생산된 문화상품이다. 배우 브래드 피트 등이 제작자로 이름을 올리는 등 제작은 미국 영화사가 담당했지만, 오스카에서 여우 조연상을 받은 윤여정 등 배우 상당수가 한국인들이었다. 텍스트적으로는 한국계 미국인 정이삭 감독이 본인의 경험을 토대로 한인 가족의 미국 이민사라는 자서전적인 내용을 담았다. 형식에서는 한미 합작영화이지만, 내용적으로는 혼종화 과정에서 한국계가 주도적인 역할을 한 데다 한국적인 특성을 많이 반영되었다. 〈미나리〉는 미국에서 제작되었기 때문에 한류 콘텐츠로 보기 어려울 수도 있으나, 한류 붐 속에서 많은 미국인들도 한국 콘텐츠에 관심을 가지고 있다는 점은 분명해 보인다.

혼종화가 한류에 있어서 중요하게 거론되는 것은 그 과정에서 'K'를 반영하고 있는가의 여부 때문이다. 혼종화 과정에서 지역적인 특징을 전략적으로 배제하는 경우가 많은 것이 사실이다. 한류가 국내 수용자들만 겨냥하는 것이 아니라 전 세계 수용자들을 대상으로 하는 문화 콘텐츠로 성장하면서, 이들 해외 수용자에게 어떻게 다가가느냐를 고민하는 일부 문화 생산자들이 한국적인 특징보다는 보다 많은 세계인들이 공감할 수 있는 내용을 강조한다는 취지에서 이런 결과가 나오고 있다. 한국 문화 콘텐츠가 실제로 혼종화를 겪으면서 한류에서 'K'가 없어졌다는 지적이 나오는 이유이다. 여기가 한 가지 강조할 점은, 한국 콘텐츠에서 전 세계인이 공감할 수 있는 내용이 꼭 한국적인 것을 상실해야만 달성되는 것은 아니라는 점이다. 따라서 한류 콘텐츠가 한국적인 것을 상실해서 글로벌 수용자들에게 다가갔다는 것은 일정 부분 사실이라 해도 지나친 확대 해석일 수 있다는 점을 먼저 밝혀 둔다.

한류에서의 혼종화

한국 문화 콘텐츠는 최근 들어 혼종화를 강조하고 있다. 물론 문화 장르마다 다양한 선택과 전략을 전개하고 있기 때문에 한류 전체를 혼종화라는 틀에서 규정하기 어려울 수도 있다. 정도의 차이에도 불구하고 드라마, 영화, 웹툰, 그리고 K-pop에 이르기까지, 한류에서 혼종화 현상을 찾기란 어렵지 않다. 방송 PD, 영화감독, 그리고 음악 작곡가 등 문화 생산자들은 한국과 서구의, 즉 지역과 글로벌 간의 혼종화가 한국 대중문화의 글로벌 진출에 많은 도움이 될 것으로 판단해 혼종화를 단행하고 있다.

한국 문화 콘텐츠 가운데 혼종화를 가장 강력하게 추구하는 장르는 K-pop이다. K-pop은 서구의 팝뮤직 전통, 특히 미국의 힙합, 일본의 아이돌 시스템, 그리고 한국의 역동성과 댄스 등이 혼합된 특별한 혼종화를 통해 생산된다(Anderson, 2020). 잘 알려져 있듯이, K-pop은 서로 다른 텍스트와 스타일들을 혼합하는 형태의 음악으로 분류되기도 한다. 실제로, 국내의 □□ 엔터테인먼트 회사들은 다국적 탤런트를 초청하기도 한다. 초반에는 한국계 □국 이민자들로부터 다국적 가수 댄서 등을 충원하기 시작했으나 지금은 일본 □국, 중국 등에서 충원한다. 앞에서도 이미 설명했듯이, 미국과 유럽의 작곡가 □□ 협업 작업의 혼종화를 달성하고 있다. K-pop을 비롯한 한류 콘텐츠는 내용 □ 형식에 있어 한 나라의 국가적 경계를 넘어서는 혼종화를 달성하고 이를 □□ 국제 무대에서 수용자들로부터 인기를 끌고 있다. 탈영토화의 달성에 앞 □□서고 있는 것이다(Lie and Oh, 2014; Yoon, 2018 재인용).

JYP의 박진영 대표는 이와 □련해 앞으로 'JYP는 세 가지 차원에서 글로벌 확산을 도모한다'고 □□하기도 했다. 첫 번째는 한국 콘텐츠의 수출, 외국 탤런트와 한국 K-pop 그룹 간의 통합, 그리고 마지막으로는 전적으로 외국인 탤런트들로만 구성된 그룹의 구성이다. 박진영은 이와 관련해 이 같은 도전이 K-pop의 미래라고 믿는다고 밝힌 바 있다(Chandran, 2016; Gibson, 2019). 그러나 장수현(2015: 181)은 이러한 현상에 대해, "오늘날 우리가 한류로 지칭하는 현상 중에는 더 이상 한류[한국적임 강조]로 부르기 힘들 정도로 혼종성이 강한 것이 많다. 예들 들어 SM, JYP, YG 등의 기획사들이 의욕적으로 만들어 내고 있는 케이팝 문화는 그 자체가 국적 불명이다. 국적이 다른 멤버들, 초국적 팬덤, 국적이 불분명한 음악 스타일 등 그 어느 것 하나도 뒤섞이지 않은 것이 없다"라고 강조했다. 장수현(2015: 180)은 더나아가 "이제 한류라는 용어의 협소한 공간에서 벗어날 때가 되었다"라고 주장했다. "한류는 너무 낡은 용어가 되어 버렸다"는 것이다. 이에 덧붙여, "한국 대중문화 산업이 글로벌 문화 생산 및 유통의 회로 속에서 작동하면서 문화적 혼종화에 빈번하게 참여하는 오늘날의 현실을 감안한다면 국적성을 강하게 드러내는 한류라는 용어는 국가주의적 문화 이데올로기를 드러내는 시대착오적이고 낡은 표현이라는 점을 강조하고 싶다"라고 말했다(2015: 181). 장수현의 주장은 그러나, 포스트-한류를 어떻게 정의할 것인지 또는 한류라는 용어를 대신할 만한 구체적인 대안을 내놓지 않은 데다, 한류가 혼종화를 통해 한국적 특징을 전체 상실했다고 가정하는 것이어서 문제점을 드러내고 있다. 이 같은 주장은 특히, 아래에서 논의하는 바대로 수용자들이 어떻게 느끼고 있는지를 감안하지 않은 것이기도 하다.

즉, 혼종화와 관련해 또 다른 중요한 요소는 수용자의 측면에서 관찰된다. 많은 글로벌 팬들은 "K-pop은 한국으로부터 수출된 것이라기보다는 즐길 만한 문화적 형태로서 의미가 있다. 즉, K-pop에서 K는 한국 문화에 관한 관심과 열정을 촉진하는 중요한 상징적 심벌로 작용하지 않는다"라고 지적한다. K-pop 내에 여러 중요한 한국적 특성이 있으나, "K-pop의 텍스트적 측면들은 매우 현대적이고 혼종적이며, 따라서 한국 문화의 요소와 공통점을 갖지 않은 경우도 많다"라는 것이다(Yoon, 2018: 377). 임학순(2012, 사문·차희원, 2015 재인용)은 필리핀 청소년을 대상으로 K-pop 소비 요인을 조사했는데, K-pop 콘텐츠의 특성, 관계성, 미디어 환경, 한국 문화 관심도, 문화적 친밀성 등 다섯 가지 요인으로 분류했다. 그 결과, 필리핀 청소년들은 K-pop에 대해 서양 음악과 한국 음악의 요소들이 혼성되어 있으면서도 한국 음악으로서의 차별성이 담겨 있는 것으로 인식했고, 이러한 인식이 K-pop 선호도에 긍정적으로 작용한다고 논의했다.

글로벌 K-pop 팬들은 무엇보다 K-pop에서 초국가적으로 공통적인 요소들을 좋아하고 있다. "이러한 특징은 K-pop 가수들의 국적, 생산 시스템, 그리고 주요 언어 등을 제외하고는 K-pop이 한국 문화적 특징들과 연계되지 않는다는 비판가들의 주장과 상응하는 것이기도 하다"(Yoon, 2017: 377). 윤경원(Yoon, 2017, 2018)이 잘 관찰한 바대로, 한류의 형태는 소비자들의 선택에 많이 좌우되며, 글로벌 수용자들은 한류 콘텐츠가 굳이 한국적인 것일 필요는 없다고 지적한다. 물론, 이들이 지적하는 것은 한류 콘텐츠에 한국적인 요소가 많이 없어졌다는 것이지, 한국 대중문화가 한국에서 만들어졌다는 것을 부정하는 것은 아니다. 한국이 만들어 낸 혼종화된 대중문화에 대한 선호도를 표시한 것으로, 이는 결국 새로운 형태의 한국적인 특징이기도 하기 때문이다.

존 리(Lie, 2012: 360)는 좀 더 강력하게, "전통문화의 관점에서 보면, K-pop에서 한국적인 것은 거의 전무하다"라고 주장했다. 존 리는 K-pop은 한국적인 요소들을 제거하려고 노력함으로써, 국가 간 경계를 편안하게 흐르는 혼종화 상품이 되었다고 강조했다.

만약 누군가가 K-pop을 주로 한국 문화산업의 승리라고 여겨지는 수출 현상이라고 이해한다면, 그는 이러한 성공의 요소들은 현존하는 한국 문화와 전통을 파괴하고 있다는 것을 이해해야 한다. 실제로, 이런 결과는 K-pop에 한국적인 것이 많지 않기 때문이다. K-pop에서의 K는 단순히 1960년대부터 수출주도 정책을 추구해 온 한국 정부가 강조하는 브랜드 코리아일 뿐이다. 일반적으로 한류, 그리고 특별히

K-pop은 발가벗은 상업주의의 전형이다(Lie, 2012: 361~362).

존 리의 주장은 그러나, 한류의 지나친 상업화에 대한 비판을 제기했다는 점을 감안하더라도 한류에서 K의 특징을 지나치게 과거에 얽매여 논의했다는 비판을 받고 있다. 즉, 존 리가 K-pop에 K가 없다고 주장하는 이유는 "케이팝의 가창 스타일이나 주요 음계가 전통적인 한국 가요(창)와 다르며, 1990년대 초반까지도 한국 대중음악의 장에서 발견할 수 없었던 '외국의 것'이라는 점이다. 또한 팝 스타에 대한 대중적 동경은 군자의 삶을 바람직한 것으로 여긴 전통적인 유교 가치와 상이하며, 더 나아가 케이팝 가수들의 외모 역시 전통적인 한국의 체형이나 미와는 거리가 멀다고 지적"하는 등 매우 과거 지향적이다(김수정·김수아, 2015: 15). 다시 말해, 존 리(Lie, 2012: 15)는 "'한국적인 것'이라는 기준 또는 실체를 과거 전통 또는 유교 문화에서 찾고 있다"는 것이고, "문화에 대한 그의 정의는 지금 여기 살고 있는 사람들의 가치와 문화에 기초하지 않고, 과거의 유산에 기초해 있다"는 점이다. 신혜란(2015)도 존 리와 유사한 주장을 펼친 바 있다. '가장 한국적인 것이 가장 세계적이다'라는 구절이 한류를 말할 때 가장 자주 듣는 구호라며, "이는 세계 시장을 상대로 우리 문화상품을 수출할 때, 한국인의 민족문화와 민족 예술이 깃든 작품이 세계적인 공감을 얻을 수 있다는 일반론적인 주장"이라고 지적했다. 여기에서도 한국적인 것, 즉 'K'가 민족문화와 민족 예술이 깃든 작품이라는 것을 강조하고 있는데, 변화하는 미디어 생태계를 배제한 주장이라는 점을 지적할 수밖에 없다.

미디어 문화는 끊임없이 변하고 있으며, 이에 따라 그 안에서 표현되는 텍스트 자체도 변하고 있다. 한국적인 것을 이야기할 때, 국가로서의 한국을 강조하는 대중문화를 만들어 내는 것을 강조하지 않는 시대로 접어들었다. 다시 한 번 강조하지만, 한국적인 것은 과거의 전통이나 유산을 더 이상 의미하지 않는다. 그보다는 변화하는 한국 사회에서 많은 사람들이 보편적으로 느낄 수 있는 가치를 의미하고 있다고 보아야 한다. 유교적인 전통과 다르다고 해서 K-pop에서 K를 찾아볼 수 없다는 주장은 기본적인 전제에서 K-pop, 그리고 한류를 잘못 이해하고 있기 때문에 나타난 현상이다. 아이돌 가수들의 외모가 전통적인 한국인의 체형이나 미와 거리가 멀다고 한 지적 역시 이런 점에서 논란의 요소를 내포하고 있다. 한국인의 정형화된 체형과 미가 무엇인지 정의되어 있지 않은 데다, 신체적 조건과 미의 기준이 시대별로 다르고 변화하는데, 이를 지나치게 과거에 기준을 맞춰 설명하고 있기 때문이다. 한류는 정체적이지 않으며 역동적이고, 변화하는 사회상을 매우 잘 표현하는 초국가적 문화 콘텐츠라고 이해할 때, 과거에 기준을 두고 이에 근거해 현재의 한류를 비교하는 해석 자체가 설득력이 부족함을 알 수 있다.

한편, K-pop뿐만 아니라 드라마 등 다른 한류 콘텐츠에서도 여러 학자들이 혼종화의 중요성을 강조하고 있으나 잘못된 해석을 내놓는 경우도 많다. 박지수(2006: 317)는 한류에 대해 "한국 문화의 정체성이 반영된 대중문화 콘텐츠"라기보다는 "한국에서 생산된 대중문화 콘텐츠"라는 의미가 더 강하게 내포된 개념이라고 주장했다. 실제로 한국의 대중문화가 서구의 대중문화가 유입되어 형성된 것이라는 점은 부인하기 어렵다. 앞에서도 논의했듯이 역사적으로나 지리적으로 인접해 있으면서 우리보다 앞섰던 일본의 대중문화가 영향을 미쳐 왔던 것도 주지의 사실이다. 김정수(2014: 89)는 이와 관련해 "한국의 대중문화는 여러 나라에서 유입된 외래문화가 한국적 정서로 걸러져서 변용된 혼종 문화인 것이다. 한편 콘텐츠의 생산이라는 면에서 볼 때도 한류는 순수 '한국산(Made in Korea)'이라고 말할 수 없다. 오늘날 우리의 문화 콘텐츠 산업을 들여다보면, 이미 다른 제조업 분야에서는 오래전부터 보편화된 다국적 혹은 글로벌 생산이 점차 확산되고 있음을 발견할 수 있다"라고 주장했다. 이런 주장은 그러나, 한국 대중문화 전체가 혼종화된 문화라고 주장하는 잘못된 해석을 내놓고 있는 데다, 한국적 요소가 없이

외래문화가 핵심이었다는 지적이어서 근본적인 문제점을 드러내고 있다.

보다 다른 차원에서 혼종화의 중요성을 강조한 경우도 있다. 2013년 3월 서울대학교 아시아연구소 주최로 열린 '동아시아 대중문화 소비의 새로운 흐름'이라는 국제 학술대회에서 임현진 서울대학교 교수는 한류 콘텐츠가 글로벌 수용자에게 다가갈 수 있었던 것은 한류가 가진 "시간적·공간적 혼종성 때문이었다"라고 분석했다. "동양과 서양의 문화가 혼재한 공간적 혼종성과 전근대, 근대, 포스트모던의 가치가 공존하는 시간적 혼종성 덕분에 한류가 아시아를 넘어 전 세계적인 반향을 일으킬 수 있었다"라는 것이다. 임 교수는 "한류가 국가를 넘어선 문화 공동체 형성에 기여하기 위해서는 이러한 혼종성이 더욱 확대되어야 한다"면서 "이미 혼종적인 특성이 있는 한류가 각각의 지역 문화와 결합해 새로운 하이브리드 문화상품을 만든다면 한류는 다양한 문화가 서로 교류할 수 있는 교량적(bridging) 문화상품이 될 수 있을 것"이라고 강조했다(연합뉴스, 2013).

임 교수는 다만, "한류로 인해 문화적 자부심을 얻는 단계를 넘어 한국의 문화상품이 우수하다는 것을 강조하는 방향으로 나가면 안 된다"라며, "정치적인 이슈, 특히 국가주의를 바탕으로 문화를 바라보는 시각은 문화 공동체 형성을 저해한다"라고 강조했다. 한류의 지속적인 성장을 위해 문화적 국가주의(cultural nationalism)를 경계해야 한다는 것이다. 임 교수의 주장은 그러나, 문화적 민족주의의 위험성을 강조했다는 측면은 인정하더라도, 글로벌화를 위해서는 혼종화를 단행해야 하며, 혼종화가 문화적 민족주의를 해결할 수 있다는 주장을 담고 있어 오해를 불러일으키고 있다.

무엇보다 위에서 설명한 일부 논의들은 혼종화를 통해 국가적 특징을 잃어버리는 과정을 의미하는 탈문화정치(depoliticization)의 문제점을 설명하지 않은 데다, 혼종화 과정에서도 한 국가 특유의 문화를 유지·발전시키려는 문화정치(politicization)의 가능성을 배제함으로써 한류 혼종화에 있어서 문화정치의 중요성을 간과했다고 할 수 있다(Jin, 2016). 즉, 혼종화 속에서도 한국 행위자들이 주요 역할을 단행함으로써 한국적 특성을 잃어버리지 않을 수도 있으며, 이러한 방향의 혼종화가 달성되어야 한다는 것을 인지하지 못한다는 것이다.

한류 콘텐츠에서 K는 문화적 민족주의의 상징인가

한류에서 K가 무엇인가에 대한 논의에서 또 다른 중요한 관점은 한류 콘텐츠의 글로벌 수용이 확산되면서 한류를 문화적 민족주의의 상징으로 해석하는 경우가 많아지고 있다는 점이며, 이에 대한 논란도 늘고 있다. 먼저 간단하게나마 문화적 민족주의의 개념을 설명하는 것이 도움이 될 것 같다. 앤더슨(Anderson, 1983)의 정의가 중요한 것으로 판단되는데, 앤더슨은 민족주의 논의에서 기존의 논의와는 달리 민족 공동체의 문화적 차원을 강조한 바 있다. 그는 민족의 형성이 자본주의와 인쇄술, 그리고 지배 언어의 탄생에 기원한 상상 공동체(imagined communities)라고 강조했다. 이런 주장은 민족주의란 공화주의적 애국심과는 달리 "역사적·문화적·종교적 차원에서의 기억 공유와 일상생활에서의 태도와 습관을 통해 정체성을 강화시키는 작용을 하는 보편적인 추상물"(윤민재, 2015: 91)로 간주될 수 있다는 말이다. 다시 말해, 글로벌라이제이션 시대의 민족주의는 "민족 공동체를 넘어선 지구적 정의와 책임에 부합하는 형태로 발전"되어야 하며, "민족주의의 종족성과 폐쇄성을 극복"(윤민재, 2015: 92)해야 한다는 것이다. 타자를 용인하고 보편적인 시각을 유지하는 것의 중요성을 강조하고 있다고 볼 수 있다.

한류 콘텐츠와 관련해 많은 연구와 미디어는 한국 대중문화와 관련된 민족주의, 즉 문화적 민족주의를 강조한다. 여러 가지 차원의 논의가 있지만, 크게 두 가지 요소를 포함한다. 한편으로는 한류가 실상 주변부 문화로서 그리 유망하지 않은데 한국 것임을 자랑스러워하는 문화적 민족주의 때문에 성공적으로 보인다는 것이고, 다른 한편으로는 한국적인 것이 실제로 전 세계적으로 확산되고 있다는 것을 강조하는 것이다. 어느 방향이든 문제는 타자를 인정하지 않고 마치 한국적인 것만이 최상이며, 한국이 우수하다는 논리를 내세운다는 점이다. 앤더슨(1983)이 강조하는 폐쇄성 극복이 이루어지지 않은 채이다.

이동연(2011: 236)은 이와 관련해, K-pop이 막 서구로의 진입을 시도하던 시기에 "K-pop은 한국의 미디어가 과장되게 선전하는 대로 주류 팝 시장 안으로 진입했다고 말하기 어렵다. 여전히 K-pop은 주변부 팝음악에 불과하고, 주력 소비주체들도 10~20대 위주의 아시아계 미국인들이다"라고 지적했다. K-pop이 글로벌 문화 시장에서 큰 지위를 얻지 못했는데 세계적으로 큰 인기를 끌고 있다고 강조하는 것은 문화적 민족주의 요소가 작용하고 있다는 주장으로도 해석되었다.

김경동(2006, 김두진, 2018 재인용) 역시, 한류의 특수성이 보편성으로 승화하기란 쉽지 않다는 전제를 내세운다. 김경동은 서구로부터의 근대화 물결이 아시아에 접목되는 과정을 일방통행의 '기울어진(tilted)' 문화 접변으로 해석하고 있다. 한류를 기존의 지배적 근대성이 주종을 이룬 서구 문화와 비교할 때, 하나의 매력적인 대안적 근대 문화로서 그 차별성이 인정될 수 있음을 강조한다. 김경동은 "현재 서방의 대중문화가 기술적인 우위에도 불구하고 내용이나 인물 등의 요소에서 지나치게 비속한 저질의 것으로 변질했기 때문에 식상하던 찰나 나타난 한류 문화는 신선했다"라고 평가했다. 문명사적인 맥락에서 김경동은 그러나, 서구 사회를 겨냥해 서구를 능가할 만한 새로운 문화 콘텐츠를 창출하는 것이 아직까지는 역부족임을 자인해야 한다고 지적한다.

우리와 비슷하거나 열등한 처지의 나라에서는 한류의 유입을 큰 거부감 없이 수용하지만 우리보다 우위에 있는 나라에서는 한국이라는 중진국 수준의 나라에서 홀

러오는 문화를 인정하고 받아들이는 데 인색할 수밖에 없다. 특히 서방 세계는 지금도 근대화의 시발자요 선진 지역이었던 과거의 영예로운 위치를 쉽사리 양보하려 하지 않으며 근대화 역사에서 품게 된 백인 중심의 자민족 중심주의적(ethnocentric) 우월감을 계속 버리지 못했기 때문이다(김경동, 2006: 39~40).

물론 이러한 주장들은 2010년대 후반 엑소, BlackPink, 트와이스, 그리고 BTS 등이 북미와 서구 유럽에서도 큰 인기를 끌었던 상황과는 조금 다른 미디어 생태계 속에서 논의의 근거를 찾았다. 실제로 이들의 주장은 현재와는 많은 차이점을 나타내고 있다. BTS의 팬덤인 ARMY의 구성과 활동에서 쉽게 알 수 있듯이 K-pop 팬은 이미 과거 아시아계 미국인들이 아니라, 말 그대로 미국인들이며 유럽인들이다. 팬만이 아니라 적어도 팬 수용자로 확대되며 50~60대까지도 K-pop을 좋아하고 있다. 60대 백인 엄마와 30대 딸이 함께 K-pop을 좋아하면서 같은 팬덤을 형성하고 있다. K-pop이 주변부 음악에 불과하다는 지적은 더 이상 가능하지 않다. 북미와 유럽에서 한류 콘텐츠를 즐기는 절대다수는 자신들의 문화적 우수성을 강조하던 백인들이라는 점을 직시해야 한다. 한류 초창기에 아시아 이민자들이 주로 한국 콘텐츠를 소비하던 때와는 그 지형이 달라졌기 때문이다.● 한류가 더

● 물론, 2020년대에도 K-pop이 주변부 음악에 불과하다는 주장은 끊임없이 이어지고 있다. 예를 들어, 영국의 한 DJ가 2021년 8월에 BTS와 ARMY를 비하하는 발언을 한 후 팬들의 거센 비난을 받고 사과하는 일이 있었다. 매트 조라는 예명으로 활동하고 있는 DJ 마틴 조하르는 자신의 트위터에 "K-pop은 서구에서 여전히 틈새시장에 그친다고 확신한다"라고 주장했다. 그는 "개인적으로 아는 K-pop 팬이 있느냐"라고 물으며 이같이 주장했다. 조하르는 특히 ARMY와 관련해 "그 누구도 어린이를 그루밍하거나 노예처럼 만들어 시장을 이끌지 않는다"라며 "스스로를 ARMY라 부르는 아이들은 이미 그루밍화되고 노예화된 것"이라고 밝혔다. 해당 트윗에는 수많은 반박·항의 댓글이 뒤따랐고, 결국 조하르는 자신의 잘못을 사과하고 해당 계정을 비공개로 돌려야 했다(https://twitter.com/Mat_Zo; 송주상, 2021). K-pop이

이상 주변부 문화가 아니라는 주장이 가능한 시점이라고 할 수 있다.

이들의 주장은 그러나, 정치권과 미디어에서 한류 현상을 문화적 민족주의 차원에서 강조함으로써 문제를 유발했다는 점을 지적해 유용성을 얻고 있다. 한류 콘텐츠 자체 내에 내재되어 있는 문화적 민족주의 요소가 아닌 미디어가 문화적 민족주의 요소를 만들어 내고 있기 때문이다. JYP 대표인 박진영은 이와 관련해 "한류에서 민족주의 성향을 제거해야 한다"라고 강조했다. 박진영은 "정치권과 언론이 한류를 문화적 소통으로 이해하지 않고 민족주의의 틀 안에 끼워넣고 있다"라며 "민족주의로 먹고사는 사람이 너무 많아 한류가 대중문화인들의 의사와는 상관없이 '한국 만세'가 되었고, 이에 따라 해외에서 반(反)한류 흐름이 조성되고 있다"라고 말했다(남정호, 2007). K-pop의 최일선에 있는 제작자의 지적이어서 큰 울림이 되었다. 박진영은 2007년 5월 연세대학교 강연에서 "제품에 국기를 달아서 파는 것은 현명하지 않다"라며 한국 정부와 기업 등이 지나치게 한류를 소프트파워화하는 것에 대한 문제점을 지적하기도 했다(장재은, 2007). 박진영의 주장은 물론, K-pop의 상업적 성공을 위해 혼종화를 실행하는 것을 두고 일부에서 혼종화 때문에 한국적 요소가 없어진다며 문화적 민족주의의 관점을 표출하는 것에 대한 불만을 나타낸 것이기도 하다.

다만, 백원담(2005)은 한류 콘텐츠 자체 내의 문화적 민족주의의 폐해를 지적했다. "한류가 하나같이 '나라 사랑' 표찰을 달고 있다"는 점을 지적한

아직 서구에서는 비주류라는 주장에다 ARMY의 존재를 인정하지 않겠다는 의도를 담고 있었는데, 둘 다 설득력이 없었다. K-pop이 설령 미국 팝음악에 견줄 정도는 아니더라도 이미 서구 사회에서 큰 인기를 끌고 있다는 사실을 애써 외면하려 했기 때문이다. 이 같은 주장은 자칫 아시아, 또는 한국의 대중문화가 서구에서 인기를 끌고 있다는 것을 인정하지 못하겠다는 인종차별적 발언으로까지 여겨질 정도여서, 일부 서구 관계자들이 K-pop, 그리고 더 크게는 한류를 바라보는 시각을 가늠케 하는 사안으로 기록되었다.

것이다. 백원담은 "대한민국주의라는 문화 민족주의의 요란한 취타악은 팝 아시아주의를 꿈꾸는 무서운 욕망과 손을 잡는 데도 서슴없다는 데서 경계하지 않으면 안 될 것이다. 그토록 당했던 미국의 세계주의에 반대하면서도 아시아 속의 힘의 불균형, 그 비대칭성에는 눈을 감는 한국식 문화 민족주의 앞에 중국과 동남아시아는 우리 문화상품의 소비 대상으로만 존재 의미가 있는 것"이라고 강조했다. 문화적 민족주의에 관한 담론은 따라서, 한류 텍스트에서 문화적 민족주의를 강조한다는 측면도 있지만, 한국 정부와 미디어가 한류를 지나치게 우월화함으로써 한류를 문화적 민족주의의 대상으로 만들었다는 점 역시 염두에 두어야 한다.

문화적 민족주의 논의와 관련해 한국 정부는 2000년대 말부터 국가 브랜드화를 단행하고자 한류를 이용하기 시작했다. 한국 문화 콘텐츠가 전 세계에 확산되는 현상을 이용해 한류 콘텐츠를 소프트파워 도구로 사용하면서 문화적 민족주의를 등장시킨 것이다. 이명박 대통령이 '국가 브랜드를 위한 대통령위원회'를 설치해 운영한 것이 이를 증명한다. 외교정책 입안가들이나 시민들이 국가적 자부심을 갖는 것이 한국 기업들이 국제 무대에서 성공하는 데 도움을 줄 것으로 믿었기 때문이다. 소프트파워를 발전시키기 위한 것으로서 문화 수출의 잠재력은 당연히 한류 콘텐츠의 수출과 맞물려 있다 (Hermannes, 2013).

결국, 문화적 민족주의는 정부와 미디어의 잘 재단된 계획 속에서 성장하고 있으며, 한류를 이끌어가기보다는 한류를 등에 업고 진행되고 있다고 볼 수 있다. 문제는 정부 주도의 문화적 민족주의 담론 형성이 한류를 발전시키기보다는 대부분의 경우 한류를 크게 훼손하는 요소라는 점이다. 글로벌 한류 소비자들은 한류의 상업화와 함께 한류를 둘러싸고 일어나는 문화적 민족주의 담론에 거부감을 느낀다. 한류가 매우 독특한 초국가적 문화 현상으로 성장한 것과 관계없이 이를 지나치게 한국의 우수성, 한국적인 것의 세계화 같은 프레임을 통해 강조하는 문화적 민족주의가 넘쳐나고 있고, 이러한 현상이 한류에 도움이 되기는커녕 한류 성장을 저해하고 있다는 점을 인지해야 한다.

한류 콘텐츠에서 K-less 논의에 대한 반론

한류 콘텐츠에서 K-less를 주장하는 학자들의 논조나 미디어 보도는 매우 지나친 일반화라고 지적할 수 있다. 한국 문화산업 전체가 혼종화된, 그래서 상업화된 문화라고 획일화해서 주장할 근거가 부족하기 때문이다. 여러 문화 생산자들이 혼종화를 강조하는 반면, 다른 한편에서는 문화 생산자들이 한국 특유의 문화를 강조하는 독특한 문화를 생산하는 것이 결국은 한류 콘텐츠의 글로벌화에 큰 도움이 된다고 믿고 있다.

예들 들어, 김수정·김수아(2015: 18)는 "글로컬 문화물의 혼종성이 곧 무국적성과 등치될 수 없으며, 이론적으로 혼종성과 문화적 정체성이 양립 불가능한 선택적 문제가 아니라는 기본 전제"를 가지고 있다고 강조했다. "K-pop에는 생산과 텍스트(공연자 포함), 그리고 소비 대중의 태도를 조직해 내는 한국적 에토스가 있으며, 이를 '집단적 도덕주의(collective moralism)'"라고 명명했다. "집단적 도덕주의 에토스는 한국 사회에서 K-pop의 생산에 텍스트와 소비를 관통하는 원리로서, 혼종화되고 글로벌 문화로서 발돋움하고 있는 K-pop에 내재적인 한국적 특성"이라는 것이다. K-pop이 혼종화 속에서도 한국적인 것이라는 주장은 대다수 문화 콘텐츠에 적용될 수 있다.

K-pop 자체 내에서 BTS를 비롯한 여러 아이돌 그룹과 개별 아티스트들은 실제로 그들의 가사와 댄스, 그리고 뮤직비디오에 한국적 특성을 담아내고 있다. 예들 들어, BTS의 「아이돌(IDOL)」은 영어 가사와 한글 가사를 섞어서 쓰며, 가사와 뮤직비디오에 한국 봉산탈춤을 사용하고 있다. '얼쑤', '지화자 좋다', '덩기덕 쿵더러러'와 같은 한국적 특성을 잘 묘사하고 있는

내용이 가사의 일부이다. BTS는 그들의 여러 곡에서 한국적 특성을 강조하는바, 학원 문제, 사회문제, 그리고 청소년의 고민과 사랑 등을 노래하며, 이러한 한국적 특성들이 결국에는 글로벌 팬들이 공유할 수 있는 공통점이라는 데서 인기를 끄는 것이다(Jin, 2020).

하이브(HYBE)의 방시혁 대표는 이와 관련해 영어 가사를 혼용하는 것 자체는 글로벌 팬들이 BTS를 좋아하는 주요 요소는 아니라며, 한국 가사가 더 재미있게 들리고 관심을 끌고 있다고 강조했다(이혜인, 2017). 2020년과 2021년 빌보드 핫 100에서 1위에 오른 「Butter」와 「Permission to Dance」 등 영어 가사로 된 곡들이 있으나 「Life Goes On」과 같이 주로 한국어 가사로 된 곡도 있다는 점이 이를 잘 반영한다. 영화와 방송에서도 여러 대중문화가 한국적 특성을 강조하고 있다. 〈킹덤〉과 〈이태원 클래스〉는 혼종화를 강조하지 않은 채 한국적 특성을 반영해 전 세계적으로 성공을 거두었으며, 〈기생충〉 역시 한국의 사회적 특성을 반영해 영화 관객들의 공감을 이끌어 냈다. 이들 사례에서 보듯이 한류 콘텐츠는 분명하고 독특하게 한국적 특성을 반영하고 있으며, 이러한 내용들이 전 세계 팬과 수용자들에게 호소하고 있는 것이다.

〈기생충〉으로 2020년 아카데미상을 받은 봉준호 감독이 시상식 이후 가진 기자회견에서 "〈기생충〉이 보편성을 지닌 것에 대해 전작인 〈옥자〉는 한국과 미국 프로덕션이 합쳐진 것이었지만, 〈기생충〉은 가장 한국적인 것들로 가득 차서 오히려 가장 넓게 전 세계를 매료시킬 수 있었던 것이 아닌가 생각한다"라고 말한 바 있다. 봉준호 감독이 여기서 언급한 한국적인 것들은 민족문화와 민족 예술을 의미하는 것이 아니다. 제9장에서 본격적으로 논의하겠지만, 봉 감독이 이야기한 것은 현재 한국사회를 가로지르는 특수한 사회·문화적 상황이 결국은 세계적인 보편성을 반영하기 때문에 많은 사람들의 사랑을 받게 되었다는 의미라고 본다. 따라서 〈기생충〉을 비롯한 영화, K-pop, 그리고 드라마 등 한국 대중문화 내에 내재되어 있는 주제가 현재 우리가 살고 있는 한국 사회의 특수성을 반영한다고 생각해야 한다.

한국 영화에서 한국적인 것을 강조한 사례는 다른 경우에서도 잘 나타난다. 한국 영화산업을 주제로 2021년 4월 미시간대학교의 남센터(Nam Center for Korean Studies)에서 열린 학회에 초청 강연자로 참여한 이동원은 "영화감독 등 문화 생산자들은 실제로 혼종화에 대해 많이 생각하지 않는다"라고 주장했다. 이동원 제작자는 영화의 상업화를 누구보다 강조하고 있기 때문에 이 같은 발언은 다소 의외였으나, "국내 수용자들을 대상으로 성공적이면 자연히 전 세계 수용자들에게 호소할 수 있다"라고 밝힌 부분만큼은 호소력이 있었다. 많은 영화를 제작한 경험에서 나온 결론이기 때문이다. 한류에서 K를 확보하는 것이 중요할 뿐만 아니라 매우 전략적이라는 것을 입증하는 것인데, "한류에서는 K, 즉 한국이라는 특성에서 완전히 분리되는 일은 쉽게 일어나지 않을 것이다"(이규탁, 2020: 134)라는 주장이 설득력을 가지는 이유이기도 하다.

'한류 콘텐츠에 K를 집어넣어야 하는가'라는 논의에서 한 가지 주의해야 할 점은 K 자체를 강조하는 것이 문화적 국가주의의 상징이며, '국뽕'이라는 주장으로 무조건 몰고 가서는 안 된다는 것이다. 2020년대 문화 콘텐츠에서 강조되는 K는 한국 문화의 우수성을 이야기하는 것일 수 있으나, 한국 문화의 고유한 특성을 의미하는 것이기도 하다. 한국 문화와 사회를 대표하는, 그래서 이를 반영하는 것을 의미한다. 더 나아가 다른 나라들의 문화적 특징과 차별되는 것을 의미한다. 여기에 한국적 우수성은 군이 개입되지 않는다. 한국적 현실을 더하지도 빼지도 말고 반영하는 것 그 자체이며, 이러한 특성이 세계적 보편성과 연결되어 있기 때문이다. 한국적인 것이 무조건 좋다 또는 우수하다는 주장도 가능하지 않다. 한국의 문화 콘텐츠는 다른 나라와 비교해서 좀 세련되지 못할 수도 있고 구태의연할 수도 있다. 그래서 숨기고 싶을 수도 있으나 이를 나타내는 것을 두려워하지 않으면 된다.

한국적이라는 것을 강조하는 것은 대중문화에서 국가의 우수성을 널리 알리는 프로파간다 성격의 문화 생산과도 거리가 멀다. 이명박·박근혜 정부에서 정부에 호응하지 않는 대중예술인들의 블랙리스트를 만들어 큰 문제를 일으킨 사건에서 잘 나타나듯이, 많은 대중예술인들은 정부의 정책에 호응해 프로파간다 도구로서 이용되는 것을 거부한다. 문화 생산자들은 대중문화가 정부의 홍보 수단으로, 그리고 소프트파워 수단으로 이용되는 것을 크게 탐탁치 않아 한다. 블랙리스트 사태에서 볼 수 있듯이 정부가 지나치게 대중문화 영역에 간섭하고 규제하려고 하다 보니, 많은 경우에 대중문화가 결국은 정부의 입김에 의해 좌우되고, 따라서 국가의 이미지 고양을 강조하는 정부의 입김이 작용할 수 있다는 생각을 하게 된다. 정부의 잘못된 정책 방향이 이러한 편견을 가지게 만든다는 것이다. 한류에 한국적인 것, 즉 전 세계적으로 수용자들이 공감할 수 있는 특성을 잘 녹여 내는 것과 정부, 미디어, 그리고 때로는 문화 생산자들이 한국적인 것의 우수성을 지나치게 강조하는 것은 분명히 구별되어야 한다.

결론

한류의 'K'는 한국이라는 지역성과 한국의 문화를 상징하는 접두어로 사용된다. K는 그러나 일부에서 문화적 민족주의를 상징하는 단어로 표현되기도 한다. 한류 문화 콘텐츠는 방송 드라마부터 K-pop에 이르기까지 다양한 문화 장르를 아우르고 있으나 K-문화라는 틀 속에서 규정되고 있다. 문화 콘텐츠가 전 세계로 환산되면서 한류 콘텐츠에 K가 들어 있는지, 그렇다면 어떤 형태로 어느 정도 있는지에 대해 여러 논의가 있어 왔다. 일부 학자들은 한류 콘텐츠에 K는 없다고 과감하게 주장한다. 한편으로는 지나치게 상업적인 콘텐츠로 변해 K가 없다고 강조하고, 다른 한편으로는 혼종화를 통해 K를 잃어버렸다고 주장한다. 많은 경우 혼종화된 한류 콘텐츠가 상업화되었다는 점에서 두 가지 요소가 하나의 결과를 의미하기도 한다. 둘 다 현재 한류에 대한 비판적인 시각을 보여 주고 있으나, 문제는 논의 자체가 건전한 비판을 넘어서는 경우도 많다는 데 있다.

한류 콘텐츠는 한편으로는 전 세계 수용자들이 거부감 없이 받아들이도록 혼종화를 강조하고 있으나, 그 과정에서 완전하게 K를 상실하는 것이 아니라 한국의 독특한 사회문화적 요소를 담보하고 있으며, 이를 통해 전 세계 문화 수용자들이 공감할 수 있는 보편성을 실현하고 있다고 볼 수 있다. 물론 모두가 그렇지는 않지만 말이다. 제9장에서 특히 강조하고 있듯이, 최근 들어 한류 콘텐츠는 한국적인 고유한 특성만 강조하는 것이 아니라 글로벌 수용자들, 특히 청소년들이 공감하고 공유할 수 있는 보편성, 즉 초국가적 근접성 때문에 인기를 끌고 있기도 하다. 한류에서 K를 지워 버리거나 전적으로 잃어버리거나 하는 현상이 장기적인 관점에서 바람직하지 않은 이유이다. 일부에서 K를 잃어버렸다는 것은 한국 문화 생산자들에게 경종을 울리기에 충분하다. 하지만 문화 생산자들이 전체 콘텐츠에서 K를 버린다고 하는 것은 지나친 견해이다.

K의 성격과 관련해 한류가 지나치게 문화적 민족주의를 내포하고 있다는 주장 역시 매우 주의 깊게 살펴보아야 한다. 여러 한국 영화와 드라마들에서, 예를 들어 2014년 영화 〈국제시장〉에서 주인공인 덕수(황정민 분)가 아내와 다투다가도 국기 하강식 경례만큼은 챙기는 모습을 담아낸 것에 대해 한류 전체를 '국뽕' 논쟁으로 발전시키는 것이 과연 적절한지에 대한 반론이다. 일부 영화나 드라마에서 나타나는 이 같은 표현에 대해 비판적인 논의는 필요하지만, 한류 전체를 문화적 민족주의라는 틀 속에서 가두어 두어서는 안 된다. 많은 한국 문화 콘텐츠가 한국적인 것을 강조한다고 이를 무조건 문화적 민족주의 배양을 위한 것으로 몰아가서는 안 되기 때문이다. 결국, 한류는 K를 잃어버리는 것이 아니라 새로운 형태의 K를 발전시키고 이를 콘텐츠 내에 포함하면서 성장하고 있다고 보아야 한다.

제8장

한류는 카운터 문화 흐름을
만들었는가

서론

많은 미디어 학자들과 전문가들은 한류가 글로벌라이제이션 시대 문화 흐름의 방향을 바꾸었다고 믿고 있다. 영화와 드라마, 그리고 팝음악 등 대중문화의 흐름은 한 나라의 국경을 넘어 다른 나라로, 즉 국제적으로 이동하기 시작했을 때부터 일방적, 그리고 톱-다운 방식으로 흘러왔다. 북미와 유럽의 몇몇 서구 국가에서, 특히 미국으로부터 전 세계 대부분의 나라로 이들 대중문화가 흘러들어 갔다. 한국이라는 비서구 국가의 대중문화인 한류가 주변 국가는 물론, 전 세계 많은 국가로 전파되어 서구로부터의 일방적인 문화 흐름을 바꾸었다는 지적이다.

앞에서도 설명했듯이, 1990년대 초반부터 서구 중심의 일방적인 문화 흐름의 경향은 다소 바뀌기 시작했다. 멕시코, 브라질, 인도, 일본, 그리고 한국이 자국의 대중문화를 발전시켜 수출에 나섰기 때문이다. 다시 말해, 남미와 아시아의 일부 국가들이 자신들의 문화적 전통에 근거한 독특한 대중문화를 생산해 언어와 문화 등이 유사한 주변 국가에 전파했다. 멕시코와 브라질의 텔레노벨라, 인도의 볼리우드 영화 등은 주변국으로 전파된 뒤에 규모는 크지 않더라도 북미와 유럽 등 서구 국가들에도 수출되고 있다(Straubhaar, 1991). 다만 인도가 주로 영화만을, 멕시코와 브라질이 주로 드라마만을 세계 시장에 전파하고 있다는 한계는 여전히 존재한다.

비서구 중심의 문화 생산과 흐름에 있어, 한류는 매우 독특한 형태로 글로벌 문화 흐름의 궤적을 바꾸어 나가고 있다. 한국은 사실상 전체 대중문화 영역에서 글로벌 시장을 두드리고 있기 때문이다. 방송의 경우 드라마와 버라이어티 쇼를 연달아 수출하고 있고, 영화와 K-pop, 그리고 웹툰에 이르는 다양한 대중문화와 디지털 문화를 글로벌 시장에 유통시키고 있다. 한류 콘텐츠라는 비서구의 문화가 서구로 흘러가는 카운터 문화 흐름은 그러나 아직 논의가 정리되어 있지 않다. 한류가 현재로서는 유일하게 서구로부터의 일방적인 문화 흐름을 바꿀 수 있는 중요한 사례로 여겨지고 있으나 글로벌 시장 전체를 두고 본다면 아직도 충분치 않다.

최근 들어 넷플릭스 등과 같은 디지털 플랫폼의 영향력이 커지고 있는 상황에서, 미국 등 일부 플랫폼 강국들의 영향력은 증대되고 있는 실정이라는 점도 카운터 문화 흐름을 만들어 가는 데 걸림돌로 작용하고 있다(Jin, 2015). 대다수 디지털 플랫폼은 서구에서 만들어져 사용되고 있으며, 따라서 미국의 지배 현상은 적어도 당분간 계속될 것으로 판단된다. 디지털 혁명 속에서 글로벌라이제이션은 미디어 콘텐츠가 동시에 전 세계적으로 확산된다는 것을 의미한다(Thussu, 2007). 대중문화와 디지털 기술의 융합이 높은 정도로 일어나고 있기 때문이다. 그러나 현실적으로 대중문화와 디지털 기술의 융합을 이루어 내고, 전 세계적으로 이를 유통 소비시킬 수 있는 비서구 국가는 거의 없는 것이 현실이다.

이 장은 한류가 글로벌 문화 영역에서 카운터 문화 흐름을 실현시키고 있는지에 대해, 또 앞으로 그럴 가능성이 있는지에 대한 담론을 전개한다. 한류가 다른 일부 비서구 국가들과 어떤 차이점을 보이고 있는지 살펴보고, 한류가 글로벌 문화 시장에서 글로벌 문화의 흐름을 크게 바꿀 수 있는 비서구 문화 콘텐츠로 작용할 수 있는지를 논의한다. 만일 한류가 중심이 되는 카운터 흐름이 현실이라고 한다면, 과연 이러한 형태의 카운터 흐름이 서구 미디어의 지배 현상을 해결해 낼 수 있는지 역시 논의의 초점이다. 결국 한류가 중심이 되는 카운터 문화 흐름의 논의는 한국과 같은 비서구 국가가 글로벌 문화 시장에서 강력한 힘을 가진 행위자로 등장하는가 하는 것으로, 이에 대한 논의에 중점을 두고 있다.

대중문화의 국제적 흐름

미국이 전 세계 문화 시장에서 가장 큰 영향력을 보이고 있다는 것은 잘 알려진 사실이다. 미국은 세계 문화시장에서 문화상품의 수출을 통해 가장 많은 돈을 벌고 있다. 1992년에 25억 6천만 달러 상당의 영화와 텔레비전 프로그램을 수출하던 미국은 2017년에는 185억 달러 어치를 수출했다. 해당 기간에 무려 7.2배가 넘는 증가세를 보였다(US Department of Commerce, 2010, 2021)(〈그림 8-1〉).

물론, 미국 등 서구 국가들도 다른 국가에서 생산된 대중문화를 수입한다. 미국의 경우, 1992년에 760억 달러어치의 영화와 텔레비전 프로그램을 해외로부터 수입했으며, 2017년에는 6800억 달러 상당의 대중문화를 수입했다. 1990년대 초반에 비하면 상당히 많은 외국 프로그램을 수입하고 있는 것으로 나타났다. 그러나 상품의 수출과 수입의 차이를 나타내는 무역수지를 보면, 1992년에는 24억 8600만 달러에 그쳤으나, 2017년에는 무려

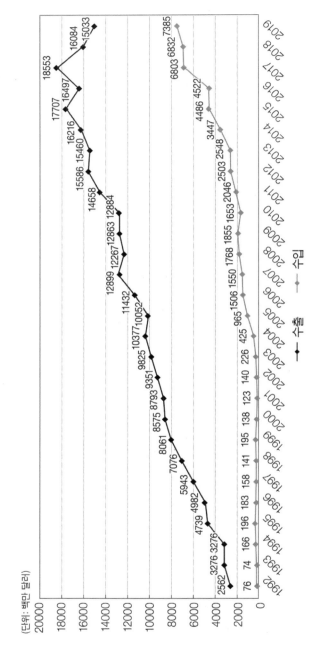

〈그림 8-1〉 미국 영화·텔레비전 프로그램 수출입 현황(1992~2019)

(단위: 백만 달러)

자료: U.S. Trade in Services, U.S. Department of Commerce(2010, 2021).

117억 5천만 달러인 것을 알 수 있다. 할리우드 영화사들이 박스오피스에서 벌어들이는 수익 중 70% 정도가 글로벌 영화 시장에서 일어난다는 사실은 이러한 일방적인 문화 흐름이 지니고 있는 현상과 문제점을 고스란히 보여 준다(Brook, 2014).

미국이 자국에서 만든 대중문화를 대규모로 수출하면서 비서구 국가로부터의 대중문화 수입은 아직도 제한적이라는 것을 알 수 있다. 일본의 애니메와 콘솔 게임 등이 미국 시장 등에서 인기를 끌었으나, 이들을 제외하고는 사실상 꾸준히 서구시장을 공략하는 비서구의 대중문화는 존재하지 않았다. 거꾸로, 아시아와 남미 등의 비서구 국가들은 미국 대중문화를 일방적으로 수입·소비하는 경우가 대부분이었다.

대중문화가 디지털 기술과 연동되면서 가장 큰 혜택을 보는 나라 역시 미국이라는 데 이론의 여지가 없다. 최근 들어 미국이 전 세계 문화 시장을 넷플릭스 등 OTT 서비스 플랫폼을 통해 지배하고 있기 때문이다. 최근 몇 년 동안 넷플릭스 가입자와 수익만 보더라도 미국이 전 세계 시장에서 차지하는 비중과 영향력을 쉽게 알 수 있다. 넷플릭스는 전 세계 190개 국가에 가입자를 두고 있다. 넷플릭스는 COVID-19 시대에 전 세계에서 가파르게 가입자를 늘리고 있으며, 가입자들이 내는 월정 요금을 통해 수익도 크게 늘고 있다. COVID-19가 일어나기 전인 2018년 전 세계에서 1억 3925만 9천 명이 넷플릭스 가입자였는데, COVID-19 이후에는 급속하게 가입자가 늘어 2020년 12월에는 무려 2억 366만 3천 명이 되었다. 이에 따라 넷플릭스의 연간 수익도 2018년 154억 2875만 2천 달러에서 2020년 248억 5667만 5천 달러로 무려 64%가 증가했다(Netflix, 2021). 보다 중요한 것은 미국이 아닌 전 세계에서 벌어들이는 돈이다. 2018년까지만 해도 넷플릭스는 미국에서 전체의 절반이 넘는 53.7%의 수익을 실현했으나, 2020년에는 거꾸로 54%를 다른 나라에서 벌어들인 것으로 나타났다. 넷플릭스가 한국 등 아시아와 남미 시장에 큰 공을 들여 가입자를 늘렸고 이에 따라 이들 국가에서

(단위: 천 달러, 천 명)

		2018	2019	2020
미국, 캐나다	수익	8,281,532	10,051,208	11,555,396
	가입자	64,757	67,662	73,936
유럽, 중동, 아프리카	수익	3,963,707	5,543,067	7,772,252
	가입자	37,818	51,778	66,698
남미	수익	2,237,697	2,795,434	3,156,727
	가입자	26,077	31,417	37,537
아시아	수익	945,816	1,469,521	2,372,300
	가입자	10,607	16,233	25,492

자료: Netflix(2021).

큰 수익을 내고 있는 것이다(Netflix, 2021)(〈표 8-1〉). 전 세계 음악 시장에서 미국 팝음악이 유튜브 채널 등 서구에서 만들어진 스트리밍 서비스를 통해 소비되고, 미국 드라마가 전 세계 시장에서 큰 인기인 상황이 지속되고 있다. 일본과 함께 미국 역시 콘솔게임 강국이다. 미국의 대중문화가 디지털 기술과 만나 보다 강력한 지배 현상을 만들어 내고 있다.

다시 한 번 강조하지만, 과거 수십 년 동안 대중문화는 서구, 특히 미국으로부터 비서구 국가로 흐르는 일방적인 톱-다운 형태였다. 당연히 미국이 전 세계 문화 시장에서 가장 중요한 문화 생산자와 유통자로서 역할하며, 글로벌 문화 시장에서 많은 수익을 올리고 있다. 미국은 최근 들어 한국과 멕시코 등으로부터 대중문화 수입을 늘려 나가고 있으나, 이들 일부 국가를 제외하면 아직 눈에 띌 정도의 대중문화 수입은 이루어지지 않고 있다.

비서구 국가의 서구문화 거부 운동 및 자국의 문화 발전

글로벌 문화 영역에서 비서구 국가들이 무조건 서구로부터 대중문화를 받아들인 것은 아니다. 아시아, 남미, 그리고 중동의 여러 국가들은 미국 등의 일방적인 문화지배 현상을 거부하면서 미국과 갈등을 빚기도 했다. 한국이 미국의 스크린쿼터 철폐 압력으로부터 한국 영화를 지키기 위해 대규모 문화 운동을 전개한 것이 하나의 예이다. 한국은 1960년대부터 국내 영화 산업을 보호하기 위해 스크린쿼터제를 시행했다. 영화관들은 일정 기간 국내에서 제작된 영화를 상영해야 했다. 스크린쿼터제는 2006년 전까지 여러 차례 수정이 있었으며, 미국으로부터 지속적인 스크린쿼터 철폐 압력을 받았지만 굴복하지 않고 반대 운동을 이어 갔다(Jin, 2019).

미국의 압력은 지속적이고 집요했다. 미국과 미국영화협회(Motion Picture Association of America)는 영화를 문화가 아닌 상품으로 보고 있었고, 따라서 민간 부분이 관리해야 할 영역인 만큼 국가가 나서서 스크린쿼터를 운영하는 것에 반대해 왔다(Lee, K. V., 2008). 미국은 특히 2006년 미국과의 자유무역협정(FTA)을 앞두고 스크린쿼터제를 변경하거나 폐지하라는 고강도의 압력을 가해 왔다. 미국 할리우드 영화에 꾸준히 저항해 왔던 한국이 스크린쿼터를 1년에 146일에서 73일로 줄이게 된 이유이다. 당시 주한 미국대사였던 크로스토퍼 힐(Christopher Hill)은, 한국은 스크린쿼터와 FTA를 동시에 가질 수는 없다며, FTA의 전제 조건으로 스크린쿼터 문제를 해결하라고 압박했다(Lee, H. J., 2005). 다른 일부 국가에서도 미국 대중문화에 대한 저항이 있었다. 예들 들어, 중동 지역에서는 미국의 문화를 거부하는 움직임이 거셌다. 미국의 상업적인 대중문화가 해당 지역 국가들의 종교적·도덕적 기준과 맞지 않았기 때문이다.

아시아와 남미 국가들은 자국의 문화를 보호하기 위해 움직인 데 이어, 자신들의 문화 콘텐츠를 발전시키기 시작했다. 각국마다 상황은 다소 다르지만, 전통 미디어, 즉 지상파 채널이 늘어나는데다, 디지털 미디어의 확산에 따라 이를 충족시킬 만한 콘텐츠의 확보가 절실했다(Thussu, 2006). 한국, 인도, 멕시코, 브라질 등이 자국의 대중문화를 발전시키기 시작했는데, 이러한 현상은 1990년대 들어 두드러졌다.

물론 일부 비서구 국가들에서 자국의 문화 콘텐츠로 서구의 문화와 경쟁할 만큼 우수한 콘텐츠를 만들어 내는 것은 별도의 문제이다. 자본력과 기술력, 그리고 양질의 콘텐츠를 생산할 인력 등이 부족한 비서구 국가에서 블록버스터급 대중문화를 만들어 내기 어려운 것도 사실이다. 아시아, 남미, 아프리카의 많은 국가들은 재원과 기술 등이 부족해 자체적으로 콘텐츠를 생산하고 발전시켜 나가는 데 어려움을 겪고 있다. 오직 소수의 국가만이 양질의 문화 콘텐츠를 만들 수 있었으며, 국내에서의 인기를 기반으로 자국에서 생산한 대중문화를 수출하기 시작했다. 먼저 자국과 국경을 맞대고 있는 주변 국가들이 대상이었다. 멕시코와 브라질이 텔레노벨라를 남미에서 확산시킨 것이 그 예이다. 인도 역시 볼리우드 영화를 발전시켜 인접 국가들을 중심으로 확산시켰다. 인도의 볼리우드 영화는 북미 일반 영화관에서는 잘 볼 수 없으며, 일부 상영관에서만 볼 수 있는 수준이다.

일본은 이러한 과정에서 좀 더 특이한 모습을 보였다. 일본이 비서구 국가인지 여부는 차치하고, 일본은 애니메를 발전시켜 아시아뿐만 아니라 전세계에서 인기를 구가한 반면, J-pop과 방송 드라마는 아시아권 시장에서만 주로 인기를 끌었기 때문이다. 즉, 미국 다음으로 가장 큰 문화 시장인 일본에서조차, 미국 문화시장으로의 문화 흐름은 매우 제한적이었다. 따라서 이들 비서구 국가들이 미국 등 서구로부터 일방적으로 문화를 수입·소비하던 주변 국가적 상황에서 자신들의 대중문화를 발전시켜 서구에까지 수출했는가는 일부의 사례에도 불구하고 일반화로 이어지지 못하고 있다고 보아야 한다. 미국이 전 세계 거의 모든 국가들에서 자국의 문화 콘텐츠 영향력을 확대하고 있는 반면, 비서구 국가에서는 오직 서너 개 국가만이 미국 등 서구로 자국의 문화 콘텐츠를 전파하고 있는 실정이기 때문이다.

특히 이들 국가는 대부분의 경우, 영화나 드라마 등 단 하나의 문화 장르만을 발전시켜 주변국이나 일부 서구 국가에 수출한 것이어서 실제로 카운터 문화 흐름을 만들어 냈다고 보기에 어려움이 있다. 일본의 방송 드라마와 J-pop이 아시아 일부 국가에 확산된 것은, 특히 아시아 지역 내에서의 문화 흐름이지 아시아 문화가 서구로 확산되는 카운터 문화 흐름은 아니었다. 일본의 대중문화가 서구에서 인기를 끈 것은 애니메와 디지털 게임이었으며, 영화는 일부 장르인 사무라이 영화에 한정되었다. J-pop은 아직도 서구 등에서 인기를 얻지 못하고 있는 실정이다. 완벽한 형태의 카운터 흐름을 만들어 내지 못했다. 이런 가운데 한류는 대중문화 전 분야에 걸쳐서 세계 문화시장에서 그 영향력을 확대하고 있기 때문에 진정한 의미의 카운터 문화 흐름이 가능한가에 대한 논의가 이어지고 있는 것이다.

한 가지 눈여겨보아야 할 부분은, 지금까지 언급된 비서구 국가들이 자국의 문화를 해외에 전파시킨 경우는 대부분 자국민의 해외 이주와 밀접한 관련을 맺고 있다는 것이다(Thussu, 2007). 많은 멕시코인들이 미국, 특히 미국 남부로 이주하면서 멕시코 텔레노벨라를 시청하게 되었으며, 인도 볼리우드 영화의 인기 역시 많은 인도인들의 해외 이주에 힘입은 바가 크다. 초창기 한국 문화 콘텐츠의 전파 역시 한인 이주자들의 증가와 무관하지 않다. 중국 내 한국인 조선족이나 일본 내 한국계 등이 한국 문화 콘텐츠를 즐겨 보기 시작했기 때문이다. 미국 내에서 한국 드라마와 영화가 서서히 퍼지기 시작한 것은 1990년대 후반과 2000년대 초반으로, 많은 한국 이주자들 및 유학생과 그 가족들이 한국 문화 콘텐츠를 찾은 데서 비롯되었다.

한류 중심 동아시아 내 문화 흐름

1990년대 중반부터 시작된 한류 현상은 두 가지 측면에서 카운터 문화 흐름을 실현한 사실상 유일한 비서구 문화라고 알려지고 있다. 먼저 한류는 2000년대 중·후반 이후 아시아 문화 시장이 아닌 전 세계 문화 시장에서 확산세를 보이기 시작하면서 지역 내 문화 흐름의 테두리를 벗어났다. 양은경(2003: 201)이 지적했듯이, "한류 현상은 미디어 산업에서 미국을 비롯한 서구 대중문화의 수입국에 머물러 왔던 한국이 문화 수출국이 되었으며, 서구로부터 비서구로, 중심으로부터 주변으로의 단일하고 일방적인 미디어 흐름에서 벗어나 비서구 국가들 간 – 여기서는 동아시아 내 – 의 미디어 흐름이 생겨났음을 보여 주는 사례였다." 한류 초기는 한국 대중문화가 아시아를 중심으로 확산되었을 때였기 때문에 한류를 아시아 내 문화 흐름으로 정의한 것은 매우 적절한 논의였다. 즉, 한류 초기에는 주로 아시아 지역 내로만 문화 콘텐츠의 흐름(inter-asian cultural flow)이 이어졌기 때문에 비서구에서 서구로 문화가 전파되는 카운터 문화 흐름을 이야기할 단계가 아니었다(Thussu, 2007).

한류는 그러나 2000년대 중반 이후 전 세계 문화 시장을 대상으로 급속하게 확산되었다. 동아시아뿐만 아니라 중동 지역으로, 그리고 북미와 유럽, 남미, 아프리카를 아우르는 전 세계 문화 시장에서 많은 수용자들과 만나고 있다. 특히 이 과정에서 중요한 것은 한국 문화 콘텐츠가 북미(미국, 캐나다 등)와 서구 유럽(영국, 프랑스, 독일 등)으로까지 확산되었다는 사실이다. 한류의 수출이라는 측면에서 과거 동아시아에 집중되었다면, 현재는 북미나 유럽의 비중이 한껏 높아진 것이 이를 증명한다. 수출만이 한국의 대중문화가 서구 등으로 흘러가는 유일한 길은 아니다. BTS의 인기가 전 세계적이며, 미국의 빌보드 시상식에서 해마다 서너 개씩의 상을 수상한다는 것이 이를 반증하고 있다. BTS는 미국, 영국, 프랑스 등에서 대규모 콘서트를 통해 K-pop의 전파를 실행하고 있다. 한국 대중문화가 미국과 영국 등 전통적인 서구 문화강국으로까지 확산되면서 대중문화의 흐름이 서구로부터의 일방적인 흐름이 아니라 비서구에서 서구로 흐르는 카운터 문화 흐름을 실현했다는 주장이 나오는 설득력 있는 이유이다.

한류가 카운터 문화 흐름을 달성했는가 하는 것은 정치경제적 요소, 그리고 디지털 플랫폼의 발전을 포함하는 보다 복잡한 상황 속에서 논의되어야 한다. 문화 콘텐츠가 움직이는 현상은 결과로서 나타나는 것일 뿐이다. 그런데 일부에서는 한국 대중문화에 대한 전 세계적인 인기가 자동적으로 서구 미디어 패권에 대항하는 카운터 문화 흐름을 형성하고 있다고 진단한다. 한국 방송 드라마와 K-pop의 인기를 주원인으로 밝히고 있다(Hartzell, 2019). 윤경원 등(Yoon et al., 2019)이 강조했듯이, 카운터 흐름으로서의 한류는 '어떻게' 그리고 '왜' 비서구라는 지리적·문화적으로 전혀 다른 한국의 문화 콘텐츠가 서구 국가에서 소비되고 있는지에 대한 의문을 제기한다. 여기서 강조되는 이론적 함의인 문화적 근접성에 관한 논의는 다음 장에서 논하고 있기 때문에 이 장에서는 주로 카운터 문화 흐름이라는 주제만 다루기로 한다.

여기서 중요한 또 다른 요소는 한류가 일본, 멕시코, 브라질, 인도 등과 달리, 즉 한두 가지 주요 문화장르만 발전시키거나 이들 문화 콘텐츠를 서구로 확산시키는 경우와 차별되게, 전 문화 장르의 콘텐츠를 발전시켜 서구로까지 수출 또는 전파하고 있다는 점이다. 방송 드라마, 영화, K-pop, 애니메이션, 웹툰, 그리고 스마트폰에 이르기까지, 디지털 한류를 포함한 한류 전체 콘텐츠가 북미와 서구 유럽에서 큰 인기를 끌고 있다.

지금까지 전 세계 문화 시장에서 서구로부터의 일방적인 문화 흐름을 이야기할 때 우리는 영화나 드라마 등 단 하나의 문화 장르만을 언급한 것은 아니다. 영화부터 드라마, 그리고 미국 팝음악까지 전 분야의 문화 장르를 합쳐서 이야기하고 있다. 이런 측면에서 다른 나라의 문화가, 즉 하나의 문화 장르가 미국 시장에 진입했다고 해서 진정한 의미의 카운터 문화 흐름을 실현했다고 하기는 어려운 것이다.

한류의 경우는 이와 달리 미국이 전 분야의 문화를 전 세계에 수출하고 확산시킨 것과 같은 맥락에서, 한국 대중문화 전체 영역을 서구에까지 확산시키고 있다는 점에서 카운터 문화 흐름을 실현했다고 할 수 있다. 다시 말해 많은 서구 팬들이, 그리고 일부 일반 수용자들까지 한류 콘텐츠를 즐기는 현상을 곳곳에서, 그리고 그 현상이 증가 추세인 점을 목격할 수 있다는 점에서, 한류가 카운터 문화 흐름을 보여 주고 있다는 것을 부정하기 어렵다. 이 같은 현상을 반영해 패션 매거진 ≪엘르(Elle)≫는 2021년 8월 한류 특집 호를 내고, "한국이 조용하게 할리우드의 가장 큰 경쟁자가 되었으며, 전 세계적으로 호소할 수 있는 대중음악, 텔레비전 드라마, 뷰티, 그리고 패션 트렌드를 발전시켜 글로벌 문화 시장을 휘젓고 있다"라고 강조했다. ≪엘르≫는 "글로벌 시민들은 이제 K-World에 살고 있으며" 이를 경축하기 위한 특집 호를 마련했다는 점을 명백히 했다(Chong, 2021). 한류 콘텐츠의 수출 총액이라던가 한류를 즐기는 인구 비율 같은 외형적인 측면에서 보면, 미국 문화의 전 세계 지배 현상과는 매우 차이가 나는 것이 사실이나, 한류는 적어도 의미 있는 정도의 카운터 문화 흐름을 실현하고 있다고 해석할 수 있다.

한류 중심의 글로벌 카운터 문화 흐름

한류가 증명하고 있는 카운터 문화 흐름은 그러나, 두 가지 측면에서 좀 더 구체적이고 심층적인 논의가 필요하다. 첫 번째는 한류가 진정한 카운터 문화 흐름을 구현하고 있는가 하는 점이며, 두 번째는 한류가 전 세계적인 카운터 문화 흐름을 주도할 수 있는가 여부이다. 먼저 한류가 글로벌 문화 시장에서 진정한 카운터 문화 흐름을 실현하고 있는가 여부와 관련해, 한국 문화 콘텐츠가 서구, 특히 미국으로 얼마나 확산되고 있는지, 또 미국으로부터의 문화 수입·영향이 감소하고 있는지를 종합적으로 살펴보아야 한다. 이런 측면에서 보면, 우선 한국에서 미국 또는 서구 전체로 수출 및 전파되는 문화는 우리가 피부로 느낄 수 있을 만큼 확산되고 있다고 할 수 있다. K-pop의 경우 잘 알려진 대로 2021년에는 COVID-19 때문에 대규모 공연이 가능하지 않았지만 2019년 말 이전에는 BTS와 엑소 등 많은 아이돌 그룹이 연중 대규모의 공연을 펼쳤었다. 영국 웸블리 구장 공연은 전 세계 음악인들에게 꿈의 무대로 불린다. 그런데 BTS가 이곳에서 공연한 것은 한류의 글로벌 카운터 문화 흐름을 상징하는 것이라고 할 수 있다. 신현준(2005: 9)은 "K-pop은 한국(산) 대중음악이 더 이상 '국내 대중음악(domestic popular music)'에 머물지 않는다는 것을 함축하는 용어"라고 강조했는데, 그 범위가 2000년대 아시아에서 2020년대 글로벌로 확대되었다고 볼 수 있다. BTS가 미국 빌보드에서 지속해서 인기를 끌고 있던 2021년 여름, 국내 방송과 신문들은 BTS가 미국의 주류 음악이 되었다고, 적어도 주류 음악에 편입되고 있다고 보도하기도 했다(고경석, 2021; YTN, 2021). 앞 장에서 설명했듯이 일부 연구자들은 K-pop이, 그리고 일반적으로는 한류가 서구에서 즐기는 주류 음악이나 주류 문화에 편입되지 못했다고 지적했다. 따라서 2020년대 초반 상황에서 K-pop이 주류 음악에 편입되었다는 주장이 나오는 것은 매우 큰 변화라고 할 수 있다.

물론 이 같은 주장에도 불구하고 아직 한류가 글로벌 문화 시장에서 주류라고 할 수는 없다는 지적도 계속되고 있다. 예들 들어 강인규(2020)는, BTS가 미국 팝음악의 '주류'로 부상했다고 말하고 싶은 유혹이 생길지 모르겠으나, BTS 음악은 미국 음악시장에서 결코 주류가 아니며, 오히려 미국을 비롯해 전 세계의 수많은 팬들에게 사랑을 받으며 막대한 영향을 미치고 있는 주된 이유가 "그들이 '주류'가 아니라는 데 있다"라고 강조했다. "주류 문화는 모두를 만족시키는 것을 목표로, 태생적으로 보수적인 매체인 텔레비전과 라디오를 등에 업고 등장"하지만 BTS 팬들은 방송 매체보다 소셜 미디어를 통해 BTS를 즐기고 있기 때문이다. BTS의 인기는 오히려 주류가 되어야 빌보드 차트에 오르던 시대가 지났음을 보여 주는 것이라고 지적했다. 강인규의 주장은 그러나 좀 더 주의가 필요하다고 할 수 있다. 21세기 초 대중음악계에서 소셜 미디어를 이용하지 않는 가수나 그룹은 사실상 없기 때문이다. 소셜 미디어 자체가 이미 음악계의 주요한 소통 도구로 자리 잡고 있으며, BTS가 소셜 미디어를 잘 활용해서 인기를 끌었다는 것은 이러한 현상을 선도하면서 주류가 되었다고 보아야 한다. 또, 빌보드에서 1위를 차지하기 위해서는 전통 미디어인 라디오에서 얼마나 많이 소개되었는가가 중요하다는 점에서 주류 미디어의 영향을 크게 받고 있다고 할 수 있다. BTS가 라디오에서 소개되는 횟수가 급속히 증가하면서 빌보드 수상이 가능해졌기 때문이다. 이런 점들로 미루어 BTS가 주류 음악이 아니라서 인기를 끌고 있다는 지적은 설득력이 적어 보인다.

실제로 미국에서 한국 방송 드라마 및 엔터테인먼트 프로그램의 인기 역시 갈수록 확대되고 있다. 2017년 한국콘텐츠진흥원에서 단행한 온라인 조사에 따르면, 한국 드라마―특히 로코(로맨틱 코미디) 장르―의 인기가 매우 높다는 것을 알 수 있다. 조사에 따르면 한국 드라마를 좋아하는 집단을 인종별로 구분했을 때 아시아계가 25.5%, 히스패닉이 25.1%, 백인이 24%, 그리고 흑인이 9%였다. 2014년의 조사와 비교할 때 백인의 비율이 크게 올라 전체 아시아계, 히스패닉계와 비슷할 만큼 주요 시청자로 등장했다. 한국 드라마의 인기를 반영하듯이 응답자의 59.8%가 한국 드라마를 3년 이상 시청하고 있다고 밝혔다(*The Korea Herald*, 2017). 실제로 미국 내에서는 2005년에 이미 2700만 가구가 한국 드라마를 시청한 것으로 나타났다(*PR News wire*, Kim, 2007 재인용). 로스앤젤레스, 하와이, 시카고, 뉴욕, 그리고 워싱턴 D.C. 등을 중심으로 케이블 채널 AZN Television을 통해서였다. 당시 많은 미국인들이 시청한 드라마는 〈대장금〉으로 나타났다(Kim, Y. A., 2007).

2010년 중반 이후 한류의 한 특징은 미국이 한국 방송 프로그램을 포맷 형태로 받아들이고 있다는 점이다. 완성된 방송 프로그램을 수입하는 것이 아니라 해당 프로그램을 포맷 형태로 받아들여 미국에서 일부 내용을 첨부하거나 수정해서 제작하는 것이다. 〈꽃보다 할배〉, 〈복면가왕〉, 〈굿닥터〉 등이 대표적이다(Jin and Kim, 2019). 라이선스 계약을 통해 다른 나라의 프로그램을 도입해 국내 실정에 맞게 각색하는 포맷은 방송 프로그램을 새로 제작할 때 수반되는 위험을 줄일 수 있을 뿐만 아니라 비용 절감도 기대할 수 있어 1990년대 이후 많이 사용되는 기법이다. 한국도 미국 등으로부터 여러 프로그램을 라이선스 형태로 수입해 제작 방영하고 있으나, 최근 들어서는 한국이 포맷 수출국으로 발전한 것이다. 한국은 드라마, 버라이어티 쇼, 퀴즈 쇼에 이르기까지 다양한 형태의 프로그램을 포맷 형태로 수출하고 있으며, 미국 역시 한류 인기에 힘입어 한국으로부터 포맷 프로그램 수입을 확대하고 있다. 미국 지상파 방송국 ABC에서 방영하고 있는 〈굿 닥터(The Good Doctor)〉는 한국에서 방영된 같은 이름의 드라마를 포맷 형태로 만든 것으로, 완성된 프로그램은 아니더라도 한국의 드라마가 미국 지상파에까지 진출해 인기를 끌고 있다는 데 큰 의의를 찾을 수 있다.

카운터 문화 흐름에서 또 하나 눈여겨보아야 할 것은 한국이 서구 국가에 직접 투자하거나 자회사 등을 설치해 현지화를 실현하는가이다. 이는 미국이 전 세계에 할리우드 영화를 확산시키는 방식이기도 하다. 예를 들어, 미국은 1980년대부터 한국에 할리우드 영화사들의 직배사를 만들어 영화를 직접 보급했다. 미국 디즈니랜드가 파리, 홍콩, 일본에 제2의 디즈니랜드를 만들어 해당 국가의 시민들이 찾아오게 만든 것도 비슷한 경우라 할 수 있다. 글로컬라이제이션(glocalization)이라고도 하는 이 전략은 글로벌라이제이션을 실현하되 지역적 특징을 가미해 해당 국가 수용자들의 반발을 줄이면서 미국의 영향력을 증가시키는 방식이다(Thussu, 2007). 따라서 미국의 문화지배 현상은 단지 완성된 문화상품의 현지 판매뿐만 아니라 미국 문화 기업들의 비서구 국가로의 진출을 포함한다고 할 수 있다.

따라서 카운터 문화 흐름을 파악할 때, 한국 등 비서구 국가들의 문화 기업이 미국 등 서구 지역에 자회사 형태로 진출하는 방식으로 비서구 국가 중심의 글로컬라이제이션을 달성했는지 살펴보게 만드는 요인이다. 한국은 이런 점에서 완전하지는 않지만 일정 부분 서구지역에서의 글로컬라이제이선을 실현했다고 할 수 있다. 먼저, 디지털 게임 회사들이 미국, 유럽, 일본 등에 여러 자회사를 두고 현지에서 게임 개발과 판매를 담당하고 있다. 국내 최대 온라인 게임 업체인 엔씨소프트(NCSoft)는 2000년대 초반 이미 영국과 미국에 현지 법인 및 자회사(NC Soft Austin)을 설립해 〈리니지 게임 II〉의 개발과 판매를 맡아 왔다(백인성, 2008).

웹툰 플랫폼들 역시 미국, 유럽, 일본에 자회사를 두거나 합작회사를 운영하는 방식으로, 또는 현지 기업을 인수하는 방식으로 진출하고 있다. 국내 웹툰 최대기업인 네이버 웹툰은 2020년 12월 한국에 있던 본사를 미국 로스앤젤레스로 이전했다. 네이버는 같은 해 세계 최대 웹소설 플랫폼인 캐나다의 왓패드(Wattpad)도 인수했다. 네이버는 북미 시장에서 네이버 웹툰과 왓패드를 통해 웹툰뿐만 아니라 웹소설 기반의 스토리텔링 사업을 강화하고자 한다. 북미 현지에서 할리우드 영화사 등과 협력 체제를 구축해 웹툰기반 사업을 확대함으로써 현지에서 한류 콘텐츠 확산을 도모한다는 발상이다(임영신, 2021).

물론 이 같은 현상이 곧바로 미국 문화의 수입 감소라는 결과를 낳았는지는 별개의 문제이다. 미국에서 한국으로의 대중문화 유입은 21세기에도 지속되고 있기 때문이다. 한국에서 인기를 끌고 있는 많은 영화들이 여전히 할리우드 영화이며, 미드라고 불리는 미국 드라마들이 예전보다 더 많이 한국 방송에 등장하고 있다. 수많은 케이블과 위성 채널이 등장하면서 이들 방송국이 미국 문화 콘텐츠의 수입·방영을 단행하고 있다. 즉, 전체적으로 볼 때 뉴미디어가 등장하면서 시장 규모가 확대되고 있고, 이런 상황에서 한국의 문화 콘텐츠가 서구로 확대되는 것 역시 전체적으로 시장 규모가 커졌기 때문에 가능한 점도 있다고 판단된다.

무엇보다 중요한 것은 한국의 문화 콘텐츠가 미국 등 서구로 확산되는 것이 비서구로부터 서구로의 문화 흐름을 주도하고 있는 것은 아니라는 점이다. 한류는 어디까지나 비서구로부터의 흐름이라는 측면에서 성공적인 모델로 기록될 수 있으나, 이로 인해 다른 비서구 국가들도 유사한 수준의 문화 콘텐츠를 만들어 서구 등으로 수출을 확대하는 현상은 아직 확인되지 않고 있다. 멕시코와 브라질의 텔레노벨라가 미국에서 인기를 끌고 있으나 방송 드라마 이외에 다른 분야에서는 영향력을 확대하지 못하고 있다. 인도의 볼리우드 영화 역시 뉴욕 등 대도시의 일부 상영관에서는 볼 수 있지만 아직도 일부 영화에 불과한 실정이다. 미국 영화시장에서 외국 영화의 비중이 5% 미만이라는 점은 이 같은 현상을 잘 나타낸다. 즉, 95% 이상이 미국에서 만든 미국 영화란 점에서 카운터 문화 흐름이 나타나고 있다고 일반화하기에는 어려움이 있다. 따라서 글로벌 문화 시장을 감안할 때는 구조적인 카운터 문화 흐름을 실현하기가 아직도 요원한 실정이다.

결론적으로, 한류는 여러 제한에도 불구하고 비서구인 한국으로부터의 문화 콘텐츠가 글로벌라이제이션 이론과 연구에 있어 새로운 사례로 기록될 수 있을 것으로 보인다. 1990년대 중반부터 시작된 한류가 초창기 동아시아 시장을 위주로 확대되던 단계를 지나, 북미와 서구 유럽 등으로 확산을 거듭하고 있기 때문이다. 2000년대 초반 텔레노벨라를 둘러싸고 일어났던 논쟁이 재연되고 있는 것은 사실이다. 한편으로는 문화 제국주의의 신뢰도에 의문을 던지게 하고 있다는 지적과 카운터 문화 흐름을 확신하기에는 아직 멀었다는 지적이 함께 나오고 있다(Biltereyst and Meers, 2000). 그러나 이런 상황에서 한류로 대표되는 한국 문화 콘텐츠의 서구 진출과 확산은, 전 세계적으로 여전히 미국의 글로벌 문화 시장의 지배와 영향력이 지속되고 있는 가운데 나타나는 독특한 카운터 문화 흐름으로 기록될 수 있을 것이다. 물론 아직도 규모에서는 크게 부족한 것이 현실이다. 이런 점에서 완전한 카운터 문화 흐름을 실현하고 있기보다는 그 가능성을 높여 나가고 있다는 표현이 적절할 수도 있다. 한류가 앞으로도 지속해서 새로운 문화 콘텐츠를 만들어 낼 경우 카운터 문화 흐름은 보다 현실이 될 가능성이 높다. 이 경우, 글로벌라이제이션 현상으로 상호 연계된 전 세계 국가들이 여러 국가로부터의 대중문화를 소비한다는 점에서 다면적이며 복잡한 대중문화 흐름 구조를 가지게 된다.

다만, 한류가 다른 비서구 국가들까지 비슷한 현상을 만들어 낼 정도로 주도적인 역할을 하고 있는지는 아직도 시간을 더 가지고 보아야 한다. 한류는 앞으로 얼마나 더 발전할 수 있는가와, 얼마나 강한 정도로 서구 지역에서 확대되는가에 따라 비서구로부터의 문화 흐름, 즉 카운터 문화 흐름을 확대하고 현실화할 수 있을지 여부를 파악하게 될 전망이다. 한류의 강세가 지속되면 많은 서구 국가들은 물론, 글로벌 OTT 플랫폼들도 한국 이외의 비서구 국가로부터 문화 콘텐츠를 확대 수입·방영할 가능성이 높기 때문이다. 이 장에서 설명한 여러 사례들은 카운터 문화 흐름으로 향한 훌륭한 첫 걸음들이다. 그러나 이들 국가로부터의 문화 콘텐츠는 아직도 일본의 애니메나 한국의 일부 장르를 제외하고는 큰 역할을 못하고 있다. 같은 지역 내 흐름에 국한되는 경우가 많다.

무엇보다, 미국의 지배적인 흐름은 더욱 강해지고 있다. 미국은 MTV, CNN, 할리우드 영화를 통해 전 세계 정보·문화의 패권을 놓지 않고 있는 데다(Thussu, 2007), 최근 들어서는 미국의 플랫폼이 전 세계 문화 시장에서 독보적인 지배력을 행사하고 있다. 넷플릭스나 유튜브가 여러 나라에서 사용되고 있으며, 이로 인한 수입이 사실상 모두 미국으로 들어가기 때문이다. 한류 콘텐츠가 이들 플랫폼에서 전파 확대되고 있으나 수입의 많은 부분 역시 미국으로 유입된다는 것이다. 국가 간 경계를 없앤 넷플릭스 등 OTT 플랫폼은 비서구 국가에 서구 문화 콘텐츠에 대한 접근권을 높일 뿐만 아니라 역으로 비서구권 콘텐츠를 서구권으로 전파시키는 카운터 흐름 기능을 하고 있다. 한국 문화 콘텐츠가 좋은 예이다. 최근 한류의 특징으로, 넷플릭스나 유튜브 등 디지털 플랫폼을 통해 한국 문화상품이 세계적으로 소비되고 논해진다(이유진, 2020). 하지만 이 과정에서 경제적 혜택은 넷플릭스에 가장 크게 돌아간다는 것이 문제이다.

대중문화의 흐름은 이제 디지털 기술, 특히 디지털 플랫폼과 직접적으로 연계되어 있다. 디지털 플랫폼의 지배자가 글로벌 문화 시장의 강자로 군림할 수밖에 없다. 이런 상황에 비추어 볼 때 넷플릭스와 유튜브를 만들고 운영하고 있는 미국의 지배력은 전 세계 문화 시장에서 앞으로도 상당 기간 지속될 전망이 높다. 한류의 지속적인 성장과 발전을 위해서 국내 기반 OTT 플랫폼을 성공적으로 운영하고 넷플릭스 등 서구 중심의 OTT 플랫폼과 윈-윈 관계를 유지하는 것이 매우 중요한 시점이다.

결론

글로벌 커뮤니케이션에서 항상 염두에 두어야 할 두 가지 요소는 문화의 흐름이 어떤 방향인가에 관한 것이고, 주요 행위자가 누구인가에 관한 것이다. 주요 행위자는 정부나, 문화산업, 생산자, 문화 유통자, 그리고 소비자 중 과연 누가 핵심 역할을 하는지 파악해야 한다. 특히 국가의 역할이 어떤지를 잘 살펴보아야 한다. 대중문화의 흐름 또한 글로벌 커뮤니케이션 연구에서 가장 중요한 주제 중 하나이다. 문화 콘텐츠가 어느 국가에서 주로 만들어지고, 어떠한 방향으로 흐르고 있는가를 파악하는 것은 글로벌 문화 영역에서 누가 주도권을 가지고 있으며, 이에 따라 문화 경제에서의 영향력을 행사하는가 하는 문제와 직결되기 때문에 매우 중요하다.

20세기 초반부터 전 세계 문화 시장에서 최강자로 군림한 것은 미국이다. 영국과 프랑스 등 일부 서구 국가들의 영향력이 존재하는 가운데, 미국은 자체 문화산업을 통해 생산한 방송 드라마, 영화, 팝음악 등을 전 세계 문화 시장에 수출하고 있으며, 그 위상은 아직도 계속되고 있다. 전 세계 문화 시장에서는 이를 미국의 문화지배 현상으로 간주하고 문화 제국주의 이론으로 설명해 왔다. 대중문화 영역에서 미국의 영향력이 감소하고 있다는 최근 주장은 비서구의 여러 국가들이 자신들의 독특한 문화 콘텐츠를 생산·수출한다는 측면과 맞물려 있다. 1990년대 이후 여러 국가들에서 자국의 문화산업을 발전시켜 대중문화를 생산하고 있으며, 일부에서는 이를 자기 지역의 주변 국가들에 확산시키고 있는 중이다. 미국 등 서구 국가로의 확대 움직임도 일부 있다.

이런 가운데 등장한 한류 현상은 그 규모가 다른 나라에서의 발전과는 크게 다르게 나타나고 있어 비서구로부터의 카운터 문화 흐름이 가능한지, 즉 비서구 국가가 서구 국가와도 경쟁할 만한 위상을 가지게 될지에 대해 많은 관심을 쏟아지고 있다. 한류 현상은 그러나 한국이라는 비서구 국가에서만 가능한 카운터 문화 흐름이며, 전 세계적으로 다른 비서구 국가들이 한류와 같은 정도의 문화 파워를 만들어 내지 못했다는 점에서 아직 카운터 문화 흐름이 일반화되었다고 할 수는 없다. 가능성을 제시하고 있다는 측면에서는 긍정적이다.

한류가 카운터 문화 흐름을 만들어 내는가는 특히 디지털 플랫폼과의 연계 속에서 그 해답을 찾아야 한다. 문화의 소비 형태가 플랫폼 위주로 급격히 변화하면서, 문화 자체가 서구에서 소비되고 있다고 하더라도 플랫폼 소유자들이 수입의 절대 부분을 가져가는 새로운 시장 질서가 형성되고 있기 때문이다.

전 세계 문화 시장에서 미국 등 서구의 지배적인 영향력은 아직도 계속되고 있고, 미국의 문화 콘텐츠는 여전히 전 세계에서 큰 비중으로 소비되고 있다. 한류가 이 흐름을 근본적으로 바꿀 수 있을지 눈여겨보아야 한다. 아직까지 한류가 실현한 정도의 카운터 문화 흐름을 실현한 비서구의 문화 콘텐츠가 거의 없다는 점에서 한류의 역할이 매우 중요한 것은 사실이다. 그러나 한류 자체가 가지고 있는 문화 파워에도 불구하고, 한류의 흐름이 이제는 넷플릭스 등 서구 디지털 플랫폼에 연계된다는 점에서, 그리고 한류가 타 국가의 문화 콘텐츠가 서구로 흐르게 하는 주춧돌이 될 수 있는가는 아직 더 지켜봐야 할 시점이다. 한류가 카운터 문화 흐름을 서서히 확대해 가고 있는 가운데, 앞으로 이를 어느 규모로까지 발전시켜 나갈지가 학계에서 매우 큰 관심을 끌고 있다.

제9장

한류 발전에 있어
문화적 근접성에 관한 논쟁

서론

한류가 지속적인 성장을 거듭하면서 많은 미디어 학자들과 국내외 미디어들이 한류가 전 세계로 확산된 배경에 관심을 나타내고 있다. 앞 장들에서 논의했듯이, 이들은 한류의 성장과 확산에 대해 문화 생산과 소비라는 실행적 입장에서뿐만 아니라 이론적인 측면에서도 관심을 가지고 여러 분석을 시도했다. 다양한 접근법이 사용되는 과정에서 가장 많이 차용되었던 이론은 문화적 근접성(cultural proximity)이나 친밀성(affinity) 개념이었다. 문화적 근접성이란 문화 흐름에 있어 언어와 역사 등 문화적 근접성이 한류가 각 국가에 전파되는 데 큰 기여를 했다는 지적이다(양은경, 2003; Huang and Noh, 2009; Lu et al., 2019; Kim, M. K., 2004; Wen and Cha, 2015). 전 세계 여러 국가에서 한국의 문화 콘텐츠를 즐기는 것은 한국과 이들 국가가 문화적으로 매우 유사하며, 따라서 이런 문화적 근접성이 글로벌 수용자들로 하여금 한류를 좋아하게 된 근본 원인이라고 강조했다.

문화적 근접성은 특히 한류발전 초창기에 많이 이용되었던 이론적 근거 이나, 최근 한류가 전 세계로 퍼져 나가는 가운데서도 지속적으로 사용되고 있다. 일부 국가에서 한국과 유사한 문화적 배경을 가지고 있어 한류를 좋 아하는 원인이 되고 있다는 주장이다. 문제는 문화적 근접성 이론을 아시아 뿐만 아니라 북미, 남미, 유럽, 중동, 그리고 아프리카 국가들이 한류를 좋 아하는 근거로 사용하고 있다는 데 있다. 북미와 남미, 그리고 중동지역 국 가들과 한국은 언어, 역사, 그리고 문화적으로 공유할 것이 많지 않다. 종교 적으로도 차이점이 많다. 별다른 공통점이 없는데 문화적 근접성을 강조하 면서 한류가 이들 나라에 확산되었다고 하는 것은 설득력이 떨어진다. 대부 분의 경우 해당 지역국가와 한국은 비슷하거나 똑같은 문화를 공유할 수도 없고, 사실상 공유하지도 않는다. 사람이 사는 곳이니 일부 비슷한 점이 있 을 수 있다고 인정해도 타당성이 부족한 경우가 많다. 일부 동아시아 국가 에서의 한류 분석에서도 한쪽에서는 문화적 근접성이 주원인이라는 점을 강조하고 있고, 다른 한쪽에서는 그렇지 않다고 주장하는 경우가 있을 정도 여서 문화적 근접성 논의는 재해석이 필요한 부분이다(Jin, 2022). 이런 상황 에서 한류가 문화적 근접성 때문에 남미와 중동 등 국가에 확산되고 있다는 논의는 반드시 되짚어 봐야 할 논쟁거리라고 할 수 있다.

이 장에서는 한류의 전 세계적 확산에 있어 문화적 근접성이 한류확산 현 상을 설명하는 핵심 이론으로 사용될 수 있는지에 대한 논의를 전개한다. 한류 초창기부터 현재까지 문화적 근접성을 채택한 학술적·미디어적 논의 를 토대로, 왜 문화적 근접성이 한류 확산을 설명하는 주 이론으로 역할을 했는지 살펴본다. 두 번째로는 한류 확산에 있어 문화적 근접성이 타당한지 여부를 살펴본다. 특히 한류가 미국 등 서구 국가로 확산되고, 칠레와 브라 질 등 남미 국가들에 확산되는 상황에서 과연 문화적 근접성이 타당한 이론인지를 설명한다. 마지막으로는 문화적 근접성에 대한 대안적 이론을 논의한다. 문화적 근접성 대신 초국가적 근접성(transnational proximity)이라는 접근법을 통해, 한류의 글로벌화가 단행된 주요 이론적 원인에 대한 담론을 제기한다. 초국가적 접근성이 가지고 있는 특징과 해당 접근법이 한류의 세계적 성장에 어떤 역할을 했는지 논의함으로써, 한류가 한두 가지 이론적 배경에 의해 설명될 수 있는 현상이라기보다는 좀 더 다원적 차원의 접근이 필요함을 지적한다.

글로벌 문화 흐름에 있어 이론적 논의들

글로벌 문화 유통에 있어, 특히 같은 지역 내 문화가 흐르는 현상을 설명하는 이론으로서의 문화적 근접성은 문화적 할인(cultural discount)이라는 개념에서 출발한다. 문화적 할인에 따르면, 문화 콘텐츠는 특정 문화를 바탕으로 제작되기 때문에 수용자들은 외국 콘텐츠의 언어, 양식, 가치관, 사고방식과 행동 패턴을 완전히 이해하기란 불가능하다. 이때 발생하는 것이 문화적 할인으로, 문화상품이 서로 다른 문화권을 넘어갈 때 문화적 거리감 때문에 겪게 되는 가치의 하락을 의미한다(Widman and Siwek, 1988; Hoskins and Mirus, 1988). 문화적 할인은 외국 콘텐츠 유통이 활발하게 일어나더라도 결국은 자국 프로그램을 선호하게 된다는 주장이다. "방송산업이 세계적으로 상업화되기 시작하면 초기에는 미국 영상물에 대한 수요가 급증하지만, 결국 자국산업이 발달하여 자국 시장을 위한 프로그램들이 생겨나게 되면서, 장기적으로는 자국 시장의 영상물이 유리해진다"는 것이다(윤재식, 2005: 11). 문화적 유사성 또는 근접성이 바로 문화 할인율 때문에 국가 간의 정보 유통을 결정하는 주요 요인이라는 것이며, 따라서 문화적 근접성이 한 국가의 대중문화가 이웃 국가들로 흘러가는 유통 현상을 설명하는 데 사용되었다.

앞에서 이미 설명했듯이 멕시코와 브라질 등 일부 비서구 국가들은 1990
년대 초반부터 자신들의 문화 콘텐츠를 발전시켜, 다른 나라에 본격적으로
수출하기 시작했다. 당시까지만 해도 미국의 문화가 전 세계 문화 시장을
지배하던 상황이어서, 일부 비서구 국가에서 자국의 문화 콘텐츠를 발전시
키고 수출까지 하는 현상은 국제 문화시장의 판도를 바꿀 수 있는 매우 중
대한 변화로 받아들여졌다. 멕시코, 브라질, 인도 등은 자신들의 방송 드라
마와 영화를 제작해 우선은 역사적·지리적·문화적으로 근접 거리에 있는
주변 국가들에 수출하기 시작했다.

비서구 지역에 있는 문화 수용자들은 서구 문화보다는 문화적으로 근접
성이 있는 지역 내에서 생산된 문화를 선호하는 경향이 있었다. 문화적 근
접성은 수용자들이 자신들의 문화적 환경 내에서 생산된 문화를 그렇지 않
은 서구 문화보다 좋아한다는 것이다. 자신들과 비슷한 환경에서 만들어져
이해하기 쉽고 손쉽게 다가갈 수 있어서다(Pool, 1977; Iwabuchi, 2001; Rohn,
2013). 즉, 지역 내 수용자들은 같은 지역 내에서, 같은 언어를 사용하고, 문
화적으로 동일성을 느끼는 문화를 선호하는 경향을 보인다는 주장이다
(Pool, 1977; Straubhaar, 1991).

풀(Pool, 1977: 143)은 이와 관련해 다른 조건들이 같다고 볼 때, 지역 소비
자들은 같은 지역 내에서 생산된 문화 콘텐츠를 선호하게 된다고 주장했다.
언어적·문화적으로 비슷한 문화 콘텐츠가 접하기 편하기 때문이다. 브라질
의 텔레노벨라가 라틴 아메리카에 확대되는 현상을 통해 스트라우바
(Straubhaar, 1991)는 이를 좀 더 발전시켜 나갔다.• 수용자들은 서구로부터

• 일부 국내논문 등에서는 스트라우바(Straubhaar, 1991)가 문화적 근접성 이론을 창안했다고
  주장하기도 하는데, 이는 엄밀히 말하면 기존의 문화적 할인율 논쟁을 발전시킨 것이며, 문
  화적 근접성이라는 용어도 이미 사용되고 있었다는 점을 인지하지 못했기 때문으로 보인다
  (Pool, 1997; Zaharopoulos, 1990). 스트라우바는 해당 이론을 보다 체계적으로 발전시켜

의 문화보다 한 국가 내에서 또는 같은 지역 내에서 만들어진 대중문화를 선호한다는 것을 강조했다. 문화적 유사성 또는 근접성 때문이다. 스트라우바가 주장한 것은 지역 수용자들은 지역 내에서 생산된 문화 콘텐츠를 통해 유사한 문화적·언어적·사회적 배경을 공유할 수 있어서 지역 내에서 생산된 대중문화를 좋아한다는 것이다. 양은경(2003: 203)은 "문화적 근접성 연구는 다양한 지리언어적·지리문화적 지역 내 수용자들의 문화에 대한 수요와 능동적 선택을 강조하면서, 미국의 문화 생산물보다는 자신들의 문화적 경험에 비추어 훨씬 더 친숙하고 유사한 문화물들을 선호한다는 점에서 세계화 시대의 문화는 서구 문화와 지역 문화의 혼성화를 통한 발전을 도모하게 될 것"임을 주장했다.

문화적 근접성 이론에서 특히 강조되는 것은 유사한 언어가 수용자의 선호도에 가장 중요한 요소로 작용한다는 것이다. 멕시코가 남미 국가들 사이에서 텔레노벨라를 수출하기 용이한 것도 브라질을 제외한 대다수 국가들이 스페인어를 사용하기 때문이다. 포르투갈어를 사용하는 브라질의 텔레노벨라는 스페인어로 자막을 처리해서 타 국가에서 볼 수 있도록 하고 있다(La Pastina and Straubhaar, 2005; Straubhaar, 1991). 언어 이외에 중요한 것은 문화적 요소로, 패션, 인종 형태, 몸동작, 유머, 음악적 전통, 종교, 생활 스타일, 그리고 개인적 경험들을 의미한다(La Pastina and Straubhaar, 2005: 274; Lu et al., 2019). 아시아의 경우, 대만에서 일본 드라마가 인기를 끄는 현상을 연구한 뒤 이와부치(Iwabuchi, 2001, 2002)는 대만 사람들이 일본 드라마를 좋아하는 것은 그들이 비록 언어적으로는 차이가 나더라도 일본과 아시아의 근대성을 공유할 수 있어서라고 지적했다.

문화적 근접성은 그러나 대중문화를 정체적이고 비역사적인 것으로 보기

대중화했다고 평가해야 맞는 해석으로 생각된다.

때문에 여러 문제점을 노출하고 있다(Iwabuchi, 2001: 57). 문화적 근접성에 따라 대만 사람들이 일본과 비슷한 문화를 공유한다는 측면에서 설명하자면 대만 사람들이 모든 일본 문화를 좋아해야 하는데 일부 프로그램은 좋아하는 반면, 다른 프로그램들에 대해서는 선호도가 낮다는 측면을 설명하지 못하고 있다. 또한 문화적 근접성은 미국 문화가 전 세계로 확대된 현상에 대해서는 연관 관계를 발견하지 못하고 있다. 미국으로부터의 문화가 영국과 캐나다 등 영어권, 그리고 문화적으로 유사한 나라에 확산되는 것을 문화적 근접성으로 해석할 수 있다고 할 때, 왜 미국 문화가 한국과 일본, 중국 등 언어와 역사, 문화가 다른 곳에서도 인기를 끌고 있는지 설명하지 못하고 있다. 규모의 경제 때문에 조그만 국가의 문화 생산자들은 질적으로나 양적으로나 미국 문화에 대항할 정도의 콘텐츠를 만들기 어렵기 때문에 문화적 할인율은 역설적으로 미국 문화의 지배 현상에 도움이 되었다는 주장도 있다(Hoskins and Mirus, 1988; Lee, F., 2006). 정윤경(2004: 42)은 이와 관련해 국내 대학생들을 대상으로 외국 프로그램의 선호도 조사를 통해 "수입 프로그램에 대한 선호나 시청, 이에 따른 효과는 지리문화적 근접성을 통해서만 설명되는 것이 아니며, 프로그램의 이동이 이루어지는 국가 간의 관계, 수용자 개개인이 지닌 선험과 특징들의 상호 유기적인 관계에 의해 결정된다"라고 밝힌 바 있다.

더 큰 문제는 비서구 지역에서 발전한 문화가 같은 비서구 지역 내로 전파되는 현상에 주로 이용되는 문화적 근접성 이론은, 한류처럼 해당 지역을 넘어서 서구 등 전 세계적으로 소통되는 대중문화에 대해서는 그 원인을 설명하는 데 본질적인 문제점을 안고 있다. 문화적 근접성이 주로 비서구권의 대중문화가 해당 지역에 전파되는 현상을 설명한다고 한다면, 왜 한국의 대중문화가 동아시아를 넘어 전 세계적으로 확산되는지에 대한 논의의 근거로는 합당하지 않다. 비서구 지역에서는 문화적 동질성 때문에 좋아하고, 서구 지역에서는 동질성 없이도 좋아한다는 주장이 가능해지기 때문이다.

그럼에도 불구하고 문화적 근접성이 아시아 지역을 넘어서는 국가들에서 한류를 좋아하는 이유로 설명되는 것이 과연 합리적인지 생각해 볼 일이다.

한류에서의 문화적 근접성

한류와 관련해 많은 학자들(양은경, 2003; Lu et al., 2019; Oh and Chae, 2013; Shao, 2020; Suh et al., 2006; Yang, 2012)은 한국 문화 콘텐츠가 중국, 대만, 일본, 그리고 인도 등에 전파되는 현상을 설명하기 위해 문화적 근접성 이론을 사용했다. 이 학자들은 대부분 한류가 아시아 지역에서 확산되는 것은 아시아 수용자들이 한국과 문화적 특징을 공유하기 때문에 가능했다고 지적했다. 조상에 대한 존경심을 표하거나, 인간 중심적인 사회관계, 그리고 조화를 강조하는 공자 정신을 공유한다는 것이다(Malik, 2019). 한국 문화 콘텐츠에 내재되어 있는 문화적·가족 지향적 가치들이 아시아 해당 국가들의 수용자들 사이에서 깊은 공감을 불러일으키고 있다고 분석했다.

실제로, 남아시아에서의 한국 대중문화 붐을 설명하기 위한, 한국과 남아시아 여러 국가들의 문화를 비교한 논문(Suh et al., 2006)은 정치적 이데올로기, 수입 규모, 경제개발 정도, 종교적 가치, 전통적 가치, 언어, 그리고 문화 등의 항목을 비교한 바 있다. 분석결과 한국과 해당 국가들 간에는 역사적인 측면과 현재 상황에서 유사한 내용이 많아 한국 문화를 받아들이고 있다고 밝혔다.

재미있는 것은 아시아뿐만 아니라 남미의 칠레나 중동의 카타르에 이르기까지 한국의 대중문화를 선호하는 이유가 문화적 근접성 또는 친밀성 때문이라고 주장하는 것이다. 언어와 지역은 다르지만 문화적으로 유사성을 보이고 있다는 이유이다. 카타르의 경우 많은 수용자들이 아랍 문화에서도 강조되는 가족의 가치 때문에 한류 현상이 나타난다는 주장도 있다(Malik,

2019). 문화적 근접성 이론에서 가장 중요한 요소가 같은 언어인데, 이 부분은 아예 무시하고 있다. 이와부치(2002)가 설명한 대로 대만과 일본은 언어가 다르더라도 대만이 일본 문화를 잘 받아들였다는 점에서 언어가 꼭 같아야 할 필요는 없을 수도 있다. 다만 최소한 이 국가들은 동아시아 내에서 유사한 언어 문화권에 속한 경우이다. 따라서 한국과 카타르의 경우는 문화적 근접성에서 핵심 요인인 언어가 아예 배제된다는 점이 문제로 등장할 수 있다.

보다 핵심적인 문제는 문화적 근접성 이론 자체가 한국 문화의 글로벌 확산을 설명하기에는 부족하다는 점이다(윤선희, 2009). 실제로 유재웅 등(Yoo et al., 2014)은 중국과 한국이 공자의 전통을 공유하지만, 양국 간의 문화적 근접성이 큰 원인이 되지 못한다고 지적하기도 했다. 문화적 근접성은 고정된 것이 아니고 변화하는 것이기 때문에 과거의 전통만을 내세워 한류가 이들 국가에서 확산된다는 주장은 받아들이기 어렵다는 것이다. 게다가 한류 콘텐츠를 즐기는 여러 국가 내에서도 드라마는 좋아하지만 영화는 좋아하지 않는다거나, K-pop은 좋아하지만 드라마는 보지 않는다거나 하는 사례가 나타나고 있어 문화적 근접성 때문에 한국 문화를 좋아한다는 주장이 설득력을 잃고 있다. 예를 들어, 남아시아 국가들은 나라별로 각자 다른 경향을 보인다. 각국별로 선호하는 프로그램이 크게 다르기 때문이다. 베트남은 한국 영화를, 태국은 K-pop을, 인도네시아는 웹툰을 좋아하는 식이다(Shin, 2020; Suh et al., 2006; 최진우 등, 2021). 칠레 등 여러 남미 국가들 역시 K-pop은 좋아하지만 한국 드라마는 그다지 선호하지 않는다. 해당 국가의 수용자들에게 드라마는 많은 문화적 차이를 보이는 반면, 보다 혼종화된 K-pop은 그리 낯설지 않기 때문이다(Min et al., 2019).

일부에서는 문화적 근접성이 한국 대중문화가 중국, 대만, 그리고 일본 등 동아시아 국가들의 수용자들에게 착근할 수 있었던 초기 국면, 즉 한류의 지역적 기원을 설명하는 데 주로 유효하다고 지적하고 있다. 동아시아에서는 물론, 한류가 동아시아의 지역적 경계를 넘어 글로벌화되어 가는 국면에서는 그 사용이 제한적이라는 것이다(윤평중, 2006; 재인용 김명수, 2015; 심두보, 2020). 특히 해당 이론은 1990년대 말 이전에도 한국의 다양한 문화상품이, 문화적 근접성을 가지고 있었음에도 불구하고, 왜 한류 현상을 불러일으키지 못했는지 설명하지 못한다(김명수, 2015).

따라서 한류 초창기 동아시아를 중심으로 강조되었던 문화적 근접성 이론을 전 세계 각국에도 적용하려던 시도는 사실상 적절치 않으며, 문화적 근접성 이론 자체가 글로벌 문화 흐름, 특히 비서구로부터의 문화 흐름을 제대로 설명하지 못한다는 측면에서 영향력을 잃고 있다고 볼 수 있다(Jin, 2022). 홍석경(2013: 159)은 이와 관련해 "한류 콘텐츠가 동아시아라는 '동질성'을 되찾게 된 계기임을 강조하는 동아시아 내부의 담론 세계를 벗어나 우리와 다른 '타자'의 세계인 서구에도 널리 유통되고 있다는 현실"을 강조했다. 서구로의 한류 이행은 문화적 근접성을 통해서는 설명 가능하지 않으며, 오히려 왜 한류가 문화 배경이 전혀 다른 서구에도 확산되는지를 다른 시각에서 찾아봐야 한다는 지적이다.

2020년대에 한국 문화 콘텐츠가 인기를 끌고 있는 곳은 동아시아에 국한되지 않는다. 언어와 문화, 그리고 지리적 요건이 다름에도 불구하고 한류는 전 세계적인 문화 콘텐츠로 성장하고 있다. 이는 문화적 근접성으로 설명될 수 없는 초국가적 문화 흐름이라는 것이고, 따라서 보다 근본적인 차원에서 왜 한류가 전 세계적으로 확산되고 있는지에 대한 새로운 논의가 필요하다고 할 수 있다.

한류에서의 초국가적 근접성

초국가적 근접성●은 언어나 지역적·문화적 친밀성에 근거하는 것이 아니라 글로벌 수용자들, 특히 청소년들이 21세기 초반에 동일시하는 보편적 특수성에 근거하는 것이다. 여기서 보편성은 어느 곳에서나 있는 것이나 일반적으로 적용할 수 있는 것을 의미하지는 않는다(Monceri, 2019: 81). 그보다는 유사한 사회문화적 실행을 경험하는 글로벌 청소년이나 또는 수용자들이 공유할 수 있는 특별한 특징들을 의미한다. 초국가적 보편성은 새로운 이론적·개념적 틀로서 그리고 문화적 근접성에 대한 대안으로서 한국 대중문화가 전 세계에서 수용되는 현상을 설명하는 데 도움이 될 것으로 전망된다.

많은 글로벌 수용자들이 한국 문화를 좋아하는 이유는 현대 자본주의의 특징인 사회적 반공정성, 서민들의 일상생활에서 투쟁, 그리고 사회경제적 불확실성 등을 수반하는 매우 공감할 만한 메시지들을 담고 있기 때문이다. K-pop부터 영화에 이르기까지, 글로벌 수용자들, 적어도 팬 수용자들은, 디지털 플랫폼 시대에 이러한 보편적 메시지들을 표출하는 한국 문화 콘텐츠를 선호한다. 글로벌 수용자들은 한국 문화 콘텐츠의 구성, 배우, 내러티브 등에서 나타나는 스토리텔링의 보편적 요소들이 최고 수준의 공연과 연기를 수반하기 때문에 한국이라는 비서구 국가에서 만들어진 대중문화를 좋아하는 것이다(Jin, 2022).

먼저 K-pop의 경우, 팬 수용자들은 K-pop의 언어적 장벽에 대해 크게 신경 쓰지 않는다. K-pop은 언어적으로 한글과 영어를 혼용해서 사용하며, 문화적으로도 힙합 등 미국으로부터의 음악 장르와 혼종화를 달성하고 있어 쉽게 다가갈 수 있다. 문화적 근접성의 경우 언어가 근접성의 한 중요한 구성 요소이나 전 세계 K-pop 팬 수용자들은 이를 괘념치 않고 있다. 많은 청소년들이 각국에 마련된 한국문화원 등에서 한글을 배우고 있는 것이 사

• 초국가적 근접성은 2021년 4월 캐나다 밴쿠버에서 열린 한류 이론화(Theorizing Korean Wave) 학회에서 저자 본인이 처음 제기한 이론으로, 해당 이론에 대한 학술논문이 2022년 *International Journal of Communication* 특집호에 소개된다. 여기에서는 해당 논문 중 일부를 확대 발전시켜 사용하고 있다는 점을 밝혀 둔다.

실이다. 각 한국문화원마다 한류의 영향으로 한글을 배우는 학생들이 급증하고 있다는 기사를 찾아보기 어렵지 않다.

하지만 K-pop이 아시아뿐만 아니라 전 세계로 확산되면서 언어의 장벽은 사실상 큰 의미가 없어졌다. 이는 문화적 근접성이 역할하지 못하는 중요한 이유이기도 하다. BTS의 「Life Goes On」이 2020년 11월 빌보드 핫100에서 1위를 차지했을 때 이 노래는 한글로 되어 있다는 점이 장애가 되지 않았다. 물론 「Dynamite」나 「Butter」 등이 영어로 되어 있다는 점에서 좀 더 쉽게 접근할 수 있었겠지만, 한글로 된 노래가 빌보드에서 1위를 할 수 있다는 점을 더 중요하게 인지해야 한다. 드라마, 게임, 그리고 K-pop에 이르기까지 많은 팬들이 한류 콘텐츠를 번역해서 공유하기 때문에 언어적 거리가 많이 짧아졌기 때문이기도 하다.

무엇보다, BTS 노래가 한글 위주이든 영어 위주이든 BTS 팬들, 그리고 팬 수용자들이 BTS를 좋아하는 것은 BTS가 표현하고 있는 진정성 있고 보편적인 메시지들 때문이라는 것이다. BTS의 독특한 진정성을 만드는 것이 무엇인지 팬들과의 인터뷰와 서베이를 통해 조사한 연구(McLaren and Jin, 2020)에 따르면, 팬들은 BTS 노래에 내포되어 있는 뮤지션적인 진정성들, 예들 들어 창의성, 열심히 일하는 태도, 정직성, 그리고 희망 등의 메시지들 때문에 BTS를 좋아한다고 밝혔다. 많은 BTS 팬들은 BTS 멤버들이 초창기에 겪었던 어려움을 존경할 만한 핵심 요소로 꼽고 있다. 꿈을 달성하기 위해 열심히 일하는 태도가 BTS를 좋아하게 만들었다는 것이다. BTS가 꿈을 실현하기 위해 노력했다는 점은 BTS 팬들뿐만 아니라 일반 수용자들에게도 매우 중요한 요소가 되었다. 서구 문화에서 성공하기 위해 개인적으로 열심히 일하는 것은 매우 중요한 내러티브로 작용하는데, BTS의 이런 모습이 일반 수용자들에게도 호소하고 있다는 지적이다(Gladwell, 2008). 21세기 초 불확실성과 절망이 만연한 때, 글로벌 청소년들은 자신들의 어려움을 공유하기 원하며, 어려움을 극복하고 성공한 모델을 찾고자 하는데, BTS와 그들의 노래에서 이런 점들의 공감대를 형성할 수 있기 때문이다.

BTS 멤버들은 탁월한 공연 능력을 가지고 있으며, 아주 우수한 댄서라는 점도 무시할 수 없을 것 같다. 하지만 팬 수용자들을 끌어들이는 것은 음악이 가지고 있는 메시지이다(홍석경, 2020; Moon, 2020). 팬 수용자들에게 호소하는 것은 음악이 가지고 있는 주제와 BTS가 강조하고자 하는 사회비판 정신을 포함한다. 'The Love Yourself' 시리즈와 유니세프 캠페인들에서 나타난 것은 자기를 사랑하는 정신이다. 「Answer: Love Myself」(2018)는 자기 자신을 사랑하라는 시리즈의 마지막 노래로, 해당 노래의 가사는 멤버들의 고난과 결국에는 자신을 사랑하는 법을 배우고 받아들이는 메시지를 담고 있다(McLaren and Jin, 2020). 글로벌 청소년들은 K-pop, 특히 BTS 음악에서 나타나는 이러한 초국가적 근접성에 자신을 동일시하기 때문에 좋아한다는 것이다. BTS는 세계 문화시장의 트렌드를 파악하고 청소년들의 취향을 잘 반영하고 있다. 젊은이들의 고뇌와 애환을 가사에 담아냄으로써 청소년들의 시대정신을 진정성 있게 표출한다(임현진, 2021).

BTS는 지리적 장벽과 매체의 한계를 넘어 팬들과 만나고 있다. 나라와 문화를 떠나 매우 유사한 고민을 안고 살아가는 젊은 세대와 공감대를 형성하고 있는 것이다.

아시아, 유럽, 북미와 남미 등의 다수 젊은이들은 부모 세대보다 더 적은 소득, 더 적은 기회를 누리게 된 첫 세대이다. 불확실한 미래를 짊어진 이들은 위로 받기를 원했고, 가식 없이 마음을 열 상대가 필요했다. 스스로 약자가 되어 본 경험은 다른 약자들의 고통을 이해할 수 있는 공감대가 된다…. 이들은 베이비부머 세대인 조부모, 엑스(X) 세대인 부모보다 훨씬 섬세한 경제적·사회적·문화적 감수성을 지니고 있다. 이들은 인종적 편견에서도 상대적으로 자유로운데, 태어날 때부터 아시아의 경제적·문화적 부상을 몸으로 느끼며 살아왔기 때문이다(강인규, 2020).

강인규는 이 좌절한 젊은이들에게 BTS는 "내일이 두려워/ 참 웃기지/ 어릴 땐 뭐든 가능할거라 믿었었는데"라고 말을 걸고(「Tomorrow」), 세상의 잣대에 가위 눌려 고민하는 이들에게 "세상은 욕할 자격이 없다"(「낙원」)라며 한편이 되어 준다"라고 강조했다. 물론 메시지 이전에, "귀에 붙는 음악과 몸을 들썩이게 하는 기막힌 춤이 있다. 세상의 젊은이들에게 BTS의 노래는 즐거움의 외피에 싸인 따뜻한 메시지이다"라고 주장했다.

물론 이러한 초국가적 근접성은 K-pop에서만 나타나지 않는다. 한국 영화와 드라마 등에서도 크게 나타나는 공통적인 현상이라고 할 수 있다. 먼저 한국 영화에서 살펴보면, 〈기생충〉은 2010년대 말에 만들어진 영화로 초국가적 근접성에 기인해서 전 세계적인 인기를 끌었다고 할 수 있다. 〈기생충〉은 2019년 골든 글로브와 2020년 오스카 등 여러 영화제에서 주요 상을 받은 첫 번째 외국어 영화로 기록되었다. 그동안 여러 외국 영화가 이들 영화제에서 수상한 적이 있으나 대부분 외국어 부분에서의 수상이어서 오스카에서 작품상과 감독상을 받은 것과는 크게 차이가 난다.

〈기생충〉에서 봉준호 감독은 양극화와 빈부격차라는 21세기 자본주의의 보편성을 한국적인 감성으로 풀어냈다. 지독히도 한국적인 빈부격차가 사실은 전 세계적으로 보편적인 현상이고 관심사였으며, 이를 제대로 표현해 냈기 때문에 전 세계적인 공감을 얻었다는 지적이다(이도연, 2019). 영화에서 배우 최우식이 연기한 김기우와 그의 가족들은 가난의 끝자락에서 살고 있다. 그들은 돈을 벌기 위해 반지하 단칸방에서 피자 박스를 접고 있고, 집안 구석구석을 다니며 와이파이 신호를 잡느라 애를 쓴다. 그들이 살고 있는 반지하방은 서울이라는 초대형, 그리고 가장 현대화된 도시에서 김기우 가족의 사회문화적 계층을 대변하고 있다. 김기우의 인생은 그의 친구가 영어 과외선생 자리를 제의하면서 바뀌게 된다. 김기우는 이름을 케빈으로 바꾸고 결과적으로 그의 전 가족을 자신이 과외선생으로 일하는 집에서 일하게 만든다. 이 영화에서 김기우의 가족은 사회경제적 불평등, 불공정의 잔인함을 사람들이 예측하기 어려울 정도로 잘 표현해 내고 있다. 봉준호 감독은 영화 수용자들에게 이 영화가 보여 주는 부자 가족과 가난한 가족의 갈등 속에서 빈자들이 단순히 부자들의 세계에 뛰어들었는지를 고민하도록 요구하고 있다(Tallerico, 2019). 멕시코 영화감독인 알레한드로 곤잘레스 이냐리투(Iñárritu, 2019)가 강조했듯이, 〈기생충〉은 한국적 상황을 담은 영화이지만 동시에 전 세계적으로 모두의 삶과 연계된 것이다. 양극화된 가족 문제와 계급 구조를 현대 자본주의 체제 내에서 표현한 것으로, 이는 현시대를 살아가는 인류의 보편적인 정서와 맞아떨어진다.

한국 내 영화 수용자들뿐만 아니라 전 세계 수용자들은 〈기생충〉이 보통 사람들이 직업을 찾기 위해, 그리고 살아가는 데 적절한 수입을 찾기 위해 분투하고 있는 메시지 때문에 좋아했다고 할 수 있다. 〈기생충〉은 문화적 근접성/친밀성이 글로벌 수용자들이 한국 문화 콘텐츠를 좋아하는 이유가 아니라는 것을 명확하게 보여 주고 있다. 언어적 유사성하고도 거리가 멀다. 그 대신에 초국가적 근접성을 통한 한국 문화 콘텐츠가 글로벌 문화 영역에서 제한적이고 정체적인 문화적 근접성의 틀을 깨고 나온다는 것을 보여 준다(Jin, 2022).

방송 드라마 역시 초국가적 근접성의 중요성을 보여 주고 있다. 2019년과 2020년에 넷플릭스를 통해 방영된 〈킹덤〉, 〈킹덤 II〉, 〈킹덤: 아신전〉, 그리고 〈오징어 게임〉에서 잘 나타나듯이 해당 드라마들은 글로벌 수용자들이 공감할 수 있는 내용을 강조했다. 〈킹덤〉은 웹툰 〈신의 나라〉(스토리: 김은희, 작화: 양경일)가 원작인 드라마로 조선 시대 좀비물이다. 조선왕조 연대기에 나오는 기록에서 영감을 받아 만든 픽션이다. 연대기에 따르면 수천 명의 사람들이 원인을 알 수 없는 질병으로 사망했다고 하는데, 이를 좀비 바이러스로 각색한 것이다. 〈킹덤〉은 2020년 3월 30일 코로나 바이러스가 한창일 때 넷플릭스에서 가장 많이 본 프로그램 9위에 올랐다(Katz, 2020).

〈킹덤〉의 전 세계적 인기는 영화 〈부산행〉(2016)과 같은 한국형 좀비물과 미국에서 인기 있는 좀비물인 〈워킹데드(The Walking Dead)〉에 견줄 수 있다. 즉, 많은 나라의 수용자들이 좀비 장르를 선호한다는 것인데, 좀비물이 표현하고자 하는 여러 사회적 문제·고뇌에 공감하기 때문이다. 좀비 콘텐츠에서 표현되는 대로 세상의 종말에 대해 사람들이 열광하는 것은 제2차 세계대전 기간의 핵폭탄 투하에서 그 근원을 찾을 수 있다(Vidergar, 2013: 1). 대량 파괴가 현실이 되는 점에 주목한 것이다. 글로벌 수용자들은 더 이상 과거에 유행했던 긍정적인 미래를 상상하지 않기도 하지만, 그런 환경 속에서 희망을 꿈꾸고 싶어 하기 때문이다(Geiser, 2013).

2020년대 초반 전 세계 사람들은 불확실한 사회 환경에서 살고 있다. COVID-19 시대에, 사람들은 매우 불안정한 현실에 놓여 있다. 백신을 맞아도 일상으로의 회복이 좀처럼 다가오지 않는 데 좌절하기까지 한다. 〈킹덤〉과 같은 "좀비물은 바로 이런 현대사회의 불안을 표현하고 있다"(Barber, 2014). 좀비 콘텐츠가 여러 국가에서 인기를 끌고 있는 가운데, 〈킹덤〉의 인기 역시 해당 프로그램이 글로벌 수용자들의 감정, 즉 초국가적 근접성을 표현하기 때문에 인기를 얻었다는 것이다.

한국 사회에서 나타난 독특한 형태의 좀비물이 글로벌 수용자들의 보편적인 정서와 맞물리면서 전 세계적 인기를 얻었다고 할 수 있겠다. 문화 콘텐츠에서도 단지 불안감이라는 요소를 표출한다고 해서 공감대를 얻을 수는 없다. 무엇보다 중요한 것은 불확실성 속에서도 희망의 끈을 놓지 않는 것이기 때문이다. 한류 콘텐츠에서 얻을 수 있는 보편성 중 하나가 바로 희망이라고 할 수 있다. BTS가 던지는 희망의 메시지, 영화 〈기생충〉과 〈승리호〉가 보여 주는 절망과 희망의 결합, 그리고 드라마 〈킹덤〉과 〈이태원 클래스〉가 보여 주는 희망과 성취감 등이 그것이다.

문화 텍스트에서 문화적 특수성을 이야기할 때, 혼종화의 중요성 역시 빼놓을 수 없다. 혼종화는 이론으로서 보통의 경우 근접성이나 친밀성에 초점을 두지 않는다. 그러나 여러 미디어 학자들이 혼종성을 한류를 이해하는

데 매우 중요한 형태로 구분하고 있다(이수안, 2017; Kim, M. S. 2011; Kim, G. Y., 2017; Oh, 2017; Kim, J. H., 2019). 한류에서 혼종화 이론은 한국 대중문화가 글로벌 시장에서 인기를 얻는 이유를 설명하는 데 도움을 주고 있다. 즉, 한국 대중문화가 전 세계에서 환영을 받는 것은 바로 이들 문화 콘텐츠가 혼종화를 달성했기 때문이라는 것이다. 영화 〈명량〉(2014)을 예로 들면, 글로벌 요소와 지역적인 요소의 적절한 혼종화가 영화의 성공에 기여했다는 것이다.

이러한 주장은 그러나 영화 〈기생충〉이나 드라마 〈킹덤〉, 그리고 BTS의 「Life Goes On」이 글로벌 시장에서 청소년들로부터 인기를 얻는 현상을 제대로 설명하지 못한다. 한국적인 특성을 잘 표현하되, 이 같은 한국적인 독특함이 사실은 전 세계 청소년들에게 공감대를 형성할 수 있는 내용이라는 점을 반영하고 있지 않아서다. 혼종성은 보다 많은 글로벌 수용자들에게 다가갈 수 있는 중요한 생산 전략일 수 있다. 그러나 한국의 문화 생산자들은 초국가적 근접성을 표현하는, 즉 스토리텔링과 프로그램에서 한국적인 것을 잘 표현함으로써, 초국가적 근접성을 만들어 내는 문화적 콘텐츠를 생산하고 있다.

이성민(2021b)은 이와 관련해 "국민국가적 욕망인 'K'를 넘어선 보편의 가치로서 한류의 역할과 위상에 주목해야 한다"라며, "한류 '인기'의 핵심에는 한국이라는 국민국가가 그동안의 '발전' 도상에서 치열하게 획득한 '보편성'이 자리 잡고 있다"라고 강조했다. 이규탁(2020)도 "K를 가득 품은 한류는 오히려 어떤 지점에서는 글로벌 확산 속에서 다양한 충돌을 만들어 낸다"라고 지적하고, "케이팝의 '팝'이 글로벌 보편성을 상징한다면 '케이'는 지역적 특수성을 상징한다. 이를 통해 우리는 케이팝이 글로벌 주류 대중음악과 '같으면서도 다른' 매력으로 수용자들에게 호소력을 발휘하고 있음을 알 수 있다"라고 강조했다(이규탁, 2021: 241). K-pop이 국가/지역 정체성을 표현하고 있을지언정 기본적으로 글로벌 보편성을 지향하고 있다는 말이다. 한국적 요소를 포함하면서도 그것을 전면에 내세우지 않는 전략이 K-pop의 성공 요소 중 하나인 것이다. 거꾸로 말하면 "전 세계 대중음악은 보편적인 글로벌 음악 장르를 받아들이며 비슷해졌지만 동시에 지역 특수성이 가미되며 다양한 형태로 분화되어 왔기 때문에 케이팝도 지역적 특수성과 글로벌 보편성을 지닌 음악"이라는 지적이다(이규탁, 2020: 21). 정길화(2019) 역시 〈굿닥터〉, 〈복면가왕〉, 그리고 BTS 등의 사례에서 잘 나타나듯이, "한류는 보편적인 스토리텔링이 있는 콘텐츠라면 지구촌 어디에서도 어필할 수 있다는 것을 지난 20년의 성과가 말해 주고 있다"라고 주장했다. 결국 K-pop 등 한류 콘텐츠는 혼종화를 단행하면서도 글로벌 수용자들이 공감할 수 있는 보편성을 발전시키고 있다는 점을 인식해야 한다. 이는 사실상 한국적 특성을 반영하는 것이기도 하다.

전 세계 시장에서 인기를 끌고 있는 한국 콘텐츠는 문화적 근접성부터 혼종화, 그리고 초국가적 근접성 등 여러 이론적 접근을 통해 분석·설명될 수 있다. 문화적 근접성이 한류 초기에 일부 아시아 국가에서는 유용한 이론이었던 반면, 한류 콘텐츠가 전 세계로 퍼져 나가는 2020년대의 한류 현상을 설명하기에는 부족한 점이 많다. 이런 가운데, 초국가적 근접성은 하나의 새로운 이론으로서 문화적 근접성에 대한 대안으로 작용할 수 있다. 즉, 문화적·역사적으로 공통점을 발견하기 어려운 북미, 남미, 아프리카 등에서도 한류를 좋아하는 이유를 설명할 때 유용하다.

근접성은 디지털 플랫폼 시대 청소년들에게 내재해 있는 다양한 요소들에 의해 구성되는 역동적 과정으로 이해해야 한다. 예들 들어, 사회적 계급, 사회적 불의, 21세기 자본주의 사회에서 겪게 되는 경험들은 현재와 같이 초국가화가 진행된 사회에서 근접성의 정도를 결정하는 주요한 차원이라는 것이다. 한류 초기와 달리, 신한류 시대의 한류 콘텐츠는 기술적으로 매우 우수한 글로벌 청소년들에 의해 소비된다는 점도 고려해야 한다(Jin, 2022). 다시 말해, 21세기 자본주의 사회에서 사람들은 여러 가지 중요한 사회경제적 어려움들을 경험하고 있다. 사회적 불의, 불확실성, 그리고 사회·경제·문화적 격차를 초래하는 의료복지 등이 그것이다. 전 세계 시민들은, 적어도 팬 수용자들은 이러한 보편적 내용들을 잘 포용하고 있는 한국 문화 콘텐츠에 공감하고 있다. 2021년 9월에 넷플릭스를 통해 공개된 〈오징어 게임〉이 방영과 동시에 전 세계적인 호응을 얻을 수 있었던 것은 바로 데스게임이라는 형태를 통해 양극화와 불평등이 고착화된 현대 자본주의 사회의 병폐를 제대로 꼬집어 내서 글로벌 시청자들의 공감을 끌어냈기 때문이다. 특히 〈미나리〉가 한국 이주민들이 미국 땅에서 제2의 기회를 얻고자 하고, 〈기생충〉에서 희망이 보이지 않은 가족들이 부잣집에서 새로운 기회를 잡고자 한 것과 마찬가지로, 〈오징어 게임〉 역시 사회경제적으로 패자라고 치부될 사람들을 모아 세컨드 찬스를 제공한다. 즉, 사회적 불평등 속에서 나락으로 떨어진 사람들에게 평등과 정의라는 틀로 새로운 기회를 제공한다는 것인데, 이처럼 희망을 추구하는 과정이 실상은 또 다른 실패로 이어지는 비극을 묘사하고 있다.

즉, 한국 콘텐츠가 인기를 끌고 있는 것은 현시대를 살아가는 많은 사람들의 보편적 어려움과 사회적 문제점을 잘 표현하는 한편, 희망과 위로와 사회 정의의 필요성을 잘 담아내고 있기 때문이다. 한류를 사랑하는 글로벌 수용자들은 한류 콘텐츠가 21세기 초를 살아가는 현대인, 특히 청소년 등에게 절대적으로 필요한 보편적 가치를 잘 녹여내고 있다고 믿고 있다. 물론 여기서 말하는 보편성은 다른 시대가 아닌 21세기 초에 가장 잘 적용되는 것이라고 할 수 있다. 시기적으로 맞아떨어졌다는 것이다. 또한 현시대의 어려움만을 공유했다면 이 정도까지 인기를 끌지는 못했을 가능성도 높다. 글로벌 청소년들은 단지 비슷하게 느끼는 어려움을 공유하는 것을 넘어 더 좋은 사회를 만들어 갈 수 있는 희망이 필요하다는 데 의견을 같이하고 있다. 이러한 초국가적 근접성이야말로 한류가 전 세계 문화 시장에 확산되는 주요한 이유이다.

결론

초국가적 문화 흐름은 디지털 플랫폼의 등장과 함께 크게 변하고 있다. 한류가 주로 아시아에서 인기가 있었을 때는 소셜 미디어는 물론 OTT 서비스가 없던 시기여서, 학자와 미디어들은 문화가 지리적·문화적으로 인접한 국가로 퍼지는 현상에 관심을 두었으며, 문화적 근접성 이론으로 이러한 현상을 분석하고는 했다. 문화적 근접성 이론에 따르면 지역 수용자들은 자신들과 문화적 공감대를 형성하는 주변 국가의 문화를 선호한다(Setijadi, 2005). 물론 특정 국가들에서 인기를 얻는 것은 역사, 기억, 그리고 문화적 가치 등 공유 가능한 여러 요소들에 근거한다(Oh and Chae, 2013: 96). 한류가 동아시아를 넘어 전 세계로 확대되면서 이 같은 문화적 근접성은 그 역할을 다하기가 어려웠다. 특히 한류 콘텐츠가 OTT 서비스 플랫폼을 통해 전 세계에서 동시 소비되는 현대 사회에서 지역적 유사성 등을 근거로 한 문화적 근접성은 한류의 성장을 더 이상 설명하지 못하고 있다.

한류의 전 세계적 확산과 디지털 플랫폼의 중요성을 감안해 이 장에서는 문화적 근접성이 더 이상 한류 현상을 설명하지 못한다고 강조한 뒤, 신한류를 설명하기 위해 초국가적 근접성을 새로운 이론적 접근법으로 제시하고 있다. 근접성이라는 측면에서 문화적 근접성과 일견 유사성을 가지고 있으나 여기에서는 언어적·문화적 친밀감이나 유사성이 아니라 글로벌 수용자들, 특히 청소년들이 공감할 수 있는 문화적 보편성을 강조하고 있다. 아무 데서나 늘상 일어나는 경우로서의 보편성이 아니라, 특정 시기에 특정한 형태로 나타나는 의미로서의 보편성을 일컫는다. 21세기 초반 한국 사회에서 일어나고 있는 여러 사회적·문화적 현실이 사실상은 전 세계적으로 공감할 수 있는 내용이며, 한류 콘텐츠가 전 세계 수용자들이 보편적으로 공감할 수 있는 내용을 담고 있기 때문이다.

한류는 보다 복잡한 초국가적 문화 흐름으로, 초국가적 근접성은 글로벌 수용자들이 한류를 선호하는 이유를 제공하고 있다. 2020년대 전 세계 시민들은 불확실성 속에서 살고 있으며, 이들은 자신의 고난을 공유하면서도 이를 벗어날 수 있는 희망의 메시지가 담긴 문화 콘텐츠를 선호하고 있다. 이러한 미디어 문화 생태계 속에서 한류 콘텐츠는 바로 이들이 원하는 문화를 생산·보급하고 있는 것이다.

결론적으로, 21세기 자본주의 사회에서 글로벌 수용자들은 그들 자신의 어려움과 사회적 불평등을 대신 표출해 줄 수 있는 문화 콘텐츠의 필요성을 절감하고 있다고 볼 수 있다. 그리고 또 한편으로는 절망 속에서도 희망을 보여 주는 문화 콘텐츠의 필요성을 느끼고 있다고 판단된다. 많은 글로벌 수용자들, 특히 밀레니얼 세대와 Z세대는 한류가 이러한 자신들의 요구를 잘 표현해 주고 있다고 믿는다. 한류 콘텐츠의 탄탄한 구성이 한류의 질을 담보하는 데다, 이들 콘텐츠의 완성이 전 세계적으로 보편적인 스토리텔링을 통해 달성되고 있어 한류에 대한 선호도를 지속하고 있는 것이다. 한국적인 감성과 테크닉으로 이를 만들어 내고 있다는 것은 다시 말할 필요조차 없다. 초국가적 보편성이 한류의 글로벌화에 가장 큰 요인으로 작용할 가능성이 높은 이유이다.

제10장

한류는 잠시 유행하다
사라질 것인가

서론

한류의 지속적인 성장에도 불구하고 끊임없이 일고 있는 논쟁은 한류가 일시적인 현상이며, 따라서 조만간 사라질 유행과도 같은 것(fad)이라는 지적이다. 한류 초창기는 한류의 형태가 완성이 안 된 시점이어서 한류가 조만간 자취를 감출 것이라는 주장에 일견 설득력이 있었다. 한류에 별다른 실체가 없었으며, 동아시아를 중심으로 '혐한류' 현상도 발생했고, 일본과 중국 사이에서 지정학적인 요소가 핵심 쟁점이 될 때마다 해당 국가에서 한류가 위축되었기 때문이다. 한류는 이런 측면에서 보면, 지난 20여 년간 늘 위기였고, 따라서 한류의 조기 종식론이 나오는 것도 그리 이상할 일이 아니었다. 한류 현상에 대한 이런 주장은 이후에도 꾸준히 제기된 바 있고, 심지어 최근 몇 년 사이에도 끊이지 않고 있다.

한류가 일시적인 유행과 같아서 조만간 사라질 것이라는 주장은 학계, 미디어, 그리고 한류 수용자로부터 모두 나오고 있다. 한류 생산을 담당하는 대형 엔터테인먼트사들 중 일부도, '세계적으로 한류 팬들이 그리 많지 않다'며 한류의 미래를 어둡게 보는 경우마저 있다. 청년으로 자라난 한류를 아직도 못 미더워하는 시각이 곳곳에 존재한다는 것을 부인하기 어려운 실정이며, 안타깝게도 한류가 20년을 넘어 30년, 40년을 향해 가는 시점에서도 과연 지속 가능할 것인가 하는 논의가 계속되고 있다.

한류는 그러나 현시점에서는 지속성 여부를 논할 단계는 지났다고 생각한다. 한류가 다른 비서구 국가들의 문화 콘텐츠보다 다양한 대중문화를 발전시키고 있는 데다, 세계적으로 좀 더 광범위한 수용자를 확보하고 있기 때문이다. 2020년대 초반에 지속되고 있는 BTS의 인기, 〈기생충〉과 〈미나리〉의 잇따른 오스카 수상, 그리고 넷플릭스를 통한 한류 콘텐츠의 잇따른 방영 등이 이러한 현상을 뒷받침하고 있다. 따라서 한류를 지나치게 비관적으로 전망할 것이 아니라 한류가 향후 어떠한 모습으로 변화될 것인가, 그리고 한류의 미래에 필요한 요소들은 무엇인지를 파악하고 준비해야 할 때이다.

이 장에서는 한류를 일시적인 현상으로 해석·분석한 논의를 점검하고, 왜 이런 주장이 나왔는지, 그리고 왜 아직도 지속되는지를 살펴본다. 학술적 논의와 미디어 보도에서, 그리고 한류 수용자들 사이에서도 만연한 한류 유행론의 근거를 논의함으로써, 한류의 미래를 점검할 수 있을 것으로 믿는다. 30년을 향해 가는 한류가 어떤 모습으로 다가올지, 또는 한류를 어떻게 준비해야 하는지에 대한 것은 결국 한류가 조만간 사라질 문화가 아니라 더욱 확대될 것이라는 전제가 가능해야 비로소 가능하기 때문이다.

세계 대중문화 시장에서 한류의 위치

미국 대중문화가 전 세계 문화 시장에서 슈퍼 파워로 역할을 한 것은 이미 100년도 훨씬 넘었다. 대중문화 부분에서 20세기 초반부터 서서히 시작된 미국의 지배력과 영향력은 갈수록 확산되고 있다. 미국은 무엇보다 대중문화 발전에 필요한 요소들을 모두 갖춘 몇 안 되는 나라 중 하나이다. 미국은 1인당 국민소득에서부터, 광고 시장, 미디어 제작 인력, 인구 등 문화산업 발전에 필요한 경제적·사회적 요건을 갖추고 있다. 경제대국의 위상에 걸맞게 일찌감치 미디어와 대중문화를 발전시켜, 미국 국내시장뿐만 아니라 해외시장까지 그 영향력을 확대했다. 미국 할리우드 영화, 팝음악, 드라마와 버라이어티 쇼, 그리고 콘솔 게임 등 문화 장르도 다양하다. 일본이 강세를 보이고 있는 애니메도 사실상 미국의 영향을 많이 받았다. 1920년대 일본이 미국의 애니메이션 기법을 배워, 현재 일본 애니메를 일궈 냈기 때문이다(Wahab, Anuar, and Farhani, 2012). 미국 대표 드라마 중 하나인 〈댈러스〉는 1982년 봄, 90개국의 시청자들이 즐겨 보는 미국 콘텐츠였다(박지훈, 2017). 지금도 중국과 한국에 미드(미국 드라마) 팬들이 적지 않다. 21세기 초에는 〈아메리카 갓 탤런트(America's Got Talent)〉와 〈보이스(Voice)〉 같은 버라이어티 쇼가 전 세계적으로 인기를 끌고 있다. 〈퀴즈쇼 밀리어네어(Who Wants to Be a Millionaire)〉 같은 게임 쇼 역시 영국에서 먼저 시작되고 미국에서 발전되어 많은 나라에서 즐겨 보는 프로그램이 되었다. 전 세계 각국에서 포맷 형식으로 해당 프로그램을 자체 제작·방영하고 있다. 한국도 예외가 아니다. K-pop에서 아이돌 그룹이 많이 채택하는 힙합 음악 역시 미국으로부터 많은 영향을 받은 것이다. 멕시코, 브라질, 인도 등 일부 국가들이 자국의 독특한 대중문화를 생산해 주변 국가와 세계 문화시장을 두드리고 있으나 아직까지 미국과 견줄 정도는 아니다.

미국의 경우에서 잘 알 수 있듯이, 문화산업의 발전은 한 국가의 경제력과 매우 밀접한 관계가 있다. 즉, 커뮤니케이션을 위한 재원들은 그 나라의 경제적 잉여에 좌우된다. 규모의 경제 때문에 경제적으로 약소한 국가들은 미디어와 문화 생산에 있어 경제적으로 부유한 나라에 비해 약세일 수밖에 없다(Garnham, 2000). 미국은 세계 최고의 경제대국으로서 튼튼한 경제력을 바탕으로 문화 콘텐츠의 제작과 유통에서 큰 우위를 점할 수 있었다. 영화 제작에 천문학적인 돈이 드는 블록버스터급 영화를 1년에도 수십 개 만들 수 있는 나라이다. 할리우드 영화의 평균 제작비는 마케팅 비용을 포함해 1억 달러를 쉽게 넘는다. 2019년 제작된 〈어벤져스: 엔드 게임(Avengers: End-game)〉은 4억 달러가 들어 현재까지 가장 많은 돈이 들어간 영화로 기록되고 있다(The Numbers, 2021). 2019년 한국 상업영화의 평균 제작비용이 마케팅 비용을 포함해 천만 달러인 것과 비교하면 그 차이를 쉽게 알 수 있다(한국영화진흥위원회, 2021). 미국은 문화시장 규모 자체도 전 세계 최대여서 국내 콘텐츠의 소비는 물론 해외 콘텐츠의 소비 가능성도 매우 크다.

전 세계 경제규모 2위, 3위를 놓고 경쟁하는 일본과 중국도 막강한 경제력을 바탕으로 대중문화와 디지털 기술을 발전시켜 왔다. 중국이 아직 대중문화 수출에 있어서는 미국이나 일본에 견줄 수 없다 하더라도 연간 영화생산 등에서는 이미 일본을 넘어섰다. 물론 절대다수의 영화가 아직 실험영화여서, 세계 시장에서의 영향력은 크지 않더라도, 규모 면에서 본다면 앞으로의 성장 가능성을 쉽게 예상할 수 있다. 디지털 게임 영역에서도 한국을 넘어 전 세계에서 가장 큰 시장으로 성장했다. 일본 역시 앞서 여러 번 설명했듯이, 아시아 최고의 문화대국으로 큰 영향력을 행사해 왔다.

미국 등과 비교하면 한국 문화산업의 발전, 그리고 무엇보다 이에 근간한 한류는 이제 겨우 20년을 넘었을 뿐이다. 또한 한국의 경제 규모는 미국, 일본, 중국 등과 비교할 수 없다. 따라서 한류가 시작된 이래, 여러 학자들과 미디어는 물론이고 많은 한류 수용자들 역시 한류가 20년 이상 지속되면서 성장세를 유지하는 것에 놀라고 있다. 비서구 국가로서, 경제 규모도 그리

크지 않은 한국이 대중문화와 디지털 기술을 발전시킬 뿐만 아니라 전 세계로 확대 전파하고 있기 때문이다. 게다가 한류가 20년을 지나 이렇게까지 오래 유지되고 있는 것에 매우 당황해하고 있을 정도이다. 일본과 중국 등이 당초 한류를 크게 염두에 두고 있지 않다가 뒤늦게 한류의 성장을 본받아 소프트파워 정책을 도입·발전시키고 있을 정도이다.

물론, 미국 대중문화의 지속적인 영향력과 달리, 한류는 다른 비서구 나라의 대중문화처럼 당연히 썰물과 밀물의 교차를 경험하고 있다. 전 세계 문화 시장에서 수출과 영향력이라는 점에서 좋을 때도 있고 나쁠 때도 있다는 말이다. 한류 초기에 그 규모가 아직 크지 않을 때, 그리고 그 영향력이 적을 때, 미디어 학자들과 문화 생산자들은 한때 한류를 일시적인 유행 정도로 여겼던 것이 사실이다(Hanaki et al., 2007). 한류의 교역 규모 등이 미국처럼 크지 않다 보니, 혐한류 등 이슈가 불거질 때마다 한류 위기론이 대두되었다. 한류가 1990년대 중·후반부터 동아시아 등으로 확산될 때 이 같은 반응은 놀랄 일이 아니었다. 한국은 아시아인들이 함께 즐길 만한 뛰어난 대중문화를 만들어 낸 경험이 많지 않기 때문이다(Jin et al., 2021).

한류는 그러나 지난 20년간 주변 여건에 따라 위축될 때도 있었으나 장기적으로는 항상 성장세를 보여 왔다. 일본과 대만, 중국 등에서 한류를 정책적으로 저지하고, 해당 국가들의 문화 수용자들도 민족주의 요소를 동원해 한류 확산을 저지하고자 하는 움직임도 있었으나, 큰 틀에서 한류는 이를 극복하고 성장세를 보여 왔다는 말이다. 실제로, 사드(THAAD) 여파로 중국 정부와 중국 수용자 일부가 중국 TV와 소셜 미디어에서 한류 콘텐츠가 확산되는 것을 막고 있음에도 불구하고 한류의 중국 진출은 여전히 계속되고 있다. 2017년 사드가 배치된 후 중국이 '한한령(한류 제한령)'을 내리면서 한국 드라마, 영화, 음악 등 한류 콘텐츠 수출길이 한때 크게 위축되었으며, 한류 스타들의 중국 공연 등도 제한되었었다. 2019년 10월에는 그러나 배우 김수현이 중국 상하이에서 열린 DPC 브랜드 론칭 행사에 참석했다.

DPC는 한국 홈케어 뷰티 브랜드로 김수현을 글로벌 모델로 발탁했다. 김수현이 가진 중국에서의 막대한 영향력을 이용해 중국 내에서 브랜드 입지를 다지기 위해서다(김은주, 2019). 중국의 한한령이 서서히 완화되고 한류가 다시 살아나기 시작했다는 신호탄으로 볼 수 있다. 마찬가지로, 중국에서의 한류는 그동안 여러 차례 유사한 위기를 경험했으나, 그때마다 잘 극복해 왔다.

물론 대중문화 영역에서 중국과의 관계는 단지 문화상품의 수출이라는 것에 머물지 않는다. 한류를 본받아 중국 문화산업을 발전시키기 위해 많은 중국 자본이 한국 문화시장에 직접 투자하고 있기도 하기 때문이다. 한국 배우 등을 초청해 중국 방송 프로그램에 포함시키는가 하면, 한국 영화감독과 방송 PD들을 스카우트하고 있기도 하다. 국내 문화기업에 지분 투자도 지속되고 있다. 문화산업에서 중국과의 관계는 앞으로도 갈등과 협력을 번갈아 가면서, 그 규모가 커질 것으로 예상할 수 있다. 한류는 결국 많은 위기 속에서도 지속적인 성장을 유지했듯이, 향후에도 여러 돌발적인 요소들에 휘말릴 가능성이 많다. 한류는 그러나 인접 국가들과 여러 갈등관계를 계속하더라도 규모가 축소되기보다는 전체적으로는 확대될 가능성이 높다고 할 수 있다. 한류가 이미 동아시아라는 지역에서 인기를 누리는 지역기반 문화 콘텐츠가 아니라 글로벌 문화 시장에서 영향력을 확대하는 초국가적 문화 콘텐츠로 성장해 나가고 있기 때문이다.

한류 위기론과 일시 유행론의 실체

한류에 관한 위기감과 비관적 태도는 한류 초창기는 물론 2010년대에도 지속되었다. 여러 미디어와 문화산업계는 물론, 글로벌 한류 수용자들도 한류를 한때 지나가는 유행으로 판단했다. 한류에 대한 부정적인 의견들은 한류 학자, 문화 생산자, 그리고 한류 수용자들 모두에게 나타났다. 예를 들어, 대만 HIM 인터내셔널의 프로모션 관리자인 류신후이는 "한류는 일시적인 유행이며, 한류를 둘러싼 열기는 어느 순간 순식간에 사라질 것이다"라고 주장했다(Ng, 2014). 적지 않은 글로벌 수용자들 역시 한류는 이미 끝났거나 3~4년 내에 곧 사라질 것으로 보고 있었다. 문화체육관광부(2012)가 2012년 10월 11월에 단행한 여론조사에 따르면, 조사에 참석한 3600명 중 66.8%가 한류는 4년 내에 끝날 것이라고 대답했다. 여러 요소들이 작용했으나, 가장 중요한 이유는 다양한 콘텐츠의 부족과 지나친 상업화였다. 물론 많은 사람들, 특히 유럽의 수용자들은 문화적 차이에 대해서 긍정적으로 인식하기도 했으나, 절대다수는 부정적인 의견을 보였다.

한류의 지속성에 관한 유사한 조사로 2020년에 한국국제문화교류진흥원이 실시한 '2020 해외한류실태조사 결과보고서'에서도 이 같은 내용이 잘 나타나 있다. 당시 조사에서는 문화관광부가 2012년 단행한 조사와 마찬가지로 한류 지속기간 전망과 관련해서 약 1~4년 정도 계속될 것이라는 응답이 52%로 가장 많았다. 2012년의 조사 결과인 66.8%보다는 많이 줄어든 것이나, 아직도 절반이 넘는 수의 참여자들이 한류의 미래를 부정적으로 보는 것으로 인식할 수 있다. 보고서는 "해외 소비자들은 한류의 지속가능성을 대체로 낮게 인식하고 있는 것으로 보인다"라고 지적했다(한국국제문화교류진흥원, 2020). 한류 수용자들을 직접 대상으로 한 조사인 만큼 한류의 미래에 대한 경종을 울렸다고 할 수 있다. 절반이 넘는 응답자가 한류의 미래를 부정적으로 평가하고 있어서다. 여러 요인이 있겠지만, 한류가 지나치게 상업적이고, 국가에 의해 주도되는 것에 반감이 커서, 한류의 미래를 부정적으로 보는 시각이 계속되고 있는 것으로 판단된다.

미디어 학자들 사이에서도 한류는 이미 2000년대 중반에 정점을 지났으며 이후 쇠퇴할 것이라는 지적이 있었다. ≪경향신문≫이 2006년 12월 '위기의 한류: 실상과 대책'이라는 주제로 전문가 대담을 시도했을 때, 이동연은 다음과 같이 말하며 한류는 조만간 사라질 수도 있다고 진단했다.

한류의 최정점을 어디로 보느냐에 따라 의견이 다를 수 있습니다. 저는 현상으로서의 한류라는 부분을 본다면 최정점에 왔으며, 이제 떨어질 수밖에 없다고 봅니다. 아주 특별하고 기이한 신드롬으로서의 한류는 〈겨울연가〉, 〈대장금〉으로 정점에 온 것이 아닌가 싶습니다. 과잉된 한류 현상이 가라앉고 거품이 빠지면 현실 속의 한류를 눈여겨봐야 합니다. 해외 쇼케이스의 엄청난 관객이나 일본 공항을 마비시키는 '배용준 효과'가 10~20년 지속되리라는 보장은 없습니다. 오히려 최근 비보이 신드롬이나 뮤지컬 등 공연예술 분야의 성과는 한국의 문화적 역량이 아시아에서 좋은 방향으로 갈 여지와 잠재력을 보여 줍니다. 이런 잠재력을 10년 이상 지속시킬 수 있는 환경, 제도가 정착되어 있느냐는 점은 의문입니다.

다만 이동연은 당시 인터뷰에서 "아시아 국가들이 민주화되고 경제가 성장함으로써 문화 소비가 증가할 가능성"이 크다며 "기회를 살리기 위해서는 한국 내 시장 인프라와 제도가 뒷받침되어야" 한다고 강조한 바 있다. ≪한국경제신문≫(2013)의 전문가 칼럼에서도 "지금 세계 속의 한류 성공으로 우리는 조금 들떠 있는 상태이다. 하지만 한류 바람은 풍선과 같은 것이다. 팽창되었을 때 바늘을 한 번만 가져다 대도 이내 터져 사라질 수 있다. 한류 바람은 영원할 수 없는 것이며, 사라지는 것이다"라며 한류가 이내 사라질 가능성에 대해 이야기한 바 있다.

이 같은 국내외 논의들을 종합할 때, 많은 미디어, 미디어 학자, 그리고 수용자들까지도 한류는 그 미래가 불확실하고 불분명하다고 믿고 있는 것을 알 수 있다. 그리고 해당 논의들이 잘못되었다는 것도 아니다. 한류가 곧 사라질 수 있다는 주장은 결국 당시의 미디어 생태계를 바탕으로 나온 것이어서 그런 주장이 나온 것도 이해 가능하다. 혐한류가 더욱 문제가 되고, 중국과의 갈등이 두드러지고, 일본과의 관계가 갈등으로 치달을 때, 이러한 주변 환경을 배경으로 한류의 미래를 어둡게 볼 수 있기 때문이다.

물론 모두가 이런 부정적이고 근시안적인 시각을 유지한 것은 아니다. 미디어 학자들 중에서 일부는 한류의 지속가능성을 일찍이 간파하고 이것의 중요성을 강조하기도 했다. 예들 들어 김영찬·이동후·이기형(2006: 310)은 한류 초기인 2000년대 중반에 "한류 현상은 이제 일시적인 유행이나 거품이 아닌 당분간 지속성을 지니고 탈지역적으로 전개되는 문화적/경제적 현상이며, 대중문화 수용의 대표적인 유형으로서 일본식 대중문화와 홍콩 영화의 뒤를 이으며 동아시아권을 중심으로 확산되고 있는 일종의 문화 우세종 혹은 대중적인 문화양식으로 부상하고 있다고 볼 수 있다"라고 밝힌 바 있다. 당시 상황이 동아시아 위주의 한류였다는 점을 감안해 전 세계적인 현상이라고까지는 말하지 못했어도 한류의 지속적인 성장과 확산을 예상했다는 점에서 매우 의미 있는 연구 결과였다고 할 수 있다.

무엇보다 한류의 일시 유행론이 지속되는 원인으로는 한류 콘텐츠의 텍스트상의 한계를 간과할 수 없다. 즉, 한류 콘텐츠 생산자들이 지나칠 정도로 비슷한 내용의 콘텐츠를 제작했으며, 이에 따라 한류 콘텐츠의 질적 저하가 초래되었기 때문이다. 또한 눈에 띌 정도로 한국의 문화적 민족주의를 앞세워 글로벌 수용자들을 불편하게 해서 한류의 쇠퇴가 예견되기도 했다. 문화 생산자들이 아닌 한국 정부 그리고 미디어가 이러한 문화 민족주의를 부채질한 측면이 있다.

한류는 한 번도 가보지 않은 길을 가고 있다. 그만큼 한류의 미래와 정도를 예측하기 어렵다. 한류는 그러나 2022년 봄 시점에서 보면 한류의 영향력이 사라지기는커녕 더 확대되는 것을 느낄 수 있다. COVID-19로 인해 전 세계인들은 비대면 시대를 살고 있다. 한류 역시 무수한 제한을 겪고 있다. K-pop 아이돌 가수들의 대규모 해외공연 중단, 그리고 영화제작 연기 등의 문제점이 있다. 한류의 또 다른 위기 국면이라 할 수 있다. 한류는 그러나 여러 위기를 거치면서도 성장을 지속했듯이 새로운 유통 방식과 동력

〈그림 10-1〉 한국학 지원자와 입학 정원 연도별 현황

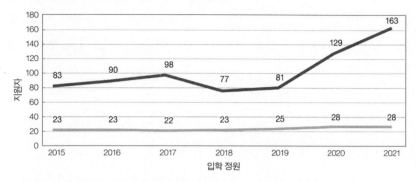

주: 해당 도표는 코펜하겐대학교의 바바라 윌(Barbara Wall) 교수가 만들었다.
자료: 코펜하겐대학교 한국학과(2021).
　　https://studier.ku.dk/bachelor/ansoegning-og-optagelse/statistik-og-tal/

원으로 활로를 찾아가고 있다. COVID-19가 걸림돌로 작용하고 있지만, 온라인 공연과 플랫폼을 이용해 새로운 형태의 생산과 유통을 발전시키고 있다.

한류의 주변 환경도 좋아지고 있다. 예들 들어, 한류를 즐기는 전 세계 수용자들은 한류 콘텐츠를 접한 후 좀 더 잘 이해하고 즐기기 위해서, 또 한국을 더 잘 알기 위해서 한국어를 배우거나 한국을 방문하기도 한다. 한국어와 한국 여행이 한류에 많은 영향을 받은 점을 무시할 수 없다. 몇 년 전 영국의 한 대학에서 특강을 할 때, 해당 대학 아시아학과의 강사는 "한국어를 배우러 유럽 각국에서 우리 학교로 몰려들고 있다"라며 "한국어 교육이 학과를 먹여 살린다"라고까지 표현했다. 그만큼 많은 학생들이 한국어를 배우고자 한다는 것이다. 덴마크 코펜하겐대학교의 한국학과 지원자 수는 2015년 83명에서 2021년 163명으로 두 배 가까이 급증했다. 2021년에 정원 28명을 선발했으니 경쟁률이 매우 높다는 것을 알 수 있다. 여러 요인이 있겠지만 한류의 영향을 무시할 수 없다는 것이 자체 평가이다(〈그림 10-1〉).

전 세계 한국문화 관련 교육원과 센터 역시 한국어를 배우려는 사람들이 크게 증가하고 있다. 코로나 바이러스 시국에 국내를 찾은 해외 관광객들이

크게 줄어들었으나, 2019년 초까지만 해도 해외 여행객이 꾸준히 늘은 바 있다. 포스트 COVID-19 시대에도 같은 현상이 이어질 가능성이 높다. 즉, 한류 저변이 확대되는 현상을 미루어 볼 때, 한류의 위기보다는 장기적 성장에 더 무게를 둘 수 있다.

한류의 일시성을 불러일으키는 요인들

한류의 지속성 여부에 대한 담론은 역으로 왜 한류가 장기적으로 지속 가능한 문화로서 인정 받지 못하는가를 살펴보면 좀 더 실체적인 답을 구할 수 있다. 단순히 한국도 홍콩이나 일본 등 다른 비서구 국가의 대중문화처럼 오래가지 못할 것이라는 근거 없는 논의보다는, 왜 이런 해석이 나오는지를 인지해야 한다. 특히 글로벌 한류 수용자들이 한류를 곧 사라질 문화라고 판단하는 것은 한류의 미래에 매우 중요한 것이기에, 어째서 수용자들이 이런 생각을 가지게 되었는지 알아야 한다.

무엇보다 한류가 단기적인 문화 유행이라고 지적하는 것은 한류 콘텐츠의 질과 상업화적인 측면, 국가 주도의 마케팅 전략, 그리고 한류의 문화 민족주의적 접근 때문이라고 판단할 수 있다. 앞에서 설명한 대로, 글로벌 수용자들은 한류가 지나치게 상업화되어 있으며, 따라서 한류 문화 콘텐츠 본래의 특징을 찾아볼 수 없어 한류가 지속적으로 성장하는 데 도움이 되지 않을 것이라고 지적했다. 게다가 한류가 국가 주도의 전략 및 기획에 의해 성장했다는 정부 주장과 미디어 보도는 국가주도 문화에 대한 저항으로 이어져 한류의 미래를 불투명하게 만드는 요인으로 작용하기도 한다. 모든 것에 K를 가져다 사용하는 K-명칭론에 대한 피로와 실망감 등도 주요 요인으로 손꼽히고 있다.

최근 들어 가장 문제가 되는 부분은 정부 주도의 소프트파워론과 K-명칭론에서 불거진 문화적 민족주의의 영향이라고 할 수 있다. 먼저 소프트파워론과 관련해, 최근 한류 붐을 타고 외무부와 한국국제교류재단(Korean Foundation)은 각국 영사관 등을 통해 K-pop 경연대회, 한국어 경진대회, 태권도 대회, 그리고 한국 음식 시연대회 등 각종 문화행사를 조직하고 있다. 이모든 행사에 한류가 접목되어 있다. 해외에서 한국어와 한국 문화를 알리는 세종학당도 2021년 7월까지 18개국에서 26곳이 새로 지정되었다. 세종학당은 2007년 3개국에서 13곳으로 처음 시작했으며 2021년에는 82개국 234곳으로 확대되었다. 황희 문화체육부 장관은 이와 관련해 "한국어가 새로운 한류의 중심으로 전 세계에 확산할 수 있도록 정책적 지원을 아끼지 않겠다"라고 밝히기도 했다(김준억, 2021). 문제는 한국 정부와 기업들이 지나치게 한류 마케팅을 전개하고 있다는 것이고, 이를 통해 한류가 한국 정부의 주도적인 역할 아래 성장했다는 잘못된 인식을 심어 준다는 것이다. 일부 필요성에도 불구하고 정부 지원에 대한 반작용 역시 적지 않다고 볼 수 있다. 제4장에서 논의한 바대로 한류에 대한 정부의 지원은 중요하다. 정부의 역할은 그러나 인프라 기반을 쌓고 외국과의 교역 기반을 만들어 내는 데 치중되어야 한다. 한류 콘텐츠에 대한 간섭과 지나친 개입이 한류의 성장을 방해할 가능성이 높기 때문이다. 글로벌 한류 수용자들이 한류의 미래를 어둡게 보는 이유 중 하나가 정부의 지나친 관여와 간섭이라는 점을 염두에 두어야 하는 이유이다.

한류에 대한 반감이 증가하는 여러 요인 가운데 중요한 점은 한류의 문화적 민족주의라고 할 수 있다. 여러 학자들(신윤환, 2006; 이동윤·안민아, 2007)은 일찌감치 한류의 문제점으로 한류 이면에 내포된 지나친 상업주의와 함께, 정부 주도의 국가 개입주의, 그리고 한국 대중문화의 우월성을 강조하는 자문화 중심주의 등을 손꼽았다. 자문화 중심주의는 문화적 민족주의에 다름 아니다. 한류를 이야기할 때, 한국 문화의 우수성 때문에 세계인들이 감동해서 수용한다고 여기는 문화적 민족주의를 지나치게 강조하다 보면 역효과가 난다는 것이다(신윤환, 2006).

주창윤은 역사 드라마에서도 탈민족주의 경향을 보이는 드라마들의 역할이 중요하다는 점을 강조했다. 2000년대까지 생산된 드라마에는 〈주몽〉, 〈대조영〉, 〈광개토태왕〉같이 강한 민족주의를 내세우는 것도 있으나, 〈다모〉, 〈추노〉, 〈짝패〉 등 시대적 배경은 과거지만 민족이 아니라 인간의 보편적 가치를 주요 테마로 삼는 드라마도 나오고 있다고 밝혔다. 주창윤은 "시청자들에게 열린 성찰의 공간을 제공하고, 민족 이전에 인간의 보편적 가치를 다루고 있다는 점에서 새로운 역사 드라마의 세계관을 보여 준다"라며 '탈민족' 역사 드라마의 등장에 주목한다(최원형, 2011). 물론 영화에서도 문화적 민족주의에 대한 논란은 지속되고 있다. 특히 앞에서도 논의했듯이, 문화 콘텐츠 자체에서의 논쟁과 더불어 미디어의 보도 태도 역시 짚어 보아야 한다. 미디어가 지나치게 민족주의적 요소를 강조하면서 일부 문화 콘텐츠를 해당 틀 속에 프레임화하고 있기 때문이다.

임현진(2021)은 이와 관련해 한 신문 칼럼에서 "세계적 호응에서 보듯 이제 한류(K-wave)는 우리만의 것이 아니다. 음악, 드라마, 영화에서 시작해 소설, 체육, 상품으로 확산되면서 한류는 세계인의 문화로 자리 잡았다"라고 강조했다. 한류가 전 세계 많은 사람들의 관심과 사랑을 받고 있다는 점에서 타당한 표현이다. 그러나 한편으로는 한류가 세계인의 문화로 자리 잡았다고 주장할 필요까지는 없어 보인다. 미국인들은 할리우드 영화가 전 세계적으로 인기를 끌고 있어도 그것이 전 세계의 문화로 자리 잡았다는 표현은 잘 하지 않는다. 한류가 전 세계의 많은 사람들이 좋아하는 문화 콘텐츠라는 점을 인정하지만, 아직 세계인의 문화라고 할 수는 없고, 그렇다 하더라도 굳이 한국인의 입으로 이를 이야기할 필요는 없다. 지나친 자체 고평가와 적절하지 않은 표현이 결국은 한류에 대한 문화적 민족주의 논쟁을 불러일으킬 가능성이 높기 때문이다.

실제로, 정치적 정체성이 아닌 문화적 정체성을 강조하는 문화 민족주의

(Woods, 2016)가 정부의 주도로 진행될 경우에 거부감을 초래할 가능성이 높다는 것은 이미 잘 알려진 사실이다. 문화 민족주의를 한류에 접목시킬 경우 한류에 대한 반발이 초래될 것도 상상하기 어렵지 않다. 이명박 정부는 민족문화의 진흥을 위해 우리말 가꾸기 사업을 추진한 바 있다. 한국어를 세계적으로 보급하기 위해 외국 대학에 한국어 전공학과 또는 한국어 교양 강좌를 개설했다(박광무, 2010). 한류 붐을 타고 한국어 교육을 확대시킨 것이라고 할 수 있다. 앞에서 설명한 대로 전 세계적으로 세종학당 설치를 확대하기도 했는데, 이런 기관들이 한류를 이용함으로써 문화 민족주의 논쟁을 불러일으키고 있다. 중국이 공자학원을 전 세계에 설치하면서 많은 반발을 불러일으키고 있는 현상과도 그 궤를 같이한다.• 한류는 이미 국가적 경계를 넘어 글로벌 수용자들이 즐기는 초국가적 문화 콘텐츠로 작용하고 있다. 한류를 지나치게 국가라는 틀 속에서 가두어 버리고 한류가 우수하다는 것을 통해 한국이 우수하다는 논리를 지속하는 것은 스스로 한류를 고립시키는 결과를 초래하고 만다는 것을 인지해야 한다.

한류의 지속적 성장성

한류는 성장과 쇠퇴를 거듭하는 가운데 장기적으로는 지속적인 확대 성장이라는 방향으로 움직이고 있다. 여러 측면에서 이러한 현실이 드러나는

• 공자학원 (Confucian Institute)은 중국이 중국어와 자국 문화를 알리기 위해 2004년부터 전 세계에 만든 교육기관이자 문화보급 기관이다. 2020년 말 기준 전 세계 162개국에서 총 541개 공자학원이 운영되고 있다. 공자학원은 해외 대학과 연계하는 것이 일반적으로, 대학 측에 약 10억 원을 지원하고 매년 운영비로 1억~2억 원을 지원하는 것으로 알려져 있다. 대학생 중국 탐방단, 장학금, 교수 연구비도 지원한다(이정봉, 2021).

데, 먼저 한류의 수출을 살펴보면 제1장의 〈표 1-1〉에서처럼 대중문화와 디지털 기술은 한류 초창기에 비교해 볼 때 최근에도 그 성장세를 지속하고 있다. 수출이라는 숫자로 증명이 가능한 부분에서도 1998년부터 현재까지 단 한 번도 그 규모가 줄어든 해는 없었다. 증가 폭은 다소 다르더라도 한류 콘텐츠의 수출은 늘 우상향으로 움직였다. 국가적으로는, 그리고 문화 장르별로는 다소 부침이 있었어도, 한류의 전체 규모는 늘 증가일로에 있었다는 것이다.

한류는 또 수출 이외에도 K-pop의 현지 공연 등에서도 괄목할 만한 성장을 보여 왔다. 싸이, 엑소, 트와이스, BlackPink, 그리고 BTS까지 많은 K-pop 가수들이 세계 각국에서 초대형 콘서트를 성공적으로 개최했다. 2019년 말부터 COVID-19로 한류 공연이 어려워졌을 때도, 한류의 열기는 계속되고 있다. 비록 대면 공연이나 콘서트를 열지는 못했지만, BTS의 '방방콘(방에서 즐기는 방탄소년단 콘서트)'과 BlackPink의 '더 쇼(The Show)' 공연이 보여 주듯, 언택트(Un-tact) 시대에 온택트(On-tact)를 실현함으로써 새로운 형태의 한류유통 모델이 등장하기도 했다. BTS의 온라인 스트리밍 콘서트 방에서 즐기는 '방방콘'은 2020년과 2021년 연이어 실시되었는데, 2021년 4월 공연에서는 최대 동시 접속자 수 270만 명을 돌파했다(유성운, 2021). 코로나 바이러스로 대규모 공연이 금지된 가운데 열린 온라인 공연에도 전 세계의 수많은 팬들이 참여했다는 점에서 BTS의 인기를 실감케 했다. 따라서 일부 아시아 국가들이 자국의 문화를 보호하기 위한 문화정책을 전개한다는 등의 이유로 한류가 일시적인 유행이라고 주장하더라도, 현실적으로 한류는 지역적인 현상에서 글로벌 현상으로 성장하고 있는 것이다. 한국 문화 산업계는 2000년대 후반부터 급변하는 미디어 환경 속에서도 다양한 대안을 만들어 내고 새로운 동력원을 창출했다. 소셜 미디어를 통한 K-pop의 확산부터 넷플릭스를 통한 영화 드라마의 배급에 이르기까지 다양한 형태의 생산과 배급을 실현하고 있다. 한류는 글로벌 문화 시장에서 새로운 동력원을 바탕으로 비서구 국가로부터 발전한 독특한 사례로 거듭나고 있다. 한류 초기에 영화나 드라마가 동력원이었다면, 한류 2.0 시대에는 K-pop과 온라인 게임이, 그리고 한류 3.0 시대에는 웹툰, 모바일 게임이 K-pop과 더불어 동력원으로서 작용하고 있다. 특히 최근 들어 웹툰 기반의 트랜스미디어 스토리텔링 역시 한류의 새로운 동력원으로 작용하고 있다. 웹툰 자체의 수출, 현지 제작, 그리고 웹툰 기반의 영화와 드라마 생산은 이제 많은 경우 미국과 일본 등 현지에서 이루어지고 있다. 한류는 이러한 동력원을 바탕으로 아시아는 물론이고 북미, 유럽, 남미, 중동 등 전 세계 시장에 확산되고 있어 어느 순간에 사라질 가능성이 사실상 없다고 할 수 있다. 한류는 대중문화와 디지털 기술의 융합을 발전시키고 있는데, 이 또한 새로운 현상이며 동력원으로 작용하고 있다. 한류는 따라서 앞으로 가까운 미래에도 글로벌 문화 영역에서 그 영향력을 지속할 뿐만 아니라 지금부터 더욱 큰 정도로 확산될 것으로 판단된다.

결론

한류가 '앞으로도 오랫동안 비서구 지역에서 탄생한 초국가적 문화 현상으로 존재할 수 있는가'는 많은 사람들의 관심사이다. 미국의 문화 콘텐츠와는 달리 오랫동안 전 세계 시장에서 인기를 유지하고 있는 대중문화는 많지 않다. 홍콩 영화에서 잘 나타나듯, 한때 큰 인기를 끌었던 문화 콘텐츠도 어느 순간 사라지고 마는 것이 현실이다. 일본의 문화 콘텐츠 역시 21세기 들어 글로벌 문화 시장에서 어려움을 겪고 있다. 한때 전 세계적인 관심을 받았던 일본 애니메는 2000년대 중반 이후 하락세를 지속하고 있고, 아시아에서 인기를 얻었던 방송 드라마와 영화, 그리고 J-pop 역시 수출과 인지도에서 큰 폭으로 감소세를 보이고 있다. 상황이 이렇다 보니 앞서 언급한 비서구 국가 중에서 가장 뒤늦게 글로벌 문화 시장에 진출한 한류도 홍콩과 일본의 전철을 밟을 것이라는 우려가 있는 게 사실이다. 가뜩이나 한류가 한때 유행하다 사라질 것이라는 주장이 계속되는 데다 실제로 이런 사례를 답습한 국가들이 있으니, 한류에 대한 비관론은 끊이지를 않고 있다.

한류가 곧 사그라질 것이라는 지적은 한류의 콘텐츠가 지나치게 상업적이고, 한국적인 특징이 없으며, 국가 주도의 마케팅 전략 때문이라는 선입견도 작용하고 있다. 특성 없는 문화 콘텐츠를 지속적으로 좋아하기 어렵다는 것은 잘 알려져 있는 사실이다. 게다가 한류의 성공을 틈타 너도나도 K-벤치마킹을 하면서 전체적으로 문화적 민족주의 논란마저 불거진 상황적 요인도 무시할 수 없다. 한류를 이야기하면서 한국이 최고라는 민족주의적 주장이 되풀이되고 있어서다. 문화적 민족주의는 한편으로는 한국인들에게 문화적 자부심을 고양할 수 있지만, 다른 한편에서는 한류에 대한 지나친 경계를 불러일으킬 수 있어 동전의 양면과도 같다. 어쩌면 득보다 실이 더 클 수도 있다. 문화적 민족주의는 특히 문화 생산자들이 문화 콘텐츠를 만들어 내는 과정에서 그 지나침을 경계해야 하지만, 미디어를 통해 확대 재생산된다는 점에서 미디어의 보다 냉철한 보도 역시 필요하다. 한류를 설명하는 미디어가 지나치게 한국의 우수성과 정부의 소프트파워 정책을 강조하다 보니 국내외 수용자들의 반감을 사는 것이다.

다시 한 번 강조하지만, 한류는 여러 우려에도 불구하고 현재로는 어느 순간 사라질 문화 콘텐츠로 보이지 않는다. 한류가 여러 새로운 동력원과 시장을 확보하면서, 한류의 존재가 한두 가지 문화 장르의 정체나, 한두 나라에서의 혐한류 때문에 사라질 가능성은 현저히 감소했다. 드라마와 K-pop 등의 동아시아 수출로 시작된 한류가 이제는 영화, 애니메이션, 웹툰, 그리고 디지털 기술에 이르기까지 지속적으로 새로운 동력을 발전시키고 있고, 서구와 비서구 국가의 수용자들이 함께 즐기는 실질적인 초국가적 문화 현상으로 성장했기 때문이다.

한류는 결국, 양질의 문화 콘텐츠를 생산해야 하는 당면 과제와 함께, 한류에 대한 우려를 불식시켜야 하는 과제를 동시에 안고 있다. 한류는 잠시 유행하다 사라질 것이라는 우려 속에서도 20년이 훌쩍 넘는 기간 동안 성장세를 누려 왔다. 아직 한류에 대한 불안감은 존재하더라도 한류가 어느 순간 순식간에 사라질 것이라는 판단은 잘못된 것이다. 따라서 보다 장기적인 관점에서 한류를 이해해야 하며, 어떻게 한류의 장기적인 성장을 이어 갈 수 있을지 고민해야 한다. 정부나 기업 주도가 아닌, 수용자가 주도하는 한류의 초국가적 현상이 공고할 때 비로소 이런 성장이 가능할 것으로 판단된다. 한류는 지나친 문화 민족주의를 떨쳐 버리고, 전 세계 수용자가 같이 즐기는 대중문화로 자리매김해야 한다. 마지막 장에서 이러한 내용들을 살펴보고자 한다.

제11장

COVID-19 이후 시대 한류 전망

서론

지금까지 이 책은 한류의 여러 주요한 논쟁에 대한 담론을 전개했다. 한류의 정의, 역사, 정책, 이론, 그리고 실행에 이르기까지 한류의 이해를 돕기 위해 중요하다고 판단되는 주제들에 관한 것이다. 한류에 대한 여러 가지 잘못된, 또는 당시로서는 최선의 해석이었으나, 한류가 20년을 훌쩍 넘긴 현시점에서 재해석이 필요한 내용들에 대한 논의이다.

물론 해당 주제들에 대한 논의는 지금까지 저자를 포함해 학자들과 미디어들이 각자의 관점에서 논의한 것이어서 그 자체가 거대 담론을 만들어 가는 중요한 과정이었다. 당연히 잘잘못을 가르는 것 자체가 잘못된 접근일 수 있다. 실제로 '사회과학에서 정답이 있느냐'는 것은 오랜 논쟁거리이다. 연구자와 미디어별로 가치관과 목표가 다르니 해석 또한 달라질 수 있다. 그러나 많은 경우 대체적인 합의를 이룰 수 있다. 지속적인 토론과 해석을 거듭하다 보면 대략의 윤곽이 보이고, 이를 좀 더 정밀하게 가다듬는 과정을 통하면 된다. 인간과 사회라는, 그리고 시간과 공간이라는 씨줄과 날줄을 가로지르는 선 속에서 그 합의가 발견된다. 이 책은 하지만 지금까지 다루었던 논쟁들에 대해 최종 방점을 찍는 역할을 하겠다는 의도를 품고 있지는 않다. 그것이 가능하지도 않을 것이기 때문이다. 그보다는 좀 더 단단한 논쟁의 고리를 끄집어 내려는 시도였으며, 앞으로 더 많은 후속 논의가 나오기를 기대한다.

이런 기대 속에서 이 책의 마지막, 그리고 열 번째 논의 주제는 보다 미래지향적인 것이다. 한류는 더 이상 일시적인 유행이 아니며, 전 세계 문화 시장에서 많은 사람들이 즐기는 대중문화로 자리매김하고 있다. 따라서 다음 단계의 논의는 자연스레 한류에 대한 미래 전망일 것으로 생각된다. 더 나아가 한류가 앞으로도 지속적인 성장을 실현하기 위해서는 무엇을 더 발전시켜야 하는지를 살펴보고자 한다. 정책적 지원 등을 이야기하자는 것이 아니다. 앞으로 한류가 기억될 만한 신화가 아닌 현실로 지속되기 위해서 무엇을 해야 하는지에 관한 것이다. 한류가 어느 방향으로 가야 하는지, 그러기 위해서는 어떤 준비를 해야 하는지, 어디에 초점을 맞춰 움직여야 하는지에 관한 생각들이다. 이 장에서 논의될 내용들 역시 앞으로 많은 학자들이 지속적으로 논의하고 발전시켜야 할 것으로 생각한다.

한국 문화산업계와 문화 생산자들이 미래를 위해 고민해야 하는 것은 당연히 다양한 차원일 수밖에 없다. 한류의 미래를 위해 여러 전략적 논의들이 전개되고 있는데(채지영, 2021), 이 장에서는 모두 네 가지 핵심 요소를 논의하고자 한다. 구체적인 실행에 관한 것일 뿐만 아니라 좀 더 규범적이고 원칙적인 내용들이다. 'K' 문화의 정치화, 초국가적 문화 흐름의 확대, OTT 서비스 플랫폼과의 연계, 그리고 지적재산권(IP)의 중요성이다.

'K' 문화의 정치화

한류가 현재보다 더욱 발전 성장하기 위해 가장 중요한 역할을 담당할 사람들은 누구보다 한류 수용자들이다. 글로벌 수용자들이 한류 콘텐츠의 최종 소비자라는 점에서 이들의 중요성이 등한시될 수는 없다. 그러나 수용자들을 어떤 전략을 통해서 만들어 내거나 조직화하려는 노력은 바람직하지 않다. 팬들, 그리고 수용자들 스스로가 만들어 가는 한류 소비문화가 더욱 중요하다. 따라서 한류 미래를 위해서는 수용자의 중요성을 감안하면서, 한류 콘텐츠를 만들어 내는 생산자와 실행자들, 즉 영화감독, 방송 프로듀서, 음악 작곡가, 웹툰 만화가, 그리고 탤런트, 배우, 가수들의 역할을 생각해 보아야 한다.

무엇보다, 한류 생산자들이 향후 한류의 지속적인 성장을 위해 공통적으로 명심해야 하는 것은 'K'가 없는 혼종화된 문화만을 생산할 것이 아니라 K가 바탕이 된 정치화된 문화 콘텐츠를 생산해야 한다는 것이다. 비록 혼종화된 문화 형태가 현재 한류성장에 있어 주요 요인이라고 하더라도, 혼종화만을 고집할 것이 아니라 한국적인 특징을 반영하는 문화를 만들어 내야 한다는 뜻이다. 한국적인 것을 국뽕으로 여겨질 만한 내용으로 채우자는 것이 아니다. 드라마 속에서 국기에 대한 경례를 하고, 한국의 전통적인 요소들이 좋다는 이야기를 기반으로 문화 콘텐츠를 만들자는 것은 더더욱 아니다. 한국인들이 느끼는 현재의 사회상과 문화가 반영되어, 전 세계 한류 콘텐츠 수용자들에게도 다가갈 수 있는 것들이 중심이 되어야 한다는 말이다.

한국적인 것은 늘 변화하고 있다. 전통 예술과 문화는 예술 분야로서 계속 발전하면 된다. 여기서 말하는 것은 대중문화 영역이다. 대중문화는 일반인들이 살아가면서 느끼는 일상생활을 반영하는 것이다. 일반 사람들이 공감하는 생활 속의 이야기들이 바로 한국적인 것일 수밖에 없다. 이러한 한국적인 요소들은 사실상 글로벌 수용자들이 함께 느낄 수 있는 공통분모를 내포하게 된다. 글로벌화된 21세기 초반에, 많은 것들이 한국만의 현상으로 머물지 않기 때문이다. 예를 들어, 2020년대를 살아가는 전 세계 청소년들은 여러 가지 사회경제적 어려움－청소년 실업 문제, 학원 문제, 대학 입시, 집값 폭등에 따른 상실감, 그리고 양극화 속에서 사회적 약자로 겪는 우울함 등－에 직면해 있다. 이러한 문제는 한국적이고도 전 세계적인 것이다. 최근 들어 더욱 골이 깊어지고, 해결책이 보이지 않는 문제들이다. 이러한 상황적 인식에 더불어 희망이라는 공감대를 이끌어 내는 콘텐츠의 생산이 필요하다고 볼 수 있다.

김창남(2021: 402)이 지적했듯이, "대중문화는 지금 여기의 사회를 살고 있는 사람들 개개인의 삶과 의식, 감정과 정서를 반영한다. 대중문화는 현대 사회를 사는 대중의 삶의 환경이다. 사람들은 각자 삶의 조건 속에서 일정한 욕구를 가지며 대중문화는 그런 욕구를 충족하고 해소하는 수단이 된다. … 한류 열풍이 아무리 거세도 다양한 문화적 욕구를 충족시킬 만큼 다양한 문화적 환경을 갖지 못한다면 이 사회의 문화적 역량은 그만큼 취약한 것이다." 한류는 결국 현시대를 살아가는 한국인의 삶의 모습이어야 하고, 이러한 모습이 대중문화라는 매개체에서 전 세계에 투영되는 문화접변 현상이라는 지적이다(김신, 2015). 한국인의 삶은 한국인의 전통에 기인한 것일 수도 있지만, 대부분의 경우 우리가 살아가는 시대의 진솔한 모습들, 평범한 사람들이 일상생활에서 느끼는 어려움과 이를 헤쳐 나가는 고난의 과정, 그리고 절망이 희망으로 탈바꿈하는 과정을 의미한다.

혼종화된 콘텐츠를 고집할 경우, 당장은 전 세계 문화 시장에서 환영을 받을 수 있겠지만, 장기적으로 이를 강조하기만 할 경우 한류를 고사시킬 가능성이 높다. 이 같은 결과는 일본의 사례로부터 쉽게 유추해 낼 수 있다. 일본은 1980년대와 1990년대 아시아에서 가장 영향력 있는 문화강국이었다. 일본은 21세기 초반까지 문화강자로 그 역할을 수행하고 있을 때 혼종화 과정을 통해 일본의 특성을 배제하는 전략, 즉 일본의 향기가 없는 문화 콘텐츠를 만들어 외국 수용자들에게 호소하는 방식을 채용했다. 전 세계의 일본 문화 수용자들로 하여금 해당 문화가 일본에서 온 것인지를 사실상 모르게 만드는 것이 바람직하다는 결론에서 나온 전략이다. 이처럼 일본 문화의 특징을 배제하는 것을 문화의 비정치화라고 할 때, 한류 콘텐츠는 한국적 특징을 강조하는 문화 정치화의 과정을 발전시켜야 한다는 것이다(Jin, 2016).

이와부치(Iwabuchi, 2002)가 지적했듯이, 아시아에서 일본의 진출과 영향은 21세기 초반에 서서히 감소하기 시작했다. 일본의 특징을 배제한 문화, 즉 'J'가 배제된 일본 문화는 한때 아시아에서 매우 즐길 만한 문화 콘텐츠였다. 북미와 유럽 등 서구에서도 굳이 특정 프로그램이 일본 것인가 아닌가를 알아보기 어려웠고, 이러한 혼종화가 일본 문화의 전 세계적 성장으로 이어졌다. 일본 문화산업계를 지배했던 문화의 비정치화는 그러나, 2000년대 중반을 지나면서 그 위상을 상실하게 되었다. 이에 관해서는 여러 가지 원인이 제기되는데, 그중 하나는 한국적 특징을 강조한 한류가 일본 문화 콘텐츠를 재빠르게 대체해 나가고 있다는 주장이다. 당연히 혼종화가 가져온 무국적 콘텐츠화의 실수라는 점을 강조해야만 한다.

만약 한류가 정치화된 혼종화 콘텐츠를 발전시키지 못한다면, 일본 대중문화의 전례를 따라갈 가능성이 높다. 현재 한국 문화와 디지털 기술이 전 세계적으로 관심과 인기를 얻고 있더라도 새로운 형태의 문화, 즉 혼종화 속에서도 한국적 특징을 강조하는 문화를 발전시키지 못한다면 일본처럼 그 위상이 추락할 수도 있다는 뜻이다. 선례도 있는데 조심하지 않을 이유는 없다. 한국적인 특징을 반영하는 문화 콘텐츠를 만들어 한국 수용자들이 즐기는 프로그램이 되면 많은 경우에 글로벌 수용자들도 좋아할 가능성이 높다. 한류는 최근 넷플릭스가 국내 오리지널 프로그램을 직접 전 세계에 동시 전파하기까지는 한국 콘텐츠를 국내에서 유통시킨 뒤에 전 세계 시장으로 나아가는 형태였다. 따라서 국내에서 인기를 끌면 외국에서도 인기를 끌었다고 볼 수 있다.

　문화산업계와 문화 생산자들은 장기적인 관점에서 한류 콘텐츠 발전을 도모해야 한다. 이러한 전략들은 마케팅 기술을 발전시키는 것뿐만 아니라 문화 생산과정에서 한국 행위자들의 주도로 한국적 특성을 담아내는 대중문화와 디지털 기술을 만들어 내는 것을 의미한다. 혼종화된 문화 대신 한국적인 특징을 강조하는 한류 문화의 정치화가 우선순위가 되어야 한다. 한류에 K를 집어넣는 것은 국내 문화산업계와 글로벌 수용자들에게 모두 혜택이 된다는 점을 인지해야 한다.

　다시 강조하지만, 한류 현상이 가능했던 배경에 혼종화가 큰 역할을 했다는 것을 부정하지는 못한다. 앞으로도 혼종화의 역할은 매우 중요하다. 하지만 혼종화 과정 속에서도 한국 대중문화의 문화적 독창성을 잃어버리지 않는 것이 중요하다. 이것이 전통문화를 계승하고, 한국적인 고전미를 살려 내자는 강조의 의미는 아니다. 그저 현시대를 담담하고 진솔하게 담아내면 된다. 한국이 살아가는 세상이 전 세계의 동시대 사람들이 살아가는 모습이기 때문이다.

초국가적 문화 생산의 확대

　한류의 향후 발전을 위한 또 하나의 중요한 과제는 한류의 진지하고 적극적인 초국가화의 실현이다. 한류는 비서구 중심의 문화가 해당 지역에는 물론, 서구 중심의 미디어 문화 프레임을 뛰어넘은 새로운 현상으로 발전할 수 있는 초국가적 문화라는 것을 보여 주고 있다. 초국가적 한류는 특히 문화 글로벌라이제이션 상황에서 비서구의 문화 재료가 더욱 다원화하고 포괄적일 수 있는지를 확인해 나가는 과정이기도 하다(Jin et al., 2021). 한국 문화산업계가 매우 빠르고 체계적인 상업화를 추구한다는 한계에도 불구하고, 한류는 글로벌과 로컬이라는 이분법적인 구분에서 패권을 누가 가지느냐 대신 글로벌과 로컬 요소가 서로 협력해서 글로벌 문화 영역을 확대할 가능성을 열고 있다. 어떻게 한국 문화의 초국가성을 발전시키는가는 따라서 매우 중요하다.

예들 들어 웹툰은 장르 그 자체로, 그리고 〈스위트 홈〉(2020)과 〈D.P.〉(2021) 등 웹툰 원작 드라마들이 증명하고 있듯이, 트랜스미디어 스토리텔링의 원재료로서 그 역할이 더욱 강화될 것이다. 미국, 일본, 프랑스 등 전통적으로 만화강국이었던 국가들은 최근 몇 년 동안 한국 웹툰을 받아들이고 있다. 웹툰은 모바일 기반 만화 읽기라는, 그래서 가로 읽기가 아니라 모바일을 스크롤다운하면서 읽는 세로 읽기의 특징을 보여 주고 있다. 또한 일본의 전통적인 흑백만화에서 컬러만화 형태로 만화규범 자체를 변화시켰다(Lee, H. R., 2021). 웹툰은 특히 다양한 주제와 세부적인 묘사 때문에 영화나 드라마 감독과 PD들이 가장 즐겨 찾는 원재료가 되었다. 따라서 한국이 단지 문화상품을 수출하는 것이 아니라 트랜스미디어 스토리텔링의 방식으로 지역 문화 콘텐츠가 글로벌 문화 콘텐츠의 재료가 될 수 있는 현실을 목격하고 있다. 트랜스미디어 스토리텔링을 통한 초국가성은 앞으로도 강화될 것이며, 한국 문화산업계가 추후 더더욱 발전시켜야 할 핵심 분야이기도 하다. 만화는 여러 나라에서 하위문화로 여겨져 왔다. 웹툰은 그러나 기존의 만화와 달리 트랜스미디어 스토리텔링 과정을 통해 거듭나고 있다. 초국가적 영향력이 강조되지 않을 수 없다.

한류의 초국가화에서 고려되어야 할 또 다른 요소는, 한류의 초국가화는 수출로서만 정의되지 않는다는 점이다(Jin et al., 2021). 소셜 미디어를 통한 한류 콘텐츠의 확산부터 한류의 현지화, 즉 한류 콘텐츠를 외국에서 직접 생산해 유통시키는 것까지 포함할 수 있다. COVID-19의 진정과 함께, K-pop 아이돌의 해외 현지공연도 확대될 전망이다. 당연히 초국가화는 타자를 받아들이면서 실행되어야 한다. 한류의 생산자와 실행자, 그리고 수용자가 이미 모두 국제적이다. K-pop의 작곡자들이 미국이나 유럽에서 활동하고 있는 외국인들이며, K-pop 그룹 아이돌의 구성원에서 외국인을 보는 일은 이제 일상이 되었다. 한류의 초국가화는 타자를 용인하는 정신도 포함해야 한다. 따라서 한류는 좀 더 넓은 관점에서 이해되어야 하는 초국가성을 실현하고 있는 것이며, 이러한 현상이 확대될 수 있는 환경을 마련해야 한다.

디지털 플랫폼 컨버전스

한류는 그 탄생 시점부터 급변하는 미디어 생태계의 영향을 직간접적으로 받았다. 앞에서 논의했듯이 미디어 생태계에는 정부의 문화정책과 수용자의 대중문화 소비 형태도 포함된다. 즉, 정책적 변화는 물론이고 수용자들의 변화하는 소비 패턴에 좌우될 수 있다. 한류가 지금까지 이러한 미디어 생태계의 영향 아래 성장했다는 점에서, 한류는 앞으로도 급변하는 미디어 환경에 영향을 받을 수 있다는 말이다. 특히 디지털 플랫폼과 같은 뉴미디어의 발전에 따라 생산, 전파, 그리고 소비 형태가 크게 달라지고 있으며, 향후에도 크게 변할 수 있다. 한류 자체가 디지털 한류를 포함하고 있기도 하고, 새롭게 발전하는 디지털 환경, 즉 디지털 플랫폼의 발전 등에 따라 달라지기도 할 것으로 보인다. 소비 패턴도 크게 변하고 있다는 점을 염두에 두어야 한다. 한류 수용자들은 소셜 미디어와 OTT 플랫폼에 몹시 의존하고 있다. 문화의 생산과 유통, 그리고 소비가 모두 플랫폼과 연계되어 있는 현 상황에서, 디지털 플랫폼의 역할과 영향력을 고려해야만 한다. '밀레니얼 세대'와 'Z세대'는 가족과 소셜 미디어를 통해 문화 콘텐츠를 소비해 왔으며, 이제 스트리밍 서비스와 OTT 서비스를 통해 문화 콘텐츠를 즐기고 있다. 이와 같은 1인 미디어 소비가 일상화된 현시점에서 한류 콘텐츠 역시 새로운 소비 형태를 염두에 두어야 한다. 특히 향후 글로벌 문화 시장에서 가장 큰 역할을 수행할 것으로 기대되는 것이 디지털 플랫폼인 만큼, 디지털 플랫폼과 이에 관련된 여러 요소들에 대한 논의를 눈여겨보아야 한다. 실제로 문화체육관광부가 2020년 말에 전 세계 18개국에서 단행한 설문조사에 따르면, COVID-19 기간에 한류의 시청자와 시청 시간이 모두 증가한 가운데, 한류 수용자들은 온라인과 모바일 플랫폼을 통해 한류 콘텐츠를 소비한 것으로 나타났다(Song, S. H., 2021).

다시 말해, 21세기 초 한류를 논할 때는 디지털 한류의 중요성을 강조하지 않을 수 없다. 따라서 관련된 디지털 기술과 문화를 발전시키는 것이 중요하다. 특히 한류가 앞으로 더욱 발전하기 위해서는 OTT 플랫폼과의 관계에 크게 의존할 수밖에 없다. 국내 OTT 플랫폼의 개발은 물론, 해외 플랫폼과의 협력 관계를 더욱 확대해야 한다. 앞으로 디지털 플랫폼의 지배 현상은 더욱 강화될 것이 분명하며, 완성된 문화 콘텐츠를 이들 플랫폼을 통해 즐기는 형태의 문화 소비가 일반화될 것이기 때문이다. 무엇보다 대중문화와 디지털 기술의 컨버전스가 지속될 것이기 때문에, 어떻게 이러한 현상을 발전시키고 이끌어 나갈지가 한류의 미래에 있어 중요한 척도라고 할 수 있다. 그리고 OTT 플랫폼을 통한 한류 전파는 국가별로 시차를 두고 일어나는 혐한류나 한류견제 정책에 보다 탄력적으로 대응할 수 있는 전략적 수단으로도 유효하다. 넷플릭스를 금지하지 않는 한 넷플릭스를 통한 문화 콘텐츠의 흐름이 상대적으로 정치적인 상황에서 자유롭기 때문이다. 넷플릭스는 2016년부터 2020년까지 한국 콘텐츠에 약 7700억 원이 넘는 돈을 투자했다. 2021년 한 해만도 5500억 원가량을 한국 콘텐츠에 투자해 액션, 스릴러, SF, 스탠드업 코미디, 시트콤 등 다양한 장르를 넘나들며 넷플릭스에서만 볼 수 있는 콘텐츠를 선보였다(≪씨네21≫, 2021).

이와 함께, 아직도 초기 단계이지만 국내 OTT 서비스의 발전과 이를 통한 국내 문화 콘텐츠의 세계적 확산도 필요한 시점이다. SK텔레콤과 지상파 3사의 통합 OTT 서비스인 Wavve(웨이브)•가 현재 한국뿐만 아니라 일부 동남아시아 국가에서 사용되고 있고, 이를 통해 한국 콘텐츠를 시청하는 경우도 많은 만큼 향후에 이를 어떻게 발전시킬 것인지에 대한 전략적 사고가 필요하다. Wavve는 최근 들어 동남아시아 7개국 해외 여행객을 대상으로 한 서비스 Wavve go(웨이브고)를 제공하기 시작했다. 해당 국가로 여행가는 Wavve 이용자들은 현지에서도 서비스를 이용할 수 있게 된 것이며, 장기적으로는 해당 국가로의 서비스 진출 가능성을 타진하고 있다(송혜리, 2021). 동남아시아 시장은 한류 콘텐츠 수요가 높은 지역인데, 초국가적 문화 흐름을 국내외에서 개발된 OTT 서비스를 통해 확산시키는 것이 중요하다는 것을 증명하고 있다.

디지털 한류와 함께 강조되어야 할 것은 플랫폼들이 단행하고 있는 새로운 문화 생산방식의 이해이다. 현재 각국에서는 인공지능(AI)과 알고리듬을 토대로 한 문화 생산에 박차를 가하고 있다. 문화 생산은 단순하게 문화 콘텐츠를 제작하는 것이 아니라, 생산된 문화 콘텐츠의 배분과 소비까지 이어지는 전 과정을 의미한다(Oxford Reference, 2019; Jin, 2021). 향후 가까운 시일 내에 OTT 서비스 플랫폼은 가상현실이나 증강현실과 결합해서 진화할 것으로 보이고, 콘텐츠 수용자들도 대중문화를 단순히 보거나 듣는 방식으로 소비하는 대신 콘텐츠를 통한 체험 욕구가 높아질 것인 만큼, 한류 역시 이에 대비해야 한다(심상민, 2021). 디지털 한류는 이제 한류의 가장 큰 영역으로 존재하고 있다. 디지털 게임, 스마트폰 관련 문화, 소셜 미디어, 그리고 디지털 플랫폼까지 문화 콘텐츠의 생산, 유통, 소비에 깊숙이 연결이 되어 있다. 2020년 11월 SM엔터테인먼트에서 선보인 새 걸그룹 에스파(aespa)

• Wavve는 한류(Korean Wave)의 Wave에서 따올 정도로 한류 콘텐츠의 전 세계적 확산을 목표로 하고 있다. Wavve는 '한류'와 '파도'의 의미를 담고 있다고 밝혔다(김정현, 2019).

가 이를 증명한다. 카리나(20·한국), 지젤(20·일본), 윈터(19·한국), 닝닝(18·중국)으로 구성된 4인조 걸그룹 에스파는 싱글 〈블랙 맘바(Black Mamba)〉를 공개해, 성공적으로 인기몰이를 했다.

현실 멤버들과 아바타가 인공지능 시스템 나비스의 도움으로 '싱크(Synk)'라는 연결 신호를 통해 소통하는 개념이다(김효정, 2020). 에스파는 2020년대 들어 많은 관심을 모으고 있는 메타버스(metaverse) 세계에서 활동하는 아이돌 그룹이라고 할 수 있다. 메타버스는 가상·초월을 뜻하는 '메타(meta)'와 세계를 의미하는 '유니버스(universe)'의 합성어로 가상 세계를 일컫는다. '아바타'라는 가상의 신체를 빌려야만 '메타버스'로 들어갈 수 있다(정혁준, 2021).•

위의 사례에서 볼 수 있듯이 미래에는 문화와 기술을 떼어 놓고 생각하는 것 자체가 가능하지 않을뿐더러, 한류와 디지털 한류를 별도로 생각할 수도 없다. 디지털 기술과 문화를 어떻게 운영하는가가 한류의 미래에 결정적 요소라는 것을 더 이상 설명할 필요가 없다는 뜻이다.

지적재산권의 강화

지적재산권(IP)의 중요성 역시 강조할 수밖에 없다. 한류뿐만 아니라 전 세계 문화 영역에서 가장 중요한 변화는 문화 수용자들의 소비패턴 변화이

• 페이스북은 2021년 10월 말부터 회사의 정식 명칭을 '메타(Meta)'라고 변경할 만큼, 메타버스는 많은 디지털 플랫폼 기업들은 물론이고 일반인들에게까지 초미적 관심을 불러 모으고 있다. 페이스북은 회사명칭 변경과 함께, 향후 메타의 핵심은 메타버스를 사람들끼리 서로 연계하고, 커뮤니티를 발견하고, 비즈니스가 성장하는 데 도움을 주는 생명체로 발전시키는 데 있다고 천명했다(Facebook, 2021).

기 때문이다. 21세기 초반은, 주로 완성된 문화상품을 개인적으로 구입해서 보거나 영화관이나 텔레비전 스크린을 통해 시청하던 때와 달리, 유튜브 같은 소셜 미디어나 넷플릭스 같은 OTT 서비스 플랫폼을 통해 대중문화를 즐기는 시대로 급변하고 있다. 웹툰과 모바일 게임처럼 모바일 미디어의 중요성도 날이 갈수록 확대되고 있다. 이는 앞서 지적한 한류 3.0 시대의 한 특징이기도 하다. 또 한편으로는 하나의 문화 장르가 다른 문화로 동시에 변모하는 트랜스미디어 스토리텔링이나 텔레비전 포맷이 문화 생산의 주요한 형태로 자리 잡고 있다. 완성된 한류 콘텐츠를 수입하는 것이 아니라 한국에서 인기를 끌고 있는 문화 콘텐츠를 라이선스 형태로 받아, 각 나라별로 각색 등의 과정을 거쳐 자체 제작하는 형태이다. 텔레비전 포맷과 리메이크 등이 이에 해당한다. 한류 콘텐츠를 이런 형태로 받아들이는 국가들은 한국 문화 생산자들에게 지적재산권에 해당하는 비용을 지불해야 한다.

따라서 새로운 형태의 문화 소비에서 핵심은 지적재산권이다. 앞으로 한류의 성장은 지적재산권을 어떻게 활용할 것인지, 그리고 어떻게 보호할 것인지에 크게 좌우될 것으로 보인다. 지적재산권은 문화산업에서 자본축적을 위한 주요 요소이다(Jin, 2015). 한편으로는 개인의 창의성을 보호해야 한다는 측면과 다른 한편으로는 국가 경제에도 크게 영향을 미치기 때문이다. 한류의 미래와 관련해 한국은 소셜 미디어와 OTT 플랫폼의 발전과 이용에 많은 노력을 기울여야 한다. 그리고 크게 보아 이들 디지털 기술의 활용과 지적재산권의 획득/보호에 무엇보다 강조점을 두어야 한다. 디지털 경제 시대에 지적재산권을 공정하게 실현하는 것은 한류 발전에 큰 기여를 할 것임에 틀림없다.

한 가지 유의할 점은 지나치게 지적재산권을 실현하려고 하면 오히려 역효과가 날 수 있는 분야도 있어서 이에 대한 차분한 인식과 대응이 필요하다는 것이다. 예들 들어 K-pop이 글로벌 음악 시장에서 인기를 크게 얻을 수 있었던 원인 중 하나는 지적재산권의 포기였다. 새로운 음원이 나오면

바로 유튜브에 올려 모두가 실시간으로 즐기게 하고, 이에 대한 패러디 비디오 등 밈 비디오의 제작에 관대했기 때문이다. 지적재산권의 일부를 포기하는 대신 유튜브 등에서의 광고, 소셜 미디어상의 인기를 토대로 한 현지 공연, 그리고 음원 판매 등을 통해 수입을 올리는 형태이다. 일본의 경우 지나치게 지적재산권을 적용해 새로운 음원이 나와도 유튜브에 바로 올리지 않아 많은 외국 팬들이 J-pop에 접근하기 어려웠다. 물론 일본도 최근 K-pop의 성공에 자극 받아 자국의 음원을 유튜브에 올리는 경우가 많아지고 있기는 하다(Kogan, 2012; Jin, 2020). 따라서 지적재산권의 확보와 실현이 중요하다는 점을 인지하되, 좀 더 유연하게 대처하는 것이 한류의 글로벌 성장에 도움이 될 수 있다는 점 역시 받아들여야 한다.

결론

한류에 대한 연구와 미디어 보도는 앞으로도 끊임없이 지속될 것이다. 학자들의 관심도 높아지고 있다. 이 책을 집필하고 있던 2021년 여름 동안에도 서울에서 여러 학자들을 비롯해 한류 생산자들과 다양한 형태의 만남을 통해 한류 미래에 대해 많은 이야기를 나눈 바 있다. 모두가 한류에 대해 매우 진지한 자세로 자신들의 연구 지향점을 공유하는 것은 아마도 한류 연구자들의 또 다른 특권일 수도 있을 것이다. 한류 콘텐츠의 최일선에서 일하는 생산자들로부터 최신 동향을 듣는 것도 매우 즐거운 일이다. 서로 다른 모임에서 여러 이야기가 오고 간 가운데, 동료 학자들과 한류 생산자들은 서로 현재 어떤 연구를 하는지, 어떤 프로그램을 제작하거나 기획하고 있는지 의견을 나누고는 했다. 그리고 서로 여러 제안을 하기도 했다. 모두 한류 연구와 관련해 매우 중요한 논의들이었다.

두 가지만 소개하면, 먼저 한 미국 대학의 교수는 BTS의 「Butter」가 빌보드 핫 100 차트에서 몇 주 동안 연속적으로 1위를 하고 뒤이어서는 「Per-mission To Dance」가 그 자리를 이어 간 것을 이야기하다가 BTS 관련 영문 책을 하나 내자는 제안을 했다. BTS 전문가 여러 명으로부터 논문을 받아서 제대로 된 연구서를 편집하자는 것이었다. 미국에서 한국 대중문화 수업을 가르치는 교수의 입장에서 막상 쓸 만한 교재가 없고, 특히 BTS는 그 자체로 과목 하나를 만들 수도 있다는 것이었다. 적지 않은 미국 학생들이 K-pop에 관심을 가지고 있으며, BTS는 많은 학생 팬을 갖고 있는데 적절한 교재가 없다는 지적이다.• 실제로 미국 대학 중 캘리포니아 주립대학교 버클리(University of California at Berkeley)는 2019년에 BTS 현상을 논의할 2학점짜리 강의를 제공하기로 결정한 바 있다. 'Next Generation Leaders: BTS'라는 이 강의는 학생들이 운영하는 교과목의 일부로 채택되었다 (Samson, 2019). 당연히 다른 대학 학생들도 BTS에 대해 관심이 많은 만큼 BTS나 K-pop 관련 수업에 좋은 교재가 될 수 있을 것으로 예상한다.

또 한편으로는 한국의 디지털 플랫폼에 대한 영어 책이 없다며 이를 같이 쓰지 않겠느냐는 제안도 있었다. 이는 한국 대학교수의 제안으로, 디지털 한류를 이끌어 가는 네이버와 카카오, 그리고 게임 회사들에 대해 영어로 쓴 학술 논의가 별로 없어서 국내외적으로 매우 아쉽다는 지적과 함께였다. 디지털 플랫폼에 대한 관심은 2010년대 후반부터 매우 활발히 전개되어 왔다. 한국은 다른 나라와 달리 네이버와 카카오는 물론, 게임 산업과 OTT 서비스 플랫폼까지 여러 플랫폼 분야에서 성장세를 보이고 있어 이에 대한 학술적 논의가 매우 필요한 상황이다. 특히 해외에서 한국을 연구하기 위한

• 시기절절하게도 2022년 초에 여러 학자들이 *BTS: A Critical Reader* 라는 책을 편집하고 있다. Patty Ahn, Michelle Cho, Frances Gateward, Vernadette Gonzalez, Rani Neutill, Mimi Thi Nguyen, and Yutian Wong 등이 공동 편집자로서 BTS와 K-pop을 아우르는 책을 만들고 있는데, 앞으로 많은 수업에서 교과서로도 사용될 것으로 전망된다.

영문 저서 등이 필요하다. 한류 또는 디지털 한류와 관계되는 논의로 향후 많은 고민과 실행이 필요한 분야라고 판단된다. 한류는 대중문화 한류와 디지털 한류가 어우러져 만들어 가는 것인데, 이들 양대 분야의 학술적 발전을 지속해야 할 필요성과 공감대를 나눌 수 있는 동료 학자들이 있다는 것 자체가 많은 격려가 되었다.

한류는 이렇듯 앞으로 많은 국내외 학자들의 끊임없는 자기 성찰과 혁신적인 연구를 통해 매우 중요한 학문 분야로서 성장하리라 예측된다. 한류 연구가 하나의 독립적 학문 분야로 성장하는 것도 중요하지만, 미디어학, 한국학, 지역학, 사회학, 인류학, 행정학, 그리고 정치학 등 여러 인접학문과의 사이에서 초학제적 연구의 핵심 대상으로 그 위치를 공고히 할 것으로 기대된다. 한류 연구가 다양한 분야에서 지속되는 가운데 이를 이끌어 갈 이론적인 토대를 만들어 내는 작업과 함께, 여러 분야의 연구를 좀 더 초학제적으로 연계해 주는 것도 필요한 시점이다. 한류는 앞으로 더 많은 학술적 논의와 논쟁을 불러일으킬 것이다. 한류가 특히 미국 중심의 문화지배 현상을 극복함으로써 글로벌라이제이션과 대중문화 연구에 새로운 이론적 함의를 만들어 낼지에 대해서도 논의가 진행되고 있기에 그 귀추가 주목된다.

결론적으로, 한류는 아직도 많은 수용자들이 콘텐츠의 질적 문제를 제기하고 있고, 지나친 상업화에 대한 비판을 내놓고 있는 것도 사실이다. 정부가 주도하는 문화적 민족주의 담론에 대한 비판도 끊이지 않고 있다. 한류 생산자들이 귀담아 들어야 할 중요한 문제이다. 한류는 그러나, 지난 20년 이상 비서구를 대표하는 양질의 문화 콘텐츠라는 신뢰를 쌓아 왔기 때문에 이를 바탕으로 미래 성장기를 향해 가고 있다고 전망할 수 있다. 한류가 미국 문화의 전 세계화에 견줄 정도는 아니더라도, 매우 견고한 정도로 지속해서 발전할 것으로 볼 수 있다. 다만 이는 한류에 대한 지나친 비판이나 낙관보다는 한류를 어떻게 발전시켜야 하는지에 대한 냉철한 판단과 실행이 뒤따를 때 가능하다는 전제를 달고서다.

참고문헌

강성우. 2017. 「쿨재팬이 일본 영화산업 발전에 미친 영향」. ≪동아시아문화연구≫, 69: 261~281.

강인규. 2020. 「방탄소년단이 미국 음악시장 주류? 다행히도 정 반대다」. 오마이뉴스, 10월 13일. http://www.ohmynews.com/NWS_Web/Series/series_premium_pg.aspx?CNTN_CD= A0002683380

강준만 .2020. 『한류의 역사』. 서울: 김영사.

강지원. 2021. "K팝·대박·먹방… 한국어 단어 26개 영국 옥스퍼드 사전에 실려". ≪한국일보≫, 10월 5일.

≪경향신문≫. 2006. "위기의 한류 실상과 대책은". 12월 31일. https://m.khan.co.kr/article/2006 12191754431/amp

_____. 1997. "MBC 드라마 4편 중국 간다". 11월 24일, 31면.

고경석. 2021. "BTS 9개월 만에 4번째 빌보드 싱글차트 1위… '주류 팝시장에 안착'". ≪한국일보≫, 6월 2일.

고수차. 2002. 「방송콘텐츠의 국제적 경쟁력 제고방안」. ≪방송연구≫, 겨울호, 35~65쪽.

국방부. 2016. 「태양의 후예 알고 보면 더 재미있다」. 페이스북, 3월 31일. https://www.facebo ok.com/MNDKOR/posts/987073221347645/

국제문화교류진흥원. 2017. 한류연대표.

김경동. 2006. 「'한류'도 문명사적 의미가 있을까」. ≪철학과 현실≫, 69.

김규환. 2000. "中대륙 한국배우기 열풍". ≪서울신문≫, 7월 13일.

김두진. 2018. 「한류의 초국적 보편성과 미디어 제국주의 역전 테제 영국의 K-pop과 포스트-비틀 즈의 제국성(imperialness)」. ≪아세아연구≫, 61(1): 7~47.

김만권. 2017. "왜 블랙리스트가 문제인가? 한 정치철학자가 바라본 블랙리스트 사태". 오마이뉴스, 1월 24일.

김명수. 2015. 「한류 제조하기: 역사제도주의적 해석」. ≪한국사회학≫, 49(2): 35~65.

김미영. 2019. "싸이도 방탄소년단도 부럽지 않아… 뚜루루뚜루~ '상어 가족'". ≪한겨레신문≫, 1
월 17일.

김수아. 2013. 「K-POP과 신한류에 대한 텔레비전 담론 다큐멘터리 프로그램의 글로벌 성공 이야
기 구조를 중심으로」. ≪언론정보연구≫, 50(1): 45~83.

김수정·김수아. 2015. 「집단적 도덕주의 에토스 혼종적 케이팝의 한국적 문화정체성」. ≪언론과
사회≫, 23(3): 5~52.

김신. 2015. 「코리아 르네상스: 공존의 문화로서 한류란 무엇인가」. 이상훈 등. 『한류 그 이후: 한
류의 저력과 향후 과제』, 217~268쪽. 경기도: 국학중앙연구원출판부.

김신동. 2002. 「동아시아의 초국적 문화수용과 타자 인식」. 한국방송학회 세미나 및 보고서, 162~
180쪽.

김영찬·이동후·이기형. 2006. 『한류의 문화정치학』, 309~310쪽. 한국언론학회 학술대회 발표논문집.

김예란·박주연. 2006. 「TV 리얼리티 프로그램의 이론과 실제」. ≪한국방송학보≫, 20(3): 7~48.

김용출. 2021. "시대 흐름과 얽힌 대중문화… '한류 콘텐츠' 뿌리를 찾아서". ≪세계일보≫, 6월 21일.

김은주. 2019. 「'한한령' 해소? 한국 기업에 손 내민 중국서 김수현 등 한류스타 활동 재개」. 뉴스
핌, 10월 23일. https://www.newspim.com/news/view/20191023000836

김일곤. 2000. 「일본 TV 프로그램 통째로 베끼기 여전히 심각: 일본에서 본 한국 TV의 표절실태」.
오마이뉴스, 6월 9일. http://www.ohmynews.com/NWS_Web/View/at_pg.aspx?CNTN_
CD=A0000010167

김정수. 2014. 「한류에 관한 여섯 가지 질문 그리고 문화정책의 역할」. ≪문화정책≫, 75~113쪽.

_____. 2020. 「탈바꿈의 문화행정」. 원용진 등. 『한류에서 교류로』, 73~102쪽. 서울: 한국국제교
류문화진흥원.

김정현. 2019. 「푹+옥수수 통합법인명, '웨이브(WAVVE)' 확정… 한류의 파도 속으로」. News1
뉴스, 7월 3일. https://www.news1.kr/articles/?3661606

김준억. 2020. 「문체부, 한류진흥 전담조직 신설… 민간 주도 한류 지원」. 연합뉴스, 6월 8일.

_____. 2021. 「세종학당 18개국 26곳 신규 지정… 내년까지 270곳으로 확대」. 연합뉴스, 6월 9일.

김준일. 2017. "블랙리스트 김기춘·조윤선 구속기소". ≪동아일보≫, 2월 8일. https://www.don-
ga.com/news/article/all/20170208/82763106/1

김창남. 2013. 『한국대중문화사』. 한울아카데미.

김효정. 2020. 「현실과 가상의 공존··· SM 걸그룹 '에스파', 아바타와 함께 데뷔」. 연합뉴스, 11월 17일. https://www.yna.co.kr/view/AKR20201117062700005

남정호. 2007. "박진영 씨 '한류 속 민족 과잉' 발언 파장". ≪중앙일보≫, 2월 8일.

남지은. 2021. "별은 내 가슴에 안재욱은 한류의 시작이자 사회현상이었다". ≪한겨레신문≫, 3월 20일. https://www.hani.co.kr/arti/culture/culture_general/987557.html

두산백과. n.d. 한류. https://terms.naver.com/entry.naver?docId=1221901&cid=40942& categoryId =31614

류웅재. 2008. 「한국 문화연구의 정치경제학적 패러다임에 대한 모색」. ≪언론과 사회≫, 16(4): 2~27.

매일경제 한류본색 프로젝트 팀. 2012. 『한류본색』. 서울: 매일경제신문사.

문상현. 2012. 「문화, 경제와 공간: 미디어산업의 지구화에 대한 이론적 검토」. ≪문화경제연구≫, 15(3): 3~27.

문재인. 2018. 문대통령, 한-베트남 비즈니스 포럼 기조 연설(3월 23일). 서울: 청와대.

문화관광부. 2002. 『문화산업백서』. 서울: 문화관광부.

문화체육관광부. 2009. 『2008 문화산업백서』. 서울: 문화체육관광부.

_____. 2012. 「한국하면 가장 먼저 떠오르는 이미지는 한류」. 12월 17일 보도자료.

_____. 2013. 『한류백서』. 서울: 문화체육관광부.

_____. 2016. 『2015 콘텐츠산업백서』. 서울: 문화체육관광부.

_____. 2017. 「문화·예술, 지원은 하되 간섭하지 않는다」. 대한민국 정책 브리핑(5월 26일).

_____. 2020. 『2019 콘텐츠산업백서』. 서울: 문화체육관광부.

_____. 2021. 2019 기준 콘텐츠 산업조사. 서울: 문화체육관광부.

박광무. 2010. 『한국 문화정책론』. 서울: 김영사.

박민재. 2020. "만화대국 日서 '웹툰 대박' ··· 카카오페이지 '애니팡 전략' 썼다". ≪중앙일보≫, 5월 26일. https://news.joins.com/article/23785476

박석환. 2012. 한국형 세계만화의 새로운 이름 'K-Comics'. 한국콘텐츠진흥원 콘텐츠진흥상업포럼(5월 25일). https://portal.kocca.kr/portal/bbs/view/B0000204/1770626.do?categorys =4&subcate=67&cateCode=0&menuNo=200253

_____. 2018. 『웹툰 콘텐츠 플랫폼』. 서울: 커뮤니케이션북스.

박수윤. 2018. "중국·일본의 한국 베끼기? ··· BTS 이어 여자친구까지". 연합뉴스, 6월 9일. https: //www.yna.co.kr/view/AKR20180608115900005

박양우. 2020. "한국의 공공소통, 세계와 소통하다". ≪경향신문≫, 12월 7일. https://www.kh
an.co.kr/opinion/contribution/article/202012070300065#csidxdc8af7540c1b0a0b6e753
32e45bf996

박장순. 2014. 『한류학개론』. 서울: 선.

박지수. 2016. "[대한민국 미래를 말하다] 박장순 '한류 무너지지 않으려면 콘텐츠에 집중해야'".
머니투데이, 4월 28일. http://www.ntoday.co.kr/news/articleView.html?idxno=43858

박지훈. 2017. 『댈러스 보기의 즐거움』. 서울: 나남.

백봉삼. 2020. "글로벌 화제작 '신의 탑' 애니메이션 오늘 종영". ZDNetKorea, 6월 14일. https://
zdnet.co.kr/view/?no=20200624085105

백수진. 2021. "[아무튼, 주말] 꽈르띠에, 꽈페… 'K 디저트'로 등극한 꽈배기를 아십니까?" ≪조선
일보≫, 7월 10일 자.

백원담. 2007. "한·중·일, 민족주의의 욕망 속으로". ≪한겨레21≫, 553호, 3월 29일. http://h21.
hani.co.kr/arti/cover/cover_general/13506.html

백인성. 2008. "엔씨소프트 미국법인 오스틴지사 21명 해고". 파이낸셜뉴스, 8월 14일, https://
www.fnnews.com/news/200808141719029680

사문·차희원. 2015. 「해외 수용자의 문화적 근접성 인식이 케이팝 이미지와 한국 국가 이미지에
미치는 영향」. 한국언론학보, 59(1): 267~300.

≪서울신문≫. 2016. "스타크래프트 프로리그, 14년 만에 종료… '관중 10만 신화' 역사 속으로".
10월 19일.

손승혜. 2009. 「학술논문의 메타분석을 통해 본 한류 10년」. ≪언론과 사회≫, 17(4): 122~153.

송주상. 2021. "영국 DJ 'K팝 인기 가짜, BTS 팬 아미는 노예' 말했다가 사과". ≪조선일보≫, 8월
11일.

송혜리. 2021. "[OTT온에어] K-OTT 해외로 뻗는다…웨이브, 동남아 진출 '본격화'". 아이뉴스24,
2월 16일. http://www.inews24.com/view/1343317

신경미. 2006. 「한류 열풍은 아시아 공통문화 창출의 키워드: 일본의 한류」. 신윤환 외. 『동아시
아의 한류』, 223~261쪽. 용인: 전예원.

신윤환. 2006. 「동아시아의 한류(韓流)를 보는 눈: 담론과 실체」. 신윤환 외. 『동아시아의 한류』,
11~47쪽. 용인: 전예원.

신현준. 2005. 「K-pop의 문화정치(학): 월경(越境)하는 대중음악에 관한 하나의 사례연구」. ≪언
론과 사회≫, 13(3): 7~36.

신혜란. 2015. 「일본의 한류 붐을 통해 본 한류의 정체성과 발전 전략」. 이상훈 등. 『한류 그 이후: 한류의 저력과 향후 과제』, 111~153쪽. 성남, 경기도: 한국학 중앙연구원 출판부.

심두보. 2020. 『코로나19 시대, 넷플릭스 드라마 한류』. 서울: 한국국제문화교류진흥원. http://kofice.or.kr/b20industry/b20_industry_03_view.asp?seq=8035&page=1

심상민. 2021. 『엔터테인먼트 산업론』. 서울: 커뮤니케이션북스.

≪씨네21≫. 2021. 「넷플릭스, 2021년 2분기 실적 발표」, 7월 21일. http://www.cine21.com/news/issue/view/?mag_id=1338&fbclid=IwAR37-Pt6hKonlaxCIawHsZkIs5ktnKByHNr_vsQd30uNBUHkbM4s4o0svNY

안소영. 2021. 「네이버·카카오 글로벌 웹툰 전쟁」. ≪이코노미조선≫, 6월 13일. https://biz.chosun.com/it-science/ict/2021/06/13/BLWRQHPRSRFDVDJDZVZBAVSKYA/

안태호. 2009. "김대중의 문화, 이명박의 문화". 미디어스, 8월 11일. http://www.mediaus.co.kr/news/articleView.html?idxno=7606

양은경. 2003. 「동아시아의 트랜디 드라마 유통에 대한 문화적 근접성 연구」. ≪방송연구≫, 197~220쪽.

_____. 2013. "한류는 혼종성 문화… 오래가려면 문화국가주의 경계". 3월 31일. https://www.yna.co.kr/view/AKR20130331031600005

_____. 2018. "[이희용의 글로벌시대] '뽀로로' 탄생 15년 … K애니가 신한류 이끈다". 11월 23일. https://www.yna.co.kr/view/AKR20181122136500371

외교부. 2020. 「한류확산」. http://www.mofa.go.kr/www/wpge/m_22751/contents.do

유성운. 2021. "BTS '방방콘21' 동시접속자 270만 돌파 … 지난해 224만 기록 깼다". ≪중앙일보≫, 4월 18일.

윤민재. 2015. 「세계화시대 한국사회의 민족주의 특징과 한계」. ≪인문사회 21≫, 6(3): 79~105.

윤석민. 1998. "달러. 양키문화로 세계 주무른다". ≪한국일보≫, 6월 9일.

윤선희. 2009. 「아시아 공동체의 문화 정체성」. ≪한국언론정보학보≫, 37~74쪽.

윤양노. 2019. 「한류 5.0 시대를 위한 한복문화정책과 전략」. ≪한복문화≫, 22(3): 159~171.

윤여수. 2015. "[스타 그때 이런 일이] 한류 출발점 '사랑이 뭐길래'". ≪동아일보≫, 6월 15일. https://www.donga.com/news/Entertainment/article/all/20150615/71861036/4

윤재식. 2005. 『아시아 방송영상 콘텐츠 유통 마케팅』. 서울: 한국방송영상산업진흥원.

윤태진·이효민. 2021. 「K-웹툰의 일본 진출에 따른 J-망가 시장/문화의 변화: 매체기술의 발전과 산업지형의 변화를 중심으로」. ≪애니메이션연구≫, 17(1): 114~144.

윤평중. 2006. 「한류의 문화철학과 세계화」. ≪철학과 현실≫, 69: 54~69.

이규탁. 2014. 「케이팝 브랜딩과 모타운 소울」. ≪대중음악≫, 14: 8~39.

_____. 2020. 『갈등하는 케이, 팝』. 서울: 스리체어스.

_____. 2021. 「케이 그리고 케이 팝」. ≪자음과모음≫, 49: 239~245.

이데일리. 2020. "네이버, '신의 탑' 애니메이션 '시리즈온'서 1일 공개". 3월 31일. https://www.edaily.co.kr/news/read?newsId=01702326625708896&mediaCodeNo=257

이도연. 2019. "보편적 문제의식을 한국적 터치로 완성한 영화 '기생충'". 연합뉴스, 5월 22일. https://www.yna.co.kr/view/AKR20190521177000005

이동연. 2011. 「케이팝(K-pop): 신자유주의 시대 초국적 국민문화의 아이콘」. ≪내일을 여는 역사≫, 45(12): 234~252.

_____. 2014. 「한국 대중문화 통사연구 방법론 서설」. ≪커뮤니케이션 이론≫, 10(4): 59~100.

이동윤·안민아. 2007. 「동아시아에서 한류의 확산과 문제점: 문화와 민족주의를 중심으로」. ≪세계지역연구논총≫, 25(1): 99~128.

이석준. 2013. 「박근혜 정부 국정과제 이행을 위한 재정지원 실천계획 [공약가계부] 발표」. 대한민국 정책브리핑(5월 28일). https://www.korea.kr/news/policyBriefingView.do

이성민. 2021a. 「한류와 국가-정책의 관계에 대한 생각」. 페이스북 7월 17일 자 포스트. https://www.facebook.com/sungmin.lee.355

_____. 2021b. "'국뽕' 걷어내고 '한류'를 바라본다면?" 프레시안, 3월 10일. https://www.pressian.com/pages/articles/2021031009340245802#0DKU

이수안. 2017. 「유럽의 '한류'를 통해 본 문화혼종화: K-pop 열풍을 중심으로」. ≪한독사회과학논총≫, 22(1): 117~146.

이웅. 2019. "'질투'부터 BTS까지… 한류 초석 놓은 문화교류 40년 변천". 연합뉴스, 5월 15일. https://www.yna.co.kr/view/AKR20190514169400005

이유진. 2020. 「넷플릭스 한국 콘텐츠: 세계 콘텐츠의 역흐름 이끈다」. 한국국제문화교류진흥원 전문가 칼럼, 10월 22일.

이정봉. 2021. "한국에도 많은 공자학원, 서구에서 '퇴출 물결'인 이유". ≪중앙일보≫, 6월 4일.

이준웅. 2010. 「뉴스의 효과」. 강내원 외. 『저널리즘의 이해』, 101~139쪽. 한울아카데미.

이창현. 2003. "[TV들여다보기] '日방송 베끼기' 언제까지…". ≪동아일보≫, 11월 17일. https://www.donga.com/news/Entertainment/article/all/20031117/8001908/1

이혜인. 2017. "방시혁이 말하는 '방탄소년단' 성공 요인?" ≪경향신문≫, 12월 10일, http://news.

khan.co.kr/kh_news/khan_art_view.html?art_id=201712101916001#csidx682410a3367
4a528b40961fee3a172e

이희용. 2017. "[이희용의 글로벌시대] 한류 효시 '사랑이 뭐길래' 中 상륙 20년". 연합뉴스, 6월 13
일. https://www.yna.co.kr/view/AKR20170612114000371

일본 오사카무역관. 2021. 「일본 애니메이션 산업, OTT 플랫폼으로의 구조 전환 중」. 2월 23일.
https://news.kotra.or.kr/user/globalBbs/kotranews/782/globalBbsDataView.do?setIdx
=243&dataIdx=187191

임영신. 2021. "'네이버웹툰 미국 증시 상장 검토' 직접 밝힌 네이버". ≪매일경제≫, 4월 21일.
https://www.mk.co.kr/news/it/view/2021/04/383111/

임학순. 2012. 「필리핀 청소년들의 K-pop 소비요인 및 영향인식에 관한 연구」. ≪비교한국학≫,
20(1): 85~112.

임현진. 2021. "한류에서 희망을 찾다". 내일신문, 5월 4일.

장규수. 2011. 「한류의 어원과 사용에 관한 연구」. ≪한국콘텐츠학회논문지≫, 11(9): 166~173.

장수현. 2015. 「중국의 한류와 포스트 한류」. 이상훈 등. 『한류 그 이후: 한류의 저력과 향후 과제』,
154~183쪽. 성남, 경기도: 학국학중앙연구원출판부.

장재은. 2007. "박진영, 가까운 미래에 한류 더이상 없다". ≪한겨레신문≫, 5월 30일. https://w
ww.hani.co.kr/arti/culture/culture_general/212790.html#csidx18df0bb46932f62be94c7
e4db75b5e0

장지영. 2018. "아베의 '쿨 재팬'은 없다⋯ 한류에 자극 받은 日 정부 주도 문화 수출 전략의 부진".
≪국민일보≫, 10월 27일. http://news.kmib.co.kr/article/view.asp?arcid=0012793923&
code=61131211

전제연. 2016. 「한국형 포맷의 미국 진출: 미국판 '슈돌'을 11월 디스커버리서 방송」. ≪신문과 방
송≫, 551호, 44~48쪽.

전형화. 2017. "대통령과 한류, 창의성·다양성이 시작이다". 문화소식, 5월 8일. http://kofice.or.
kr/b20industry/b20_industry_03_view.asp?seq=7915

정길화. 2019. "[비바 코리안] 한류 20년에 생각한다". WorldKorean, 11월 20일. https://www.
worldkorean.net/news/articleView.html?idxno=35728

정보람. 2016. 『OECD주요국가의 문화재정 비교』. 서울: 한국문화관광연구원.

정윤경. 2004. 「수입 프로그램에 대한 노출 및 태도 비교 연구」. ≪한국언론학보≫, 48(6): 34~61.

정혁준. 2021. "내 '부캐'는 K팝 아이돌과 논다, 메타버스에서". ≪한겨레신문≫, 8월 23일. https://

www.hani.co.kr/arti/culture/culture_general/1008682.html?_fr=mt3

정형모. 1999. "만화전문 인터넷방송 애니비에스 인기". ≪중앙일보≫, 6월 22일.

≪조선일보≫. 1994. "쥬라기공원 1년 흥행수입/차150만대 수출 맞먹는다". 5월 18일. https://w
　　ww.chosun.com/site/data/html_dir/1994/05/18/1994051873105.html

조은하. 2020. 「먹방의 유행과 문화 현상 연구」. ≪한국콘텐츠학회논문지≫, 20(9): 68~85.

조인회·윤여광. 2013. 「한류문화에 영향을 미친 Youtube 파급효과에 관한 연구: 가수 싸이(PSY)
　　신드롬을 중심으로」. ≪한국엔터테인먼트산업학회논문지≫, 7(2): 9~18.

≪중앙일보≫. 2000. "[분수대] 소프트파워". 6월 19일.

진경지. 2019. 「'한류' 용어의 어원 및 대만 한류 발전에 대한 고찰」. ≪동아시아문화연구≫, 77:
　　221~237.

진달용. 2011. 『문화제국주의의 재해석』. 서울: 커뮤니케이션 북스.

＿＿＿. 2021a. 「디지털 플랫폼 시대의 한류 소통 방식의 변화」. ≪국어문학≫, 77: 103~124.

＿＿＿. 2021b. 「한류시대의 소프트파워와 문화외교: 담론분석」. ≪공공외교: 이론과 실천≫, 1
　　(1): 55~75.

진성·홍성규. 2019. 「중국 내 K-pop의 문화 간 커뮤니케이션에 대한 연구」. ≪한국콘텐츠학회논
　　문지≫, 19(10): 548~559.

채지영. 2021. 「특집: 한류와 아시아(1) 한류 20년, 성과와 미래 전략」. ≪아시아브리프≫, 1(10):
　　1~5.

최석영. 2012. 「쟈니 기타가와: 한류의 교과서 '쟈니즈'를 만들다」. ≪인물과 사상≫, 6월호, 89~
　　118쪽.

최승수. 2012. 「한류문화산업의 비판적 이해」. ≪지역사회연구≫, 20(4): 101~117.

최우석. 2017. 「수상한 두 재단(미르, 케이스포츠)의 배후는 누구인가?」. ≪월간조선≫, 9월호.
　　http://monthly.chosun.com/client/news/viw.asp?ctcd=&nNewsNumb=201609100014

최원형. 2011. "한류로 뻗어가는 역사드라마 과도한 민족주의 탈피 기회". ≪한겨레신문≫, 6월 21일.

최진우·김새미·김지윤·모춘홍·서지원·진달용·한준성. 2021. 『아세안 지역 한류콘텐츠 활성화
　　방안』. 세종: 대외경제정책연구원.

최현수. 2016. "[내일을 열며_최현수] '태양의 후예'를 국방한류로". ≪국민일보≫, 4월 6일.

코펜하겐 한국학과. 2021. 한국학과 지원자와 입학정원. https://studier.ku.dk/bachelor/ansoeg
　　ning-og-optagelse/statistik-og-tal/

≪한겨레신문≫. 2020. 봉준호 "'기생충' 가장 한국적이어서 전 세계 매료한 듯". 2월 10일. https:

//www.hani.co.kr/arti/culture/movie/927658.html#csidxc4d39b3bbac7a40bc0fa8a8c1
74fd41

≪한국경제≫. 2013. "문화적 프리미엄 없는 한국은 미래가 없다". 3월 10일. https://www.hank
yung.com/thepen/lifeist/article/202103229284Q

한국국제교류재단. 2021. 『2020 지구촌 한류현황』. 서울: 한국국제교류재단.

한국국제문화교류진흥원. 2018. 『한류와 문화정책』. 서울: 한국국제문화교류진흥원.

_____. 2019. 『글로벌 한류 트렌드 2019』. 서울: 한국국제문화교류진흥원.

_____. 2020. 『2020 해외한류실태조사 결과보고서』. 서울: 한국국제문화교류진흥원.

한국영화진흥위원회. 2021. 『2020 한국영화산업 결산』. 부산: 영화진흥위원회.

≪한국일보≫. 2021. "[HI★리뷰] '킹덤: 아신전' 전지현의 잔혹한 복수극(feat. K-좀비)". 7월 24일.

한국콘텐츠진흥원. 2018. 『2019 콘텐츠산업 예측』. 나주: 콘텐츠진흥원.

_____. 2019. 『2018 콘텐츠산업결과와 2019 예측』. 나주: 콘텐츠진흥원.

_____. 2021. 『2020 하반기 및 연간 콘텐츠 산업 동향분석 보고서』. 나주: 콘텐츠진흥원.

한류연구회. 2005. "드라마 겨울연가와 대장금 비교분석을 통해 본 대장금 관광상품활성화 방안".
https://scienceon.kisti.re.kr/srch/selectPORSrchArticle.do?cn=JAKO201019455946256&
dbt=NART

한수경. 2011. 「세계화(지구화) 이론의 모순」. ≪정치와 평론≫, 8(0): 121~160

허연·유주연·손동우·김슬기. 2010. "한류 2.0 시작되었다". ≪매일경제≫, 9월 24일. https://ww
w.mk.co.kr/news/culture/view/2010/09/515931/

홍석경. 2013. 「세계화 과정 속 디지털 문화 현상으로서의 한류 프랑스에서 바라본 한류의 세계적
소비에 대한 이론적 고찰」. ≪언론정보연구≫, 50(1): 157~192.

_____. 2020. 『BTS 길 위에서』. 서울: Across.

홍석경·박대민·박소정. 2017. 「한류연구의 지식연결망 분석」. ≪한국언론학보≫, 61(6): 318~
353.

홍유선·임대근. 2018. 「용어한류의 유래」. ≪인문사회 21≫, 9(6): 1231~1246.

홍찬식. 2012. "[횡설수설/홍찬식] 대만의 한류 逆風". 1월 1일. http://news.donga.com/Column
/3/04/20120101/43010775/1

황동미. 2001. 『한국영화산업구조분석: 할리우드 영화 직배 이후를 중심으로』. 서울: 영화진흥위
원회.

BBC News. 2020. "기생충: '봉준호 감독은 깜짝 스타가 아니다'". 1월 14일. https://www.bbc.

com/korean/news-51087481

YTN. 2021. "세계 브랜드된 BTS… 미국 음악 시장 제대로 뚫었다". 6월 6일.

Zhou, Y. 2005. 「중국 영상 문화에 끼친 한류의 영향 영화와 드라마의 경우를 중심으로」. 한국방송학회 세미나 및 보고서, 122~129쪽.

Adorno, T. and M. Horkheimer. 1972. *Dialectic of Enlightenment*. New York: Verso.

Anderson, B. 1983. *Imagined communities: reflections on the origin and spread of nationalism*. New York: NY: Verso.

Anderson, C. 2020. *Soul in Seoul: African American Popular Music and K-pop*. Jackson, MS: University Press of Mississippi.

Appadurai. A. 1990. "Disjuncture and Difference in the Global Cultural Economy." *Theory, Culture and Society* 7: 295~310.

Asahi Shimbun. 2020. "Fresh Korean Wave sweeping world, powered by Netflix hits." 5 July. http://www.asahi.com/ajw/articles/13468714

Barber, N. 2014. "Why are zombies still so popular?" *BBC*, 21 October. https://www.bbc.com/culture/article/20131025-zombie-nation

Bell, C. 2020. "For K-pop fans, Learning Korean is about Connection." *MTV news*, 7 April. http://www.mtv.com/news/3162368/k-pop-fans-learning-korean-connection/

Bhabha, H. 1994. *The Location of Culture*. London: Routledge.

Billboard. 2020. The #HOT 100. 5 December. Billboard.com.

_____. 2021. Hot 100. 12 July. https://www.billboard.com/charts/hot-100

Biltereyst, D. and P. Meers. 2000. "The International Telenovela Debate and the Contra-flow Argument: a reappraisal." *Media, Culture & Society* 22: 393~413.

Bocock, R. 1996. "The Cultural Formations of Modern Society." S. Hall, D. Held and K. Thompson.(Eds.) *Modernity: An Introduction to Modern Societies*, 150~193. Malden: Blackwell.

Brook, T. 2014. "How the global box office is changing Hollywood." BBC News, 20 June. http://www.bbc.com/culture/story/20130620-is-china-hollywoods-future

Byun, E. M. 1997. "Ban on Songs with English Lyrics Stirs Debate: MBC's Move for National Sentiment Elicits Protest from Young Musicians." *The Korea Herald*, 12 June.

CBR.COM. 2021. "The Good Doctor Season 5 Release Date, Trailer, Plot & News to Know." 7 August. https://www.cbr.com/the-good-doctor-season-5-release-date-trailer-plot/

Chandran, M. 2016. "JYP thinks foreign talent could find K-pop success." *CNBC*, 24 October. https://www.cnbc.com/2016/10/24/jyp-wants-multinational-groups-to-be-the-future-of-k-pop.html

Chang, A. Y. 2011. "Finding anew what 'Koreanness' is." *The Korea Times*, 16 September. http://www.koreatimes.co.kr/www/news/culture/2013/06/142_94873.html

Chen, Q. 2019. "Exploration on the Origin of 'Korean Wave' Words and the Initial Development of Korean Wave in Taiwan." *East Asia Culture Research* 77: 221~237.

Chen, S. 2015. "Cultural Technology: A Framework for Marketing Cultural Exports: Analysis of Hallyu(The Korean Wave)." *International Marketing Review* 33.1: 25~50.

Cheng, L. L. 2002. "Strategy and Structure of Market Competition: The Taiwanese Cable TV Industry in the 1990s." *The Developing Economies* XL(3): 252~283.

Chin, B. and L. H. Morimoto. 2013. "Towards a theory of transcultural fandom." *Participations: Journal of Audience & Reception Studies* 10(1): 92~108.

Cho, Y. H. and H. R. Zhu. 2017. "Interpreting the Television Format Phenomenon Between South Korea and China Through Inter-Asian Frameworks." *International Journal of Communication* 11(2017), 2332~2349.

Choi, J. B. 2015. "Two Hallyus: Cultural Phenomenon and Institutional Campaign." A. M. Nornes and Sangjoon Lee.(eds.) *Hallyu 2.0: Korean Wave in the Age of Social Media*. Ann Arbor, MI: University of Michigan Press.

Chong, D. A. 2021. "The 6 Must-Know Korean Fashion Brands to Have On Your Radar." *Elle*, 17 August. https://www.elle.com/fashion/a37213015/best-korean-fashion-brands/

Chung, A. Y. 2009. "Japanese Pop Culture Boom Inspiring South Korean Entertainment Industry." *Japan Spotlight*, September/October: 16~18.

Daly, J. 1997. "Hollywood 2.0." November 1. https://www.wired.com/1997/11/hollywood-3/

Davies, G. and G. S. Han. 2011. "Korean Cosmetic Surgery and Digital Publicity: Beauty by Korean Design." *Media International Australia* 141(1): 146~156.

Elfving-Hwang, J. 2018. "K-Pop Idols, Artificial Beauty and Affective Fan Relationships in South Korea." A. Elliot.(ed.) *Handbook of Celebrity Studies*, 190~201. London: Rout ledge.

Eun, M. 2010. "The Rising Representative Contents of Korea Games." *Aving News*. https://us.aving.net/the-rising-representative-contents-of-korea-games/

Facebook. 2021(October 28). "Introducing Meta: A Social Technology Company." https://about.fb.com/news/2021/10/facebook-company-is-now-meta/

Farrar, L. 2010. "'Korean Wave' of pop culture sweeps across Asia." *CNN*, December 31. http://www.cnn.com/2010/WORLD/asiapcf/12/31/korea.entertainment/index.html

FirstPost. 2020. "The woman behind Oscar-winning Parasite: All you need to know about Miky Lee, South Korean entertainment's biggest mogul." 20 February. https://www.firstpost.com/entertainment/from-parasite-to-bts-all-you-need-to-know-about-miky-lee-south-korean-entertainments-greatest-mogul-8025381.html

FlixPatrol. 2021. "TOP 10 on Netflix in the World on September 23, 2021." https://flixpatrol.com/top10/netflix/world/2021-09-23/

Fraser, G. 2005. "Canada Leads Fight for Culture Rights." *Toronto Star*, 4 October C5.

Fuhr, M. 2015. *Globalization and Popular Music in South Korea: Sounding Out K-Pop*. London: Routledge.

Gangatharan, A. 2008. "The Problem of Periodization in History." *Proceedings of the Indian History Congress* 69: 862~871.

Garnham, N. 2000. *Emancipation, the Media, and Modernity*. Oxford University Press, New York.

Geiser, K. 2013. "Stanford scholar explains why zombie fascination is very much alive." *Stanford News*, 20 February. https://news.stanford.edu/news/2013/february/why-zombie-fascination-022013.html

Gibson, J. 2019. "What Puts the K in K-pop?" *The Diplomat*, 15 August. https://thediplomat.com/2019/08/what-puts-the-k-in-k-pop/

Gladwell, M. 2008. *Outliers: The Story of Success*. New York: Little, Brown and Company.

Goldsmith, B., K. S. Lee, and B. Yecies. 2011. "In search of the Korean digital wave." *Media international Australia* 141(1): 70~77.

Grinin, L. 2007. "Production Revolutions and the Periodization of History." *Herald of the Russian Academy of Sciences* 77(2): 150~156.

Hall, S. 1996. "The West and the Rest." S. Hall, D. Held, and K. Thompson.(Eds.) *Modernity: An Introduction to Modern Societies*, 185~227. Malden: Blackwell.

Han, B. 2017. "K-Pop in Latin America: Transcultural Fandom and Digital Mediation." *International Journal of Communication* 11: 2250~2269.

Hanada, T. 2003. "Cultural Diversity as Social Demand: the Korean minority and Japanese Broadcasting." *Gazette* 65(4~5): 389~400.

Hanaki, T., A. Singhal, M. W. Han, D. K. Kim, and K. Chitnis. 2007. "Hanryu Sweeps East Asia—How Winter Sonata is Gripping Japan." *International Communication Gazette* 69 (3): 281~294.

Hartzell, K. 2017. *Melodramatic and Formulaic: The Global Appeal of Korean Television Dramas*. Master Thesis at Georgetown University.

Hermanns, H. 2013. "National Role Conceptions in the 'Global Korea' Foreign Policy Strategy." *The Korean Journal of International Studies* 11(1): 55~82.

Hernandez, A. D. and T. Hirai. 2015. "The Reception of Japanese Animation and its Determinants in Taiwan, South Korea and China." *animation: an interdisciplinary journal* 10(2): 154~169.

Hong, E. 2014. *The Birth of Korean Cool: How One Nation Is Conquering the World Through Pop Culture*. London: Simon & Schuster.

Hoskins, C. and R. Mirus. 1988. "Reasons for U.S. dominance of the international trade in television programmes." *Media, Culture & Society* 10: 499~515.

Howard, K. 2006. "Coming of Age: Korean Pop in the 1990s." Keith Howard.(ed.) *Korean Pop Music: Riding the Wave*, 82~98. Kent, UK: Global Oriental.

Howard, K. 2013. "The Foundation of Hallyu—K-Pop's Coming of Age." First World Congress for Hallyu Studies, 18~19 October, Korea University, Seoul.

Huang, Y. and K. W. Noh. 2009. "Cultural Proximity and Distance: The Reception of Korean Films in China: Through the Lens of My Sassy Girl." *Asian Cinema* Fall/Winter, 193~205.

Huh, C. G. and J. Wu. 2017. "Do Hallyu (Korean Wave) Exports Promote Korea's Consumer Goods Exports?" *Emerging Markets Finance and Trade* 53(6): 1388~1404.

Hun, C. 2017. "South Korea's Blacklist of Artists Adds to Outrage over Presidential Scandal."

New York Times, January 17. https://www.nytimes.com/2017/01/12/world/asia/south-korea-president-park-blacklist-artists.html?_r=0

Iñárritu, Alejandro González. 2019. "Alejandro G. Iñárritu: Why Bong Joon Ho's 'Parasite' 'Speaks to All of Us' Variety." 18 December. https://variety.com/2019/film/awards/alejandro-g-inarritu-bong-joon-ho-parasite-1203446209/

Iwabuchi, K. 2001. "Becoming 'cultural proximate': The a/scent of Japanese idol dramas in Taiwan." B. Moeran.(Ed.) *Asian media products*, 54~73. Richmond, England: Curzon.

Iwabuchi, K. 2002. *Recentering Globalization: Popular Culture and Japanese Transnationalism*. Durham, NC: Duke University Press.

_____. 2015. "Pop-culture diplomacy in Japan: soft power, nation branding and the question of 'international cultural exchange'." *International Journal of Cultural Policy* 21(4): 419~432.

Jeong, J. H. 2020. *Korean Food Television and the Korean Nation*. Lanham, MD: Lexington Books.

Jin, D. Y. 2002. "Regionalization of East Asia in the 1990s: Cultural and Economic Aspects of Television Program Trade." *Media Asia: An Asian Mass Communication Quarterly* 29 (4): 215~228.

_____. 2003. "Globalization of Japanese Culture: Economic Power vs. Cultural Power, 1989-2002." *Prometheus* 21(3): 335~345.

_____. 2009. "Where is Japan in Media Studies in the post-Cold War Era: Critical Discourse of the West and the East." *Social Science Research* 22(1): 261~293.

_____. 2015. "New Perspectives on the Creative Industries in the Hallyu 2.0 Era: Global-Local Dialectics in Intellectual Properties." S. J. Lee and A. M. Nornes.(eds.) *Hallyu 2.0: Korean Wave in the Age of Social Media*, 53~70. Ann Arbor, MI: University of Michigan Press.

_____. 2016. *New Korean Wave: Transnational Cultural Power in the Age of Social Media*. Urbana, IL: University of Illinois Press.

_____. 2019. *Transnational Korean Cinema: Cultural Politics, Film Genres, and Digital Technologies*. New Brunswick, NJ: Rutgers University Press.

_____. 2020. "Comparative Discourse on J-pop and K-pop: Hybridity in Contemporary Local

Music." *Korea Journal* 60(1): 40~70.

_____. 2021. *Artificial Intelligence in Cultural Production: Critical Perspectives on Digital Platforms.* London: Routledge.

_____. 2021. "Historiography of Korean eSports: perspectives on spectatorship." Dal Yong Jin.(ed.) *Global Esports: Transformation of Cultural Perceptions of Competitive Gaming,* 77~97. London: Bloomsbury.

_____. 2022. "Transnational Proximity in the Global Cultural Sphere." *International Journal of Communication* 16.

Jin, D. Y. and J. O. Kim. 2019. "The U.S. Adaptation of Korea's Unscripted Format in the New Korean Wave Era: A Case Study of Grandpas Over Flowers." *International Journal of Korean Studies* 22(2): 75~96.

Jin, D. Y. and K. Yoon. 2016. "The social mediascape of transnational Korean pop culture: Hallyu 2.0 as spreadable media practice." *New Media and Society* 18(7): 1277~1292.

Jin, D. Y. and W. J. Ryoo. 2014. "Critical Interpretation of Hybrid K-Pop: The Global-Local Paradigm of English Mixing in Lyrics." *Popular Music and Society* 37(2): 113~131.

Jin, D. Y., K. Yoon, and W. M. Min. 2021. *Transnational Hallyu: The Globalization of Korean Digital and Popular Culture.* London: Rowman & Littlefield.

Joo, J. S. 2011. "Transnationalization of Korean Popular Culture and the Rise of Pop Nationalism in Korea." *The Journal of Popular Culture* 44(3): 489~504.

Jung, E. Y. 2009. "Transnational Korea: A Critical Assessment of the Korean Wave in Asia and the United States." *SOUTHEAST REVIEW OF ASIAN STUDIES* 31: 69~80.

_____. 2015. "New Wave Formations: K-Pop Idols, Social Media, and the Remaking of the Korean Wave." A. M. Nornes and Sangjoon Lee.(eds.) *Hallyu 2.0: Korean Wave in the Age of Social Media,* Ann Arbor, MI: University of Michigan Press.

Jung, S. 2011. *Korean Masculinities and Transcultural Consumption: Yonsama, Rain, Oldboy, K-pop Idols.* Hong Kong: Hong Kong University Press.

_____. 2013. "K-pop beyond Asia: Performing transnationality, transindustriality, and transtextuality." J. A. Lent and L. Fitzsimmons.(eds.) *Asian popular culture in transition,* 108~130. New York, NY: Routledge.

Katz, B. 2020. "The 10 Most-Watched Shows & Movies on Netflix During Social Isolation."

The Observer, 30 March. https://observer.com/2020/03/netflix-ratings-most-watched-shows-movies-what-to-stream-coronavirus/

Kim, D. K.(ed.) 2021. *Diffusion of Korean Popular Culture in Western Countries.* Seoul: Seoul National University Press.

Kim, G. Y. 2017. "Between Hybridity and Hegemony in K-Pop's Global Popularity: A Case of Girls' Generation's American Debut." *International Journal of Communication* 11: 2367~ 2386.

_____. 2019. *From Factory Girls to K-pop Idols Girls: Cultural Politics of Developmentalism, Patriarchy, and Neoliberalism in South Korea's Popular Music Industry.* Lanham, MD: Lexington Books.

Kim, J. H. 2004. "The Future of Korean Cinema: One movie is Comparable to a Mid-sized Company." *Newsmaker 572*, May 2004. http://weekly.khan.co.kr/khnm.html?mode= view&artid=7127&cod.

_____. 2019. "Perceptual Realism and Digital VFXs in the Korean Blockbuster of the 2010s: The Admiral: Roaring Currents and Ode to My Father." *Journal of Popular Film and Television* 47(1): 9~20.

Kim, K. H. 2021. *Hegemonic Mimicry Korean Popular Culture of the Twenty-First Century.* Durham, NC: Duke University Press.

Kim, M. K. 2004. "Assessment of Cultural Proximity and The Type of Korean Television Pro- grams in Asian Market Focus on Storyline of Korean Drama." *Asian Communication Research* 1(2): 51~66.

Kim, M. S. 2011. "Riding the Korean Wave of Multiculturalism: Review and Future Pro- spects." D. K. Kim and M. S. Kim.(Eds.) *Hallyu: influence of Korean Popular Culture in Asia and Beyond*, 461- 490. Seoul: SNU Press.

Kim, S. 2016. "Korea's Cultural Juggernaut is a Soft-Power Strategy Worth Copying." *The National Interest*, August 4. https://nationalinterest.org/feature/koreas-cultural-jugger naut-soft-power-strategy-worth-copying-17246

Kim, Y. A. 2011. "Globalization of Korean Media: meanings and significance." D. K. Kim and M. S. Kim.(eds.) *Hallyu: influence of Korean popular culture in Asia and beyond*, 35~62. Seoul: SNU Press.

_____(ed.) 2019. *South Korean Popular Culture and North Korea*. London: Routledge.

Ko, N. C., S. No, J. N. Kim, and R. G. Simões. 2014. "Landing of the Wave: Hallyu in Peru and Brazil." *Development and Society* 43(2): 297~350.

Kogan, F. 2012. "Dear Japan—There Are Reasons Why K-Pop Is Breaking Big Internationally and J-Pop Is Not." *Live Journal*. http://koganbot.livejournal.com/314418.html.

Korea Creative Content Agency. 2019. *2018 Content Industries Outcome and 2019 Prediction*. Naju: KOCCA.

Kraidy, M. 2002. "Hybridity in Cultural Globalization." *Communication Theory* 12(3): 316~339.

Kwak, Y. S. 2018. "Japan Emulates K-pop Incubating Model." *The Korea Times*, August 21. http://m.koreatimes.co.kr/pages/article.asp?newsIdx=254252

Kwon, S. H. and J. Kim. 2014. "The Cultural Industry Policies of the Korean Government and the Korean Wave." *International Journal of Cultural Policy* 20(4): 422~439.

La Pastina, A. and D. Straubhaar. 2005. "Multiple proximities between television genres and audiences: The schism between telenovelas' global distribution and local consumption." *International Communication Gazette* 67(3): 271~288.

Lee, D. H. 2004. "A local mode of programme adaptation: South Korea in the global television format business." Albert Moran and Michael Keane.(eds.) *Television across Asia: television industries, programme formats and globalization*, 36~53. London: Routledge.

_____. 2021. "Media Ecologies and Transnational Media Flow in East Asia." S. K. Hong and D. Y. Jin.(eds.) *Transnational Convergence of East Asia Pop Culture*, 32~51. London: Routledge.

Lee, F. 2006. "Cultural Discount and Cross-Culture Predictability: Examining the Box Office Performance of American Movies in Hong Kong." *Journal of Media Economics* 19(4): 259~278.

Lee, H. J. 2005. "U.S. envoy says screen quota is key." *JoongAng Daily*, 28 January. https://koreajoongangdaily.joins.com/news/article/article.aspx?aid=2523343

Lee, H. K. 2013. "Cultural Policy and the Korean Wave: From National Culture to Transnational Consumerism." Y. N. Kim.(ed.) *The Korean Wave: Korean Media Go Global*, 185~198. London: Routledge.

Lee, H. L. 2021. "Global comics market transforming in favor of Korean webtoons." *The Korea Times*, 9 July.

Lee, H. W. 2012. "S. Korea's President-elect Promises to Expand Support for Arts and Entertainment." *The Hollywood Reporter*, December 20. http://www.hollywoodreporter.com/news/s-koreas-president-elect-promises-405840

Lee, K. 2008. "The Little State Department: Hollywood and the MPAA's Influence on U.S. Trade Relations." *Northwestern Journal of International Law and Business* 28(2): 371~397.

Lee, S. J. and A. M. Nornes.(eds.) 2015. *Hallyu 2.0: Korean Wave in the Age of Social Media*. Ann Arbor, MI: University of Michigan Press.

Lee. J. Y. 2009. "Contesting Digital Economy and Culture: Digital Technologies and the Transformation of Popular Music in Korea." *Inter-Asia Cultural Studies* 10(4): 489~506.

Leong, M. 2014. "How Korea became the world's coolest brand." *Financial Post*, 2 August. https://financialpost.com/news/retail-marketing/how-korea-became-the-worlds-coolest-brand

Lie, J. 2012. "What is the K in K-pop? South Korean popular music, the culture industry, and national identity." *Korea Observer* 43(3): 339~363.

_____. 2015. *K-Pop: Popular Music, Cultural Amnesia, and Economic Innovation in South Korea*. Oakland, CA: University of California Press.

Lie, J. and I. G. Oh. 2014. "SM Entertainment and Soo Man Lee." Fu Lai Tony Yu and Ho don Yan.(eds.) *Handbook in East Asian Entrepreneurship*, 346~352. London: Routledge.

Liu, M., Y. J. Shin, and S. Tan. 2021. "How K-pop Conquered the Universe." *The Washington Post*, 14 July. https://www.washingtonpost.com/arts-entertainment/interactive/2021/kpop-bts-youtube-twitter-blackpink/?fbclid=IwAR0RGbw7HUD6oqWgcJUWZH9Q5_KgD2Jys95Mn2COTveWUlHvhxIVR5xsoY0

Lu, J., X. Liu, and Y. Cheng. 2019. "Cultural Proximity and Genre Proximity: How Do Chinese Viewers Enjoy American and Korean TV Dramas?" *Sage Open*, January-March 2019: 1~10.

Malik, S. 2019. "The Korean Wave (Hallyu) and Its Cultural Translation by Fans in Qatar." *In-*

ternational Journal of Communication 13: 5734~5751.

McCombs, M. and D. Shaw. 1993. "The Evolution of Agenda Setting Research: Twenty-Five Years in the Marketplace of Ideas." *Journal of Communication* 43(2): 58~67.

McGray, D. 2002. "Japan's gross national cool." *Foreign Policy* 130: 44~54.

McLaren, C. and D. Y. Jin. 2020. "'You Can't Help But Love Them: BTS, Transcultural Fandom, and Affective Identities." *Korea Journal* 60(1): 100~127.

METI. 2011(May 12). "Kūru Japan kan-min yūshikisha kaigi teigen no torimatome ni tsuite [On the Cool Japan eminent persons committee report]". Tokyo: METI.

Michell, H. 2021. "Culture is Power in Dynamic Korea: Soft Power and Government Involvement in the Korean Wave." S. J. Lim and N. Alsford.(eds.) *Routledge Handbook of Contemporary South Korea.* London: Routledge

Miller, T., N. Govil, J. McMurria and R. Maxwell. 2001. *Global Hollywood.* Bloomington: Indiana University Press.

Min, W. J., D. Y. Jin, and B. Han. 2019. "Transcultural fandom of the Korean Wave in Latin America: through the lens of cultural intimacy and affinity space." *Media, Culture and Society* 41(5): 604~619.

MOFA. 2011. *Gaikō seisho 2011 [Diplomatic bluebook 2011].* Tokyo: MOFA.

＿＿＿. 2012. *Gaikō seisho 2012 [Diplomatic bluebook 2012].* Tokyo: MOFA.

Monceri, F. 2019. "Beyond universality: rethinking transculturality and the transcultural self." *Journal of Multicultural Discourses* 14(1): 78~91.

Moon, K. 2020. "Inside the BTS Army, the Devoted Fandom with and Unrivaled Level of Organization." *Time*, 18 November. https://time.com/5912998/bts-army/

Murphy, S. 2003. "United States' Return to UNESCO." *American Journal of International Law* 97(4): 977~979.

Nam, S. H. 2013. "The Cultural Political Economy of the Korean Wave in East Asia: Implications for Cultural Globalization Theories." *Asian Perspective* 37(2): 209~231.

Netflix. 2021. *2020 Annual Report.* Netflix.

Ng, G. 2014. "Mandopop's uphill battle." *The StraitsTimes*, 12 June. https://www.straitstimes. com/lifestyle/entertainment/mandopops-uphill-battle

Noble, G. W. 2000. "Let a Hundred Channels contend: Technological Change, Political." *Ja-*

panese Studies* 26 (1): 79~109.

Oh, C. J. and Y. G. Chae. 2013. "Constructing Culturally Proximate Spaces through Social Network Services: The Case of Hallyu (Korean Wave) in Turkey." *Uluslararasıİlişkiler*, Vol.10, No.38, pp.77~99.

Oh, D. 2017. "K-Pop Fans React: Hybridity and the White Celebrity-Fan on YouTube." *International Journal of Communication* 11: 2270~2287.

Oh, Y. J. 2018. *Pop City: Korean Popular Culture and the Selling of Place*. New York: Cornell University Press.

Otmazgin, N. 2003. "Japanese Government Support for cultural Exports". http://kyotoreview. Cseas.kyoto-u.ac.jp/issue/issue3/article_296_p.html

_____. 2012. "Geopolitics and Soft Power: Japan's Cultural Policy and Cultural Diplomacy in Asia." *Asia-Pacific Review* 19(1): 37~61.

Oxford Reference. 2019. *Cultural Production*. Oxford, U.K.: Oxford University Press.

Park, H. S. 2020. *Understanding Hallyu The Korean Wave Through Literature, Webtoon, and Mukbang*. London: Routledge.

Pieterse, J. N. 2009. *Globalization and Culture: Global Mélange*. 2nd ed. ML: Rowman & Littlefield Publishers.

Pool, I de S. 1977. "The Changing Flow of Television." *Journal of Communication* 27(2): 139~149.

Ramstad, E. 2009. "Bookshelf; Riding the Korean Wave: Exporting Ideas and Culture, not just Steel and Silicon." *The Wall Street Journal*, 19 May, A12.

Rapkin, M. 2021. "COVID-19 couldn't stop K-pop's global rise." *National Geographic*, 7 July. https://www.nationalgeographic.com/travel/article/covid-19-couldnt-stop-kpop-global-rise?fbclid=IwAR3EWnXYnRq1t7QiXgNbYfEBEkawciCwPJ36OwUisw1q3vwq8lkjB0d_yfs

Real, M. 2000. "Cultural Theory in Popular Culture and Media Spectacles." J. Lull.(ed.) *Culture in the Communication Age*, 167~178. London: Routledge.

Ro., C. 2020. "BTS and EXO: The soft power roots of K-pop." *BBC*, 9 March. https://www.bbc.com/culture/article/20200309-the-soft-power-roots-of-k-pop

Rohn, U. 2013. "Social Networking Sites across Cultures and Countries: Proximity and Network Effects." *Qualitative Research Reports in Communication* 14: 28~34.

Rowan, B. 2013. "Second wave of Hallyu." *The Korea Times*, 12 March.

Ryoo, W. J. and D. Y. Jin. 2020. "Cultural Politics in the South Korean Cultural Industries: Confrontations between State-Developmentalism and Neoliberalism." *The International Journal of Cultural Policy* 26(1): 31~45.

S.M. Entertainment. 2018. "Overview". http://www.smentertainment.com/Overview/History

Samson, C. 2019. "UC Berkeley is Offering a Course on BTS." *NextShark,* 8 February. https://nextshark.com/uc-berkeley-bts-class/

Schiller, H. 1976. *Communication and Cultural Dominance.* New York, NY: International Arts and Sciences Press.

_____. 1989. *Culture, Inc.: the corporate takeover of public expression.* New York: Oxford University Press.

Seoul is a mecca of esports. 2019. Smartlaunch, 9 January. https://www.smartlaunch.com/seoul-a-mecca-of-esports/

Setijadi, C. 2005. "Questioning Proximity East Asian TV Dramas in Indonesia." *Media Asia* 32 (4): 197~205.

Shao, L. 2020. "The returning of Hallyu in China: transnational reception of the Korean drama My Love from the Star." *Media International Australia* 175(1): 79~92.

Shim, D. B. 2006. "Hybridity and the Rise of Korean Popular Culture in Asia." *Media, Culture and Society* 28 (1): 25~44.

Shin, J. S. 2020. "Korean Webtoon Service Reshaped Indonesian Manhwa Market". 21 February. https://portal.kocca.kr/portal/bbs/view/B0000204/1940087.do?menuNo=200375&categorys=4&subcate=65&cateCode=0

Shin, J. Y. 2005. "Globalization and New Korean Cinema." Chi-Yun Shin and Julian Stringer. (eds.) *New Korean Cinema*, 51~62. Edinburgh: University of Edinburgh Press.

Smith, N. 2019. "Japan is cool but has no clue about selling itself." *The Japantimes*, July 3. https://www.japantimes.co.jp/opinion/2019/07/03/commentary/japan-commentary/japan-cool-no-clue-selling/

Sohn, J. A. 2016. "K-drama masterpieces (6): 'Jealousy'." *Korea.net*, 15 December. http://www.korea.net/NewsFocus/Culture/view?articleId=142680

Song, S. G. 2015. *Cultural Content Moves into the Hallyu 3.0 Era: Enhancement of Nation Brand and Excellent Back Effect to the Manufacturing Industry*, 60~61. Nara Economy.

Song, S. H. 2020. "The Evolution of the Korean Wave How Is the Third Generation Different from Previous Ones?" *Korea Observer* 51(1): 125~150.

_____. 2021. "Hallyu fans consume more Korean content amid COVID-19 pandemic in 2020: survey." *The Korea Herald*, 30 January. http://www.koreaherald.com/view.php?ud=2 0210128000894

Spence, M. 2021. "Hallyu! How Korean culture conquered the world." *The Times*, October 10. https://www.thetimes.co.uk/article/5bc2a91c-2865-11ec-8027-e80d42947f8f?shareTo ken=c25c071fa453ab8327ba708335ac171f&fbclid=IwAR0HVaaju787Zs7jKAc5wyA4RrJW a0zVAmGvlHZNZ3fIwZaWGPqhTZ5S_u8

Straubhaar, J. 1991. "Beyond Media Imperialism: Asymmetrical Interdependence and Cultural Proximity." *Critical Studies in Mass Communication* 8(1): 39~70.

_____. 2021. "Cultural Proximity." D. Y. Jin.(ed.) *The Routledge Handbook of Digital Media and Globalization*, 24~33. London: Routledge.

Suh, C. S. and S. H. Kwon. 2014. "Whither the Developmental State in South Korea? Balancing Welfare and Neoliberalism." *Asian Studies Review* 38(4): 676~692.

Suh, C. S., Y. D. Cho, and S. H. Kwon. 2006. *An Analysis of the Korean Wave and Cultural Proximity in Southeast Asia.* Korea-Australasia Research Centre.

Suntikul, W. 2019. "BTS and the Global Spread of Korean Soft Power People-to-people cultural diplomacy fuels the band's burgeoning global fame and influence." *The Diplomat.* https://thediplomat.com/2019/03/bts-and-the-global-spread-of-korean-soft-power/

Tallerico, B. 2019. "Film Reviews Parasite." *Roger-Ebert.com*, 7 September. https://www.ro gerebert.com/reviews/parasite-movie-review-2019

Tamaki, T. 2019. "Repackaging national identity: Cool Japan and the resilience of Japanese identity narratives." *Asian Journal of Political Science* 27(1): 108~126.

Terry, S. M. 2021. "The Korean Invasion: Can Cultural Exports Give South Korea a Geopolitical Boost?" *Foreign Affairs*, 14 October.

The Korea Herald. 2017. "Korean dramas enjoy huge wave of popularity." in US, 3 Feb.

_____. 2020(10 May). "Netflix's 'Time to Hunt', 'Kingdom' nominated for Baeksang Arts Awa rds." http://www.koreaherald.com/view.php?ud=20200510000172

The Numbers. 2021. "Movie Budgets". https://www.the-numbers.com/movie/budgets/all

Thussu, D. 2006. *International Communication*, 2nd edition. London: Arnold.

_____.(ed.) 2007. *Media on the Move: Global Flow and Contra-flow*. London: Routledge.

Tourism Agency. 2010. "Heisei 22-nen ban kankō hakusho"[Heisei 22 edition of Tourism White Paper]. Tokyo: Tourism Agency.

UNESCO. 1980. *Many Voices, One World: Communication and Society Today and Tomorrow*. Paris: UNESCO.

_____. 2022. *Reshaping Policies for Creativity: addressing culture as a public good*. Paris: UNESCO.

US Department of Commerce. 2010. *U.S. Trade in Services*. Washington D.C.: Bureau of Economic Commerce.

_____. 2021. *U.S. Trade in Services*. Washington D.C.: Bureau of Economic Commerce.

Vidergar, A. 2013. *Fictions of Destruction: Post-1945 Narrative and Disaster in the Collective Imaginary*. Dissertation. Stanford University.

Wahab, J. A., M. K. Anuar, and Farhani. 2012. "Global Media Product and Construction of Japanese Identity: A Case Study of Anime on Malaysian Television." *Malaysian Journal of Communication* 28(2): 1~19.

Walden, M. and N. Salim. 2021. "From Indonesian disasters to Black Lives Matter, is K-pop fandom a new global force for change?" *ABC*, 3 February. https://www.abc.net.au/news/2021-02-13/is-k-pop-fandom-a-new-global-force-for-change/13100030?fbclid=IwAR0RGbw7HUD6oqWgcJUWZH9Q5_KgD2Jys95Mn2COTveWUlHvhxIVR5xsoY0

Walsh, J. 2014. "Hallyu as a Government Construct: The Korean Wave in the Context of Economic and Social Development." Y. Kuwahara.(ed.) *The Korean Wave. Korean Popular Culture in Global Context*, 13~31. Springer

Wasko, J. 2003. *How Hollywood Works*. London: Sage.

Watson, J.(ed.) 1997. *Golden Arches East: McDonald's in East Asia*. Stanford, CA: Stanford University Press.

Wen, X. and H. W. Cha. 2015. "How Korean Popular Music(K-Pop)s Cultural Proximity Influences Oversea Audiences Evaluation of K-Pops Image and South Koreas National

Image." *Korean Journal of Journalism & Communication Studies* 59(1): 267~300.

Wi, J. H. 2009. *Innovation and Strategy on Online Games*. London: Imperial College Press.

Wildman, S. and S. Siwek. 1993. "The economics of trade in recorded media policies." E. M. Noam and J. C. Millonzi.(eds.) *The international market in film and television programs*, 13~40. Norwood, NJ : Ablex.

Wimmler, J. 2019. "Incidental Things in Historiography." *Cambridge Archaeological Journal* 30(1): 153~156.

Won, Y. J. 2012. "Evaluation of Cultural Contents Policies of Lee Myung-bak Government." Paper presented at the Cultural Policy Forum, Seoul, 27 April.

Woo, H. K. 2012. "Reading Transnationality in a National Context: Hallyu in Korean Audition Programs." Paper presented at the Political Popular: Intersection of Democracy and Popular/Public Culture in South Korea Conference. University of California Irvine, Irvine, CA, Sept 20~22.

Woods, E. 2016. "Cultural Nationalism." D. Inglls and A. M. Almila.(eds.) *The SAGE Handbook of Cultural Sociology*. London: Sage.

Yang, J. H. 2007. "Globalization, Nationalism, and Regionalization: the case of Korean popular culture." *Development and Society* 36(2): 177~199.

_____. 2012. "The Korean Wave (Hallyu) in East Asia: A Comparison of Chinese, Japanese, and Taiwanese Audiences Who Watch Korean TV Dramas." *Development and Society* 41(1): 103~147.

Yano, C. 2009. "Wink on Pink: Interpreting Japanese Cute as It Grabs the Global Headlines." *The Journal of Asian Studies* 68(3): 681~688.

Yecies, B. and A. G. Shim. 2021. *South Korea's Webtooniverse and the Digital Comic Revolution*. Lanham, MD: Rowman and Littlefield.

Yecies, B. and A. K. Shim. 2016. *The Changing Face of Korean Cinema: 1960 to 2015*. London: Routledge.

Yim, H. S. 2002. "Cultural identity and cultural policy in South Korea." *International Journal of Cultural Policy* 8(1): 37~48.

Yin, K. and K. K. Liew. 2005. "Hallyu in Singapore: Korean Cosmopolitanism or the Consumption of Chineseness?" *Korea Journal* 45(4): 206~232.

Yoo, J. W., S. S. Jo, and J. M. Jung. 2014. "The Effects of Television Viewing, Cultural Proximity, and Ethnocentrism on Country Image." *Social Behavior and Personality* 42(1): 89~96.

Yoon, K. 2017. "Cultural Translation of K-pop among Asian Canadian Fans." *International Journal of Communication* 11: 2350~2366.

_____. 2018. "Global Imagination of K-Pop: Pop Music Fans' Lived Experiences of Cultural Hybridity." *Popular Music and Society* 41(4): 373~389.

Yoon, K., W. J. Min, and D. Y. Jin. 2019. "Consuming the Contra-Flow of K-pop in Spain." *Journal of Intercultural Studies* 41(2): 132~147.

Yoon, T. J. and B. R. Kang. 2017. "Emergence, Evolution, and Extension of Hallyu Studies." T. J. Yoon and D. Y. Jin.(eds.) *The Korean Wave: evolution, fandom, and transnationality.* Lexington Books.

Yu, J. 2015. "How Korea embraced esports and haven't looked back." *IGN*, September 3. Retrieved from https://sea.ign.com/esports/92089/feature/how-korea-embraced-esports-and-havent-looked-back

Zaharopoulos, T. 1990. "Cultural Proximity in International News Coverage: 1988 U.S. Presidential Campaign in the Greek Press." *Journalism and Mass Communication Quarterly* 67(1): 190~194.

찾아보기

지은이

진달용

캐나다 사이먼프레이저대학교의 특훈교수이며, 고려대학교 미디어학부 교수 (Global Professor)이다. ≪문화일보≫에서 기자(사회부·경제부) 생활을 했으며, 일리노이 주립대학교에서 커뮤니케이션 박사학위를 받았다. 일리노이 주립 대학교 시카고 캠퍼스에서 방문 조교수, 카이스트(KAIST)에서 부교수로 재 직했으며 2014~2015년과 2021~2022년에는 연세대학교 방문교수로 근무 했다. 주요 연구 분야는 디지털 플랫폼과 게임 연구, 글로벌라이제이션과 초국가적 문화 흐름, 미디어 문화 정치경제학, 과학 저널리즘 등이다.

주요 저서로 *Artificial Intelligence in Cultural Production: Critical Perspectives on Digital Platforms* (Routledge, 2021), *Transnational Korean Cinema: Cultural Politics, Film Genres, and Digital Technologies* (Rutgers University Press, 2019), *Globalization and Media in the Digital Platform Age* (Routledge, 2019), *New Korean Wave: transnational cultural power in the age of social media* (University of Illinois Press, 2016), *Digital Platforms, Imperialism and Political Culture* (Routledge, 2015), *Korea's Online Gaming Empire* (MIT Press, 2010) 등이 있다.

한울아카데미 2369

한류 신화에 관한 10가지 논쟁

ⓒ 진달용, 2022

지은이 | 진달용
펴낸이 | 김종수
펴낸곳 | 한울엠플러스(주)
편집 | 배소영

초판 1쇄 인쇄 | 2022년 4월 18일
초판 1쇄 발행 | 2022년 4월 25일

주소 | 10881 경기도 파주시 광인사길 153 한울시소빌딩 3층
전화 | 031-955-0655
팩스 | 031-955-0656
홈페이지 | www.hanulmplus.kr
등록 | 제406-2015-000143호

Printed in Korea.
ISBN 978-89-460-7369-2 93300